시간횡단

건축으로 본 터키역사 시간횡단

초판인쇄 | 2006년 2월 1일
초판발행 | 2006년 2월 28일

저 자 | 박길룡
발 행 인 | 김문환
발 행 처 | 국민대학교 출판부
주 소 | 서울시 성북구 정릉동 861-1
전 화 | 02) 910-4243
등록년월일 | 1975. 6. 17.
등록번호 | 제 6-33호
인 쇄 | 삼아인쇄사

ISBN 89-7812-153-5 93610

Across Time

시간횡단

건축으로 보는 터키 역사

박길룡 지음

●터키 전도

불가리아
에디르네 Edirne
그리스
콘스탄티노플 Constantinople
이스탄불 Istanbul
Marmara Denizi
이즈닉 Iznik
차나칼레 Canakkal
트로이 Troia
부루사 Burusa
앙카라 Ankara
페르가몬 Phergamum
ANATOLIA
이즈미르 Izmir
에페수스 Ephesus / Efes
파묵칼레 Pamukkale
쿠사다시 Kusadasi
히에라폴리스 Hierapolis
미라 Milas
악사라이 Aksaray
콘야 Konya
보드룸 Bodrum
마로마리스 Marmaris
안탈리아 Antalya
페티예 Fathiye
카슈 Kas
지 중 해

그루지아
트라브존 Trabzon
수메라 Sumera
아르메니아
에르주룸 Erzurum
시바스 Sivas
세리 Kayseri
öreme
Cappadocia
이란
반 Van
산르우르파 Sanliurfa
하란 Haran
시리아
이락
Samsun
Ordu
Malatya
Elazığ
Adıyaman
Batman
Kahramanmaraş
Gaziantep
0 50 100 km

문화 충돌의 현대사, 그 역사적 관성

2005년 7월 7일 영국 런던의 지하철과 버스에 폭발 테러가 감행되어 56명이 죽고 1000여 명이 다쳤다. 2005년 9월 30일 덴마크의 「율란츠 포스텐」 신문이 만평으로 마호메트를 폭력 이슬람의 모델로 그렸는데, 그 그림을 그린 만화가에게는 수백 킬로그램의 금이 현상으로 걸리고, 소요 중 수십 명의 군중이 사망했다. 2005년 10월에는 무고한 무슬림 청년이 프랑스 경관에 쫓기다가 변전소에서 감전사했다. 2003년 3월 20일 대량살상무기와 사담 후세인을 제거하기 위해 이라크에 들어갔다는 미군의 상처의 골이 깊어졌다. 2004년 8월 우리나라도 자이툰 부대를 이라크에 보냈지만, 그곳에서 무엇을 하는지는 모르겠다. 2001년 9월 11일 뉴욕 월드트레이드 센터가 자살 비행에 의해 폭발되었다. 2001년 이후 4년 동안 거듭된 문화충돌의 현장들이다.

서양과 중동 또는 기독교와 이슬람의 충돌은 이데올로기 역사 이후 현대사의 어느 지점에서 쉬고 갈지 모를 만큼 혼란에 빠져든다. 이슬람과 기독교의 충돌은 이스라엘과 팔레스타인에서 생존권을 두고 피를 흘리지만, 두 종교 간의 문화충돌은 더 오래전 콘스탄티노플의 함락, 15세기에서 시작된다.

그런데 이슬람과 기독교의 경계에서 문화지도를 읽다보면 그것이 꼭 충돌의 역사만은 아닌 것을 발견한다. 오스만 튀르크에서 그랬고, 스페인 무데하르 시기에 그랬다. 이 책은 터키의 건축을 통해 문화의 교합交合을 읽으려는 것이다. 터키 건축 역사의 기술은 다섯 단계의 층위로 구조된다.

① 고대 아나톨리아 문명

② 그리스의 소아시아로부터 로마의 영광

③ 동 · 서로마 분리 후 비잔틴 제국과 비잔틴 건축

④ 콘스탄티노플 함락 이후 오스만 튀르크로의 전이

⑤ 터키의 근대화 과정에서 수두 – 진보의 갈등과 모더니즘의 정착

사실 여기에서 기술되는 건축들을 터키 건축이라고 하는 데에는 다소의 주저가 있을 수 있다. 모두가 그 땅 안의 건축이라는 뜻으로 말해지지만, 거기에 담겨지는 시간과 사람은 그렇게 단순하지가 않다. 다시 말해 하나의 땅 안에 여러 시간이 존재했고 주인도 자주 바뀌었다. 그러나 구태여 속지주의屬地主義를 뜻하지 않는다 하더라도, 현재의 터키 건축은 이 모든 시간과 사람들의 문화 위에서 숙성된 것임이 틀림없다. 그리고 그 문화의 융합성을 보는 것이 이 책의 목적이기도 하다.

이 저술을 위한 자료 수집은 10년 전에 시작되었고 원고는 2006년에나 끝낼 수 있었다. 그리고 이 책이 존재할 시간 동안 터키의 상황은 다시 변화를 거듭할 것이다. 역사 시기 동안 몇십년은 미미한 시간이지만, 격동하는 현대사에서는 어제가 곧 멀어지는 시간성이다. 여기에서 기술은 2005년 이전 상황임을 전제하며, 그 이후의 상황은 다음 편으로 미룬다.

그보다 더 원천적인 한계는 필자 자신이 터키 언어에 대한 지식이 얕고, 이슬람 문화에 깊이 잠겨보지 못한 채 문화를 말했다는 점을 미리 양해 바란다. 언어도 고어古語와 소수少數 언어는 제쳐두고 영어와 터키어, 아랍어와 만나게 된다. 언어구사 능력의 곤란에도 불구하고 가급적 원어를 병기하는 이유는 이 지식이 더 구체적인 정보를 대할 때의 쓰임새를 위해서다.

한국이 세계의 문화 연구에서 제3세계에 대한 관심이 낮은 분야는 건축만이 아니다. 구미歐美 중심의 문화 지식은 세계를 다른 문화에 대한 무관심으로 만드는 것과 같다. 그들의 문화가 중심과 변방으로 구분되는 것도 이와 마찬가지 이유이고, 그에 따라 우리의 지식사회 구조도 그렇게 되어버렸다. 저자 자신의 여러 가지 한계에도 불구하고, 우리의 서구 편식증이 문화의 건강을 해치고 있다는 조바심이 이 빈약한 책을 그냥 내놓는 변명이다.

2006년 2월

| 차례 |

비잔틴 건축 / 동·서의 통섭通涉

비잔틴과 오스만 튀르크 / 기독교에서 이슬람으로

터키의 서양화 또는 근대화

터키 건축의 문화 교차 · 기독교 또는 이슬람

건축 역사에서의 문화 교차

이 기술은 한 시대양식이 생성되는 생태적 요인과 그 환경에 따라 전이되는 모습을 살피기 위한 것이다. 역사는 어느 시대도 절대양식을 갖지 못하는 동태성을 가지고 있다. 그리고 양식의 생성-전이-소멸 과정에는 후대에 긴요하게 전할 동인動因을 가지고 있다.

대체로 우성優性의 문화가 열성劣性의 예술에 영향을 미치지만, 우성을 결정짓는 요소가 미학적 가치보다도 다른 힘의 작용에 더 지배될 수 있다. 문화의 전이는 건축이 사회적 요인으로 지지되듯이 사상 · 정치 · 사회 · 문화의 적절한 태도와 만나면서 구조화된다. 특히 중세에서 종교가 예술양식의 절대적 인자로 작용하던 것은 동 · 서양이 다를 바 없다.

이 문화 교차의 모델 시기를 터키에 두는 것은 그 생성-전이 과정이 어디에서보다도 극렬히 혼화된 것이기 때문이다. 가장 대립적인 미학의 조건일지 모르는 기독교 문화와 이슬람 문화가 접속해 다른 하나의 양식을 돕는 과정은 특히 극적이다. 이는 헬레니즘에서 로만 건축으로의 과정 또는 로마네스크에서 르네상스로의 전이처럼 비교적 순조로운 동종교배와는 다를 것이다. 로마 건축은 이슬람 문화에 절묘하게 결합되며 서양 고전과는 다른, 또한 이슬람 전통과는 다른 건축을 꽃피운다. 결국 두 문화가 이종교접 될 수 있었던 공감이 무엇인지 관심을 두어야 한다.

고전-기독교-이슬람-근대의 문화 경계

현재 터키의 몸통인 아나톨리아에는 선사문화가 한창이고, 히타이트로 이어지며 청동기를 지나 남부 지역에서는 구약舊約의 장소가 그득하다. 서쪽 해안에서는 그리스 고전이 헬레니즘과 로마로 전이되고 있었다. 이 그레코-로만 시대의 주고받음은 비교적 순조롭지만, 동·서로마가 갈라지고 그 중 비잔티움만이 남는 일은 세계사가 뒤틀리는 일이다.

비잔틴과 오스만 튀르크의 문화경계는 1453년 5월 29일, 날짜까지 명백한 콘스탄티노플의 함락 시점으로 구분된다. 무려 1123년(330~1453) 동안 제국의 위용을 자랑하던 비잔티움이 멸실되면서 아나톨리아 대륙은 오스만 튀르크의 이슬람 문화로 치환된다. 그러나 이 기독교 문화는 소실되는 것이 아니라 오스만 튀르크 시기인 1453년에서 1938년 동안 터키 이슬람 문화에 영향 관계로 이어진다.

그 사이에는 아랍을 평정하고 이슬람의 지배세력으로까지 떠오르던 셀축Selçuk의 역사가 포함되어 있다. 오스만 튀르크는 셀축과 같은 이슬람 문화이지만, 보다 조직적이고도 개방된 시스템으로 정치 군사적 우위에서 아나톨리아를 제압했다.

14세기 이후, 아나톨리아는 기독교와 이슬람이라는 이질異質의 종교문화가 함께 공존한다. 그 문화의 접속 관계는 셀축이 아나톨리아를 진출하는 11세기 말에서부터 오스만 튀르크의 말기인 19세기의 서양화 과정까지 계속된다. 오스만의 비잔티움 제압으로 서양은 동로마의 소멸이라는 쓰디 쓴 기록을 남기지만, 5세기 후 터키는 서양인들의 열쇠로 근대의 창을 개방해야 했다.

이렇듯 겹층을 이루는 역사문화에서 어떤 문화가 지배하거나, 소멸되거나 또는 전이되는 문화생태는 흥미롭다. 그래서 역사는 우연이 아니다.

세계사의 보편성으로서 터키 건축

우리나라를 비롯해 대부분의 비서양권의 나라들은 대부분 서양화로 근대주의를 이루었다. 18세기까지 대부분의 문화는 '거리'라는 물리적 경계가 지역적 특질을 구분했다. 하지만 근대 이후 서양과 동양 문화의 경계 넘기는 '시간'과 '지역'과 '계층' 간에서 한꺼번에 작용한다.

한 지역에서 전이·숙성되는 문화양식은 매우 복잡한 사회적 동인動因으로 이루어진다. 문화는 그 고유의 성질을 보전하려는 생태가 있지만, 정치와 종교의 이데올로기, 경제와 기술적 의지 등에 연유한다. 또한 문화는 역동적이어서 스스로 힘을 따라 흐르며 합쳐지거나 분리되는 등의 생태를 이룬다. 대신 고이면 썩고, 닫히면 퇴락한다.

터키는 세계의 어느 지역 문화와 비교해도 특이한 지정학적·시대적 상황 구조에 있다. 그러한 문화의 전이적 성질은 한국의 근대-서양화와 비슷한 과정으로 발전하기 때문에 깊이 살펴볼 필요가 있다. 즉 터키의 근대화를 바탕으로 한 지정학적·사회적 인자가 건축 문화에 어떻게 작용했는가 하는 문제는 세계문화의 보편적인 이해로서도 유용할 것이다.

① 근대화 과정에서 외래성과 고유성의 통섭성
② 그 관계의 생태로서 문화의 새로운 구조화
③ 그 양식에 거동되는 문화의 건강법

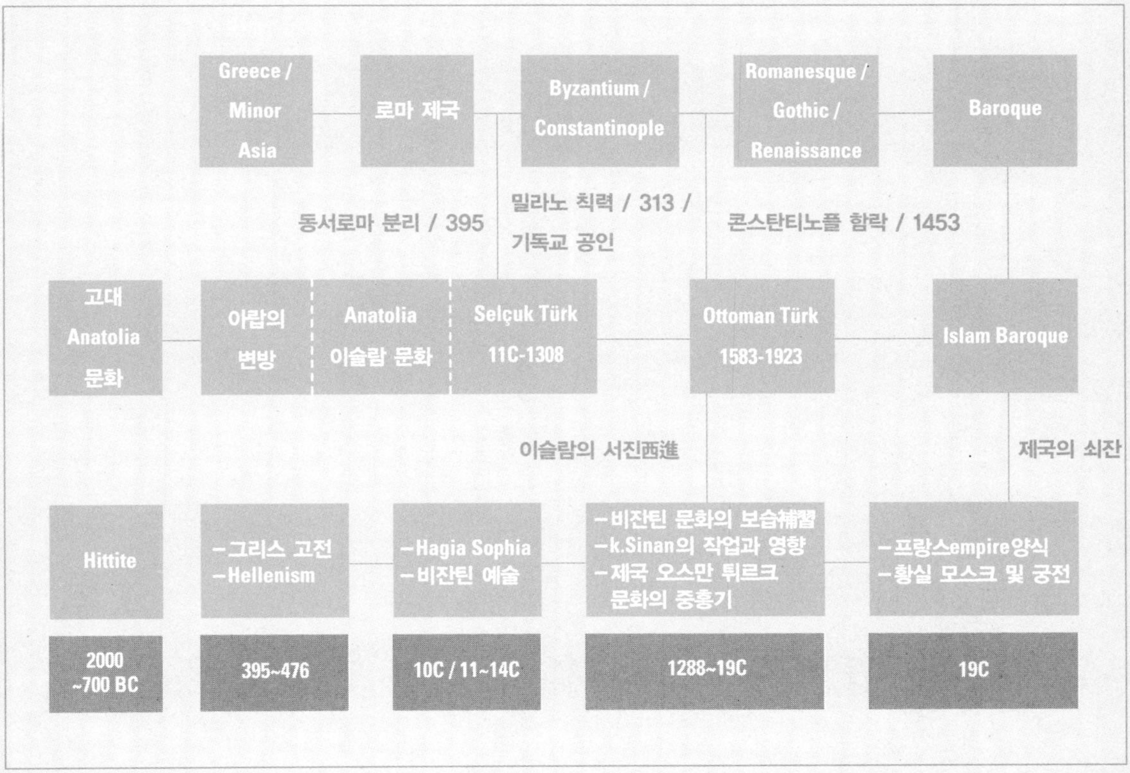
Greece / Minor Asia
로마 제국
Byzantium / Constantinople
Romanesque / Gothic / Renaissance
Baroque
동서로마 분리 / 395
밀라노 칙령 / 313 / 기독교 공인
콘스탄티노플 함락 / 1453
고대 Anatolia 문화
아랍의 변방
Anatolia 이슬람 문화
Selçuk Türk 11C-1308
Ottoman Türk 1583-1923
Islam Baroque
이슬람의 서진西進
제국의 쇠잔
Hittite
-그리스 고전
-Hellenism
-Hagia Sophia
-비잔틴 예술
-비잔틴 문화의 보습補習
-k.Sinan의 작업과 영향
-제국 오스만 튀르크 문화의 중흥기
-프랑스empire양식
-황실 모스크 및 궁전
2000 ~700 BC
395~476
10C / 11~14C
1288~19C
19C

선사 - 히타이트 - 아브라함 시기

역사의 학습장에서 항상 놀라는 사실이지만, 문화의 유전자는 참으로 꾸준하다. 거칠지만 낭만적인 현대의 터키 문화는 4000년 전의 고대 챠탈 회윅의 예술감각과 너무도 닮았다.

대개의 지역이 '역사 앞의 시대'라는 선사先史 문화가 있지만, 터키의 고대 문화는 특히 창연하다. 대개의 구석기와 신석기 문화는 비록 앞서거니 뒤서거니 하지만, 일종의 인터내셔널리즘처럼 세계가 공유했다는 사실이 우리를 경이롭게 한다. 아마 지역 문화의 개별성은 청동기 문화가 되어야 나타나기 시작할 것이다. 터키도 청동기 문화로부터 지역과 민족의 독창성이 나타나며 표현적 성징으로 차이를 나타내기 시작한다.

터키의 고대에는 동쪽으로부터 메소포타미아의 영향을 삼투시켜며, 히타이트 문화를 일군다. 터키의 서쪽에는 그리스 신화 시대부터 트로이와 소아시아 문화가 빛난다. 무엇보다 우리의 역사적 상상력을 자극하는 것은 구약舊約의 땅일 것이다. 곧 창세기의 무대이며, 아브라함의 고향이 여기에 있다. 이 공간에서 우리의 시간 여행은 3000여 년 전으로 돌아가 시작한다.

아나톨리아 선사 문화

아나톨리아는 BC 7000~2000년 동안 선각화線刻畵, 묘제, 동굴주거와 유물을 통해 선사문화를 말해주고 있으나, 더 거대한 문화의 정체가 고원 밑에 잠겨 있다. 아직까지 가장 오래된 발굴은 BC 7049년으로 추정되는 하츠라 Aceramic Hacılar의 농업 흔적이다. BC 2500~2000년 하틴Hattin 시대가 서부 에게 해에서는 트로이Troy-2 시기에 해당한다.

청동기 문화가 활발해질 즈음 히타이트가 동부 아나톨리아에 자리를 잡고 있었다. 서쪽의 에게 해에서 트로이가 꽃피울 때, 그 동쪽으로 약 500km에서 발흥한 히타이트는 지리 · 문화적으로 메소포타미아와 연계된다.

고대 문명

아나톨리아에서 선사 문화는 앙카라 부근에서 발견된 신석기 시대의 거주 흔적이 가장 오래된 증거다. BC 8000년경의 일이다. BC 1500년경 청동기 시대에는 도시국가가 건설되고, BC 1900~1200년에는 히타이트 제국이 번성했다. BC 1200년 이후에는 서해안 지대가 그리스의 소아시아 문화를 꽃피울 때, 중부 아나톨리아 지역에서는 프리지아Phrygian 왕조(BC 750~300)가 홍왕했으며, 우랄트스(Urarts, BC 900~600), 리디아Lydia, 리시안Lycian, 카리안Carian, 그리고 이오니아Ionia 왕조들이 문화유적을 남겼다. 아나톨리아에는 약 30개 민족이 거주한 것으로 알려지며, 그중 15개 민족들의 문화 물증을 발견하였다. 이러한 대부분의 고고학적 유물은 앙카라Ankara의 아나톨리아 문명박물관Museum of Anatolia Civilization에 잘 보관되어 있다.

아나톨리아 문명박물관

앙카라 중심에 있는 아나톨리아 문명박물관은 원래 15세기에 건설된 마흐무트 파샤 베데스첸(창고)과 쿠르한(여관) 등 두 개의 오스만 시대의 건물을 개조하여 만든 것이다. 이 박물관은 구석기에서 비잔틴 시기까지를 종합적으로 정리한 역사박물관이다. 하지만 무엇보다도 선사 시대의 유물이야말로 이 박물관의 가장 큰 자랑거리다. 로마와 비잔티움의 유물도 많이 있지만, 역시 그 시대 부분은 이스탄불의 고고학박물관이 정통이다.

아나톨리아 문화

아나톨리아 문화는 남성적이다. 그들의 예술은 역동적이고 에너지에 넘친다. 도기의 형상은 안정성을 잃을 만큼 수직비가 높고, 상부의 볼륨이 하부에 비해 현저하게 크다. 금방 튀어 오를 것 같은 형태 조형에 더 많은 비중을 두었기 때문에 그들은 기능을 희생하면서라도 표현에 더 몰두했던 듯하다. 또한 그들은 조형의 모티브가 되는 동물, 인간, 신들을 강한 억양으로 표현하는 데 탁월한 능력을 갖고 있었다. 사나운 사자의 해부학적 묘사와 사나운 표정, 입을 너무 크게 벌린 개구리 모양의 도기 물병, 여성의 성적 매력이 짙게 드러나는 유물들이 있다. 이와 같은 해학적이거나

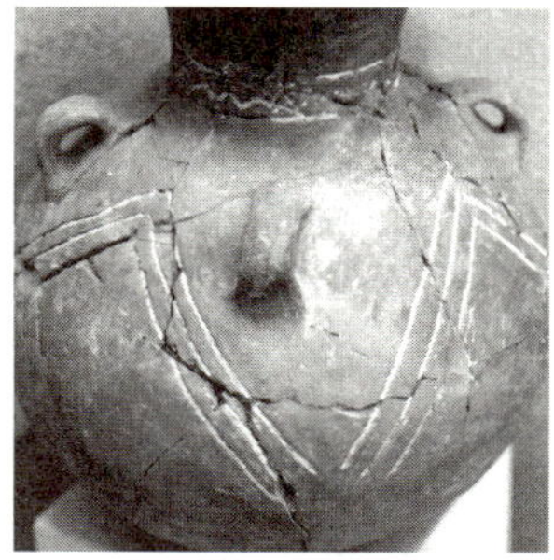

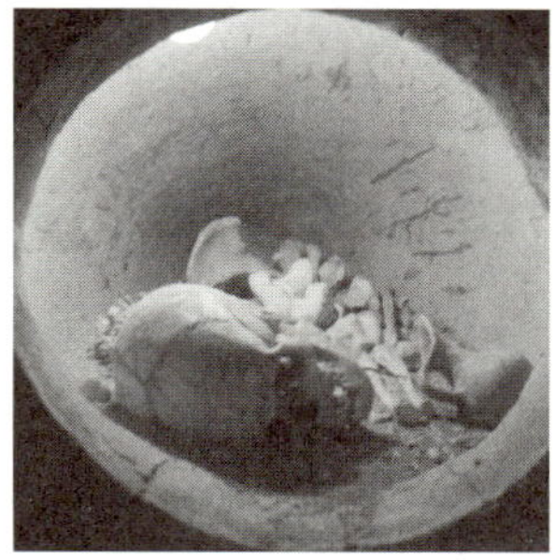

즐문토기 Elmali Kapits
Semayuk | BC 3000–2700 | Antalya Museum
엘마리 Elmari
옹관 | BC 3000 | 옹관의 무덤 형식은 우리나라를 비롯한 아시아 여러 나라에서도 자주 나타나는 습속이다. | Antalya Museum
아나톨리아 문명박물관 Museum of Anatolid Civilization Ankard

차탈 회위 Çatal Hüyük 발굴 내부 복원 | 소의 머리로 장식된 실내는 신전의 용도로 추정된다. | Museum of Anatolia Civilization, Ankara

상징적인 표현은 단순히 장인匠人의 묘사력만이 아니라 아나톨리 사람들의 적극적인 성격과 관련될 것이다.

차탈 회위 Çatal Hüyük

터키의 가장 오래된 도시 유적지인 차탈 회위은 콘야Konya에서 남동쪽으로 40km 떨어진 곳에 있다. 신석기 시대인 BC 6500~5800년경 이곳에서는 이미 잘 발달한 도시 문명이 존재했다. 아나톨리아 최초의 고등 문명이었던 히타이트가 형성되기 4000년 전이다. 1958년 이 도시 유적을 발굴한 영국의 고고학자 멜라트James Mellaart는 그 자신도 형성된 시기에 대해 믿지 못할 정도였다. 인류의 집단적 주거 유적으로서는 요르단의 예리코와 더불어 가장 오래된 모습이다.

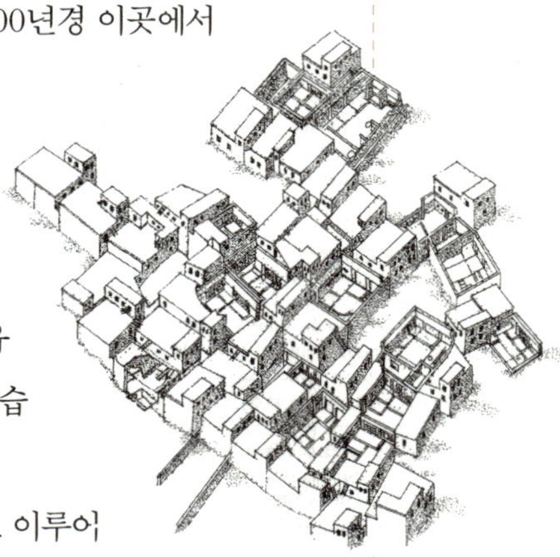

차탈 회위
고대 주거 복원도 | BC 6500–5800 | 평지붕의 가옥 구조는 지붕 위의 경로를 따라 진입한다.

황야 한가운데에 위치한 차탈 회위은 두 개의 언덕으로 이루어져 있다. 이중에서 동쪽 언덕은 높이 15m에 형성되며 넓이는 13km²에 이른다. 발굴은 3년 동안 계속되었고, 그 결과

주거 유적

잘 정리된 주거 군이 도시의 모습으로 드러났다. 흙벽돌을 기반 구조로 하는 건축은 목조 기둥 사이를 진흙으로 채워 직방형의 볼륨으로 되어 있었다. 그리고 집체集體를 이루는 집들은 길을 따라 배치되는 것이 아니라 모두 엉겨 붙어 있었다. 이는 지붕에 설치한 입구에서 수직으로 들어와 사다리를 통해 안으로 내려 들어갔을 것이다. 그 중에서 40여 채의 집 내부에서는 실내 장식의 흔적이 발견되었다. 흙벽돌 위에 석회를 바른 벽에는 사냥하는 장면, 날개를 편 독수리 떼, 황소를 주제로 한 채색 벽화가 있었다. 화산의 폭발 장면도 묘사되어 있었는데, 아마 고대부터 터키가 겪은 지진의 고통은 그때부터 있었던 문양이다.

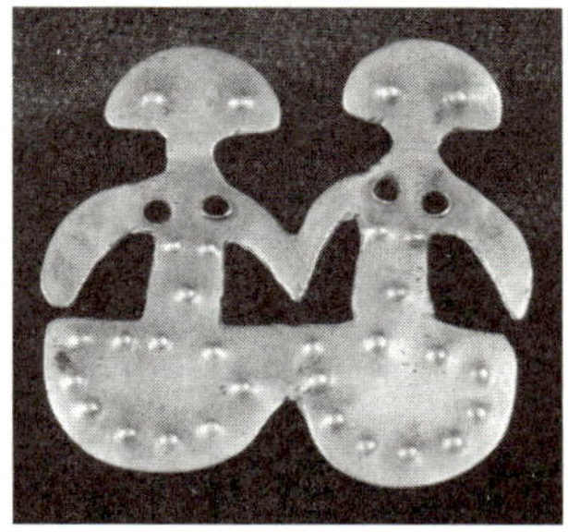

차탈 회윅 모성의 작은 조각 BC 5750 | 모계 사회와 다산多産 신앙의 상징물로 해석된다. | Museum of Anatolia Civilization

금제 쌍 인형 3000BC. 초기 청동기 | 이와 같은 원초적 조형은 유라시아 고대 문화에서 공통된 코드로 보인다. | Museum of Anatolia Civilization

다른 방에서는 석고 부조의 표범, 진흙 소조의 여신상, 동물의 모형 등이 발견되었다. 챠탈 회윅에서 가장 인상적인 것은 여러 개의 황소 뿔로 장식된, 성소로 보이는 공간이다. 아마 아나톨리아 최초의 신전이었을지도 모른다.

또한 여러 가지 스타일의 인물 조각상이 발굴되었는데, 대부분 다산多産과 풍요豊饒의 상징으로 보인다. 비록 상당히 추상화되었지만, 여인상은 풍성한 몸체에 편안한 포즈이며 표정 역시 그윽하다.

청동기 문화

앙카라에 온김에 이 지역을 기점으로 벌어지는 아나톨리아의 역사적 맥락도 간단히 살펴볼 필요가 있다. 이 중부 터키에서 시간 여정은 8000년 전으로 되돌아가 시작하여야 한다.

페르시아 시대

페르시아 시대에는 수도 수사에서 서쪽의 리디아 왕국의 수도인 사르디스까지 '제왕의 길'이라는 간선유통이 앙카라를 통과하고 있었다. 이 활발한 유통에 힘입어 도시가 발달한다.

프리기아

BC 800년경에는 프리기안Phrygian이 거주하기 시작하며, 미다스Midas(BC 725~675)가 최초로 이 도시를 세웠던 것으로 추정한다. 곧 앙카라에서 발견된 투물루스의 세 왕릉은 대부분이 프리기아 시대의 것이다. 프리기아 언어는 트라키안어Thracian에 연관되며, 문자는 고대 그리스 문자와 비슷하다. 도기, 회화, 금속

나부裸婦 조상 상아 | Kultepe BC 18C. 성적 표현이 직설적이다. | Museum of Anatolia Civilization

의식용 술잔 퀼테페Kultepe 2500–1500 BC | Kaysery Museum

링 모양의 용기容器 BC 16C. | 용기의 체적이 고리 모양이 되면서 고도로 세련된 형태와 공간에 대한 감각을 발휘한다. | Museum of Anatolia Civilization

의식용 스탠다드Standard 알라차회윅Alacahöyük 3500BC | 스탠다드란 의식용 깃대의 머리 장식으로 추정되나 정확한 용도는 밝혀지지 않고 있다. | Museum of Anatolia Civilization

황소 머리 장식의 의식용 술잔 BC 19C. | Museum of Anatolia Civilizatio

고배高杯 BC 19C. | 전체적으로 우뚝한 비례감에서 6개의 손잡이가 전체 조형을 지배한다. | Museum of Anatolia Civilization

공예, 섬유 제품 등에서 헬레니즘 문화에 많은 영향을 미친다. 따라서 프리기아 예술은 고대 그리스 문화와 신 히타이트와 우라티안의 영향이 혼합된 것으로 보인다.

그리스 시대 앙카라

그리스 시대에는 앙키라Ancyra라고 불리었는데, '앙키라'는 앙카(anchor, 닻)라는 의미다. 아마 해양국가 그리스가 거대한 아나톨리아 대륙의 깊숙이 거점을 내린다는 뜻처럼 보인다.

알렉산드로스

마케도니아의 알렉산드로스는 BC 333년 고르디온Gordion에서 앙카라로 이동하여 가을까지 페르시아 군을 기다린다. 알렉산드로스가 아시아 대정벌을 이루지 못한 채 사망한 후, 앙카라는 안티고노스, 리시마코스, 셀류코스 등의 지배 아래 들어갔다. 현재 남아 있는 성벽은 대부분 10세기 셀류코스Seleukos 시대에 건설된 것이다. 성채의 규모는 남북으로 긴 직사각형으로서 남북 500m, 동서 250m 정도다. 성채는 두 겹으로 구성되는데, 내부 요새와 외부 요새로 구분되고, 각각 하나의 성문을 갖고 있다.

갈라티안

한편 동유럽의 켈트 족의 한 부류인 갈라티안Galatian은 BC 278년 소아시아에 상륙하여 여러 도시를 위협하지만, 헬레니즘 세계에 융합된다. 그들은 세 개의 정착지를 형성하였는데, 그 중에서 텍토사게Tectosages 족이 앙카라를 수도로 삼는다.

의식용 단지 1800 BC | Kaysery Museum
4개의 손잡이 장식이 있는 큰 냄비 Cauldron BC 8C. | 날개를 단 조각의 모양은 사이렌Siren으로 해석한다. 사이렌은 반인반새의 모습으로 아름다운 노래로 뱃사람들을 유혹하여 죽였다는 신화의 주인공이다. | Museum of Anatolia Civilization
황동제 양 머리의 버켓 Bucket Gordion BC 8C. | 짙은 장식성으로 미루어 의식용 기물이었을 것이다. | Museum of Anatolia Civilization

BC 189년 로마가 앙카라를 점령한 후 이 도시는 페르가몬 왕국의 통치를 받았지만, BC 168년 이후 갈라디아 왕국은 독립된 세력으로 발전한다. 당시 갈라디아 민족은 달의 신인 멘Men과 키벨레Kybele 여신을 수호신으로 숭배하였다. BC 25년 황제 아우구스투스Augustus는 앙카라를 점령하고 갈라디아 식민지의 수도로 삼는다. 당시 앙카라는 그리스 식으로 '세바스테'로 이름을 바꾼다. 로마 시기의 아우구스투스 신전, 욕장, 율리아누스Julianus 기둥 등이 남아 있어 비잔티움 이전에 가장 동진한 위치의 헬레니즘 문화를 볼 수 있다.

로마 시대

비잔틴 시대에 들어서자 앙카라는 기독교의 문화의 거점이 되고, 314년과 458년에 두 차례 주교 회의를 개최한다. 동로마의 말기에 들어 앙카라는 아랍과 셀축 튀르크의 지배를 받았으며, 오스만 튀르크의 도시가 될 때까지만 해도 도시의 세력이 변변치 못했다.

비잔틴 이후

히타이트
Hittite

터키의 지도를 펴놓고 보면 이스탄불과 지중해 연안의 일부를 제외하고는 온통 적갈색임을 볼 수 있다. 이는 터키 국토의 80퍼센트 이상이 해발 1000m 이상의 고원지대임을 말한다. 그리고 이 고원지대의 대부분은 황무지나 다름없다.
이 아나톨리아의 고원이 일찍이 카데슈 전투, 이집트의 람세스 2세와 일전으로 패권을 걸던 히타이트 제국의 근거지다. 아나톨리아 고원의 황량함은 여전하다. 아나톨리아의 패권 히타이트의 위세와 황량한 차가움은 소설 『람세스』(크리스티앙 작크)에서 잘 보여준다. 바로 그 음습한 제국 도시가 바로 이 유적인 것이다.

히타이트

● 히타이트 Hittite | BC 2000 – 1750 – 1450 – 1200 – 700

히타이트는 터키의 중앙 아나톨리아 고원에서 BC 18~12세기에 발흥하는 고대 국가이다. 히타이트의 지역은 아나톨리아 고원 중에서는 비교적 비옥한 토지와 강우량을 가지고 있어 농사와 목축이 풍성했을 것을 보인다. 동쪽 고원에서 발원한 할리스 강은 남서쪽을 휘돌아 북쪽의 흑해로 빠져나가는 사이에 위치한다.

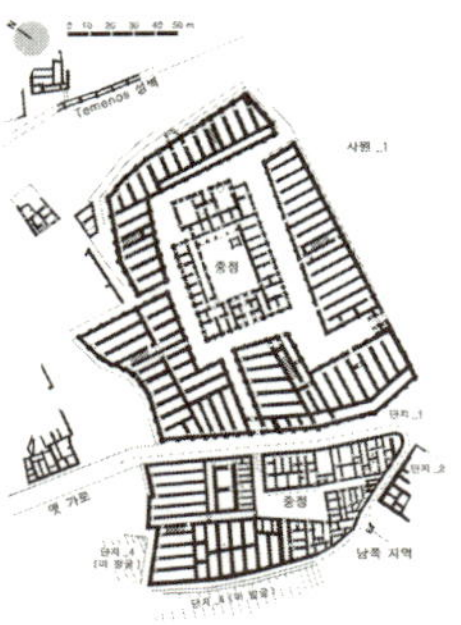

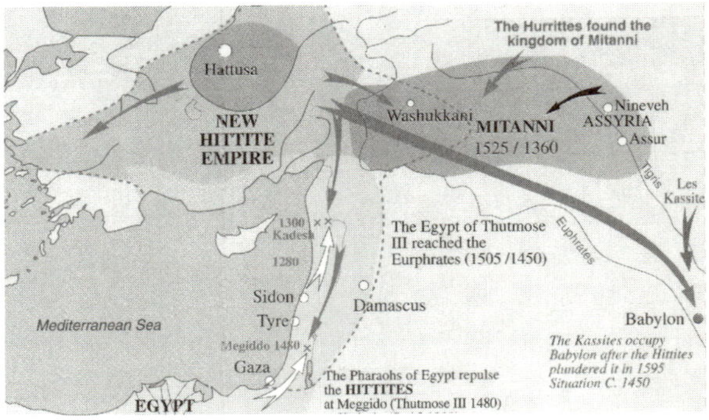

보아즈쾨이Boğazkoy 평면 하티Hatti 날씨의 신전, 아이나Ainna 태양의 여신전 | BC 13C.
히타이트의 권역 Maurice Griffe / Les Chronologies de, Asia Minor Mesopotamia /1999 / T.S.H.
부조 전사戰士의 신 Bigazxoy BC 14～13C. | Museum of Anatolia Civilization
사냥 신 부조 히타이트 900BC 후반 | 거칠고 조악한 조형으로 전투의 주제를 다룬다. 이러한 문화 때문에 히타이트는 호전적이라는 인상을 준다. | Kaysery Museum

이 지역에서 발견되는 거주의 흔적은 BC 3000년까지 거슬러 올라가지만, 대체로 BC 1900년경에는 티그리스 강 유역의 아수르 세력이 이곳에 무역의 거점으로서 카룸 하투샤Karum Hattus를 운영했던 것으로 알려진다. '카룸'이란 아시리아 식민지(BC 19~18세기)에 경영되는 거점도시이다.
히타이트는 다음의 3개의 시대로 구분된다.

① 초기 히타이트 시기는 BC 2000~1750년에 소아시아를 향하던 인도-유럽어족이 아나톨리아에 멈추어 일군 시기이다. 초기
② 고대 히타이트 왕국은 BC 1750~1450년으로서 메소포타미아로부터 쐐기문자(楔形, cuneiform script)와 문화를 받던 시기이다. 고대
③ 히타이트 제국 시기는 BC 1450~1200년 사이로, 한때 소아시아의 대부분과 유프라테스 상류까지 뻗었던 제국으로서 시기다. 도시문화가 이루어지며 청동기와 제국의 시기

보아즈퀘이 전경 하투샤는 이 황량한 들판을 내려다보는 고원에 방어성이 뛰어난 성곽 도시이다.

철기문물의 전이가 이루어진다. 이 시기란 소아시아의 트로이 문화 중에서 Troia-6에 해당한다.

● 하투샤 Hattusa, Hattusas, Hattuşa / 히타이트 제국

히타이트는 BC 18세기 전반에 피타나Phitana가 세운 것으로 추정된다. BC 1700년경에 하투샤는 외적의 침입으로 파괴되고 한동안 공백의 도시가 되었지만, BC 1650년경부터 본격적인 히타이트 왕국 시기를 이룬다.

BC 17세기 후반에 아나톨리아를 평정한 핫투시리시Hattusili 1세는 통일 왕국의 수도를 키질 강 만곡부의 중심 지점으로 옮기고 자기의 이름을 따서 핫투사스Hattusas라고 이름하였다. 그는 통일 왕국을 핫티Hatti 왕국이라고 불렀고 스스로를 핫티의 왕이라고 칭했지만, 역사는 지명과의 혼동을 피하기 위해서 히타이트 왕국이라고 부른다. 구약에서는 헷Heth 또는 히팀Hittim이라고 하며, 사람은 헷

보아즈퀘이 여러 방들을 엮는 공간 구조로 보인다.

족이라고 쓴다.

BC 1530년경 히타이트 왕국의 무르실리Mursili 1세(BC 1620~1590)는 수리아 쪽으로 원정해 할라프(Halap 또는 Aleppo)를 점령하고 유프라테스 강을 따라 남진하여 미탄니와 바빌로니아를 괴멸시켰다. 여기에서 바빌론은 성경의 고대 바빌론이 아니라 신 바빌로니아 제국을 말한다. 히타이트는 BC 1600~1200년경이 절정이었으며, 그 마지막 세기 동안에 이집트와 장기적인 헤게모니 싸움을 거치는데, 이소모전이 두 제국을 쇠락시킨 이유로 본다.

BC 1180년경 제국이 붕괴될 때까지 약 470년간 히타이트의 전성기를 갖는다. 한편 이 시기에 이집트와 시리아도 보다 강력한 제국을 형성하고 있었다. 당시 이집트의 세력은 가나안까지 미치고 있었다. 히타이트가 미탄니를 정복하자 이집트와 히타이트는 국경을 접하는 형국을 이루고, 이제 두 대국의 충돌은 시간문제가 된다. 이집트와의 관계

당시 이집트의 람세스Rameses 2세(통치기간 BC 1279~1213)는 새로운 세력 히타이트의 무왓탈리스Muwatallis(BC 1306~1282)에게 이집트를 침략하는 것이

보아즈퀘이 저장소 좁고 긴 깊이의 공간적 비례가 저장소의 기능으로서 합리적이다.

얼마나 무모한지를 인식시킬 필요가 있었다. 그것이 고대 전쟁의 대 서사시, 카데슈 전투다.

카데슈 전투

소설 『람세스』의 작가 크리스티앙 자크도 어느 면에서는오리엔탈리즘의 태도를 보인다. 소설의 소재는 이집트와 파라오이지만, 그 상대에 있는 히타이트는 야만스럽고 음험하다. 소설에서 히타이트는 적군이며 이집트는 아군처럼 보인다. 어찌되었건 람세스 2세는 승리를 확신하지 못한 채 카데슈에서 결전을 앞두게 된다. 카데슈는 이집트 군이 출정하는 피-람세스와 히타이트의 하투사의 중간쯤으로, 현재 시리아의 다마스쿠스 북쪽에 있다. 이집트 군이 카데슈에 도달하기까지는 한 달이 걸렸다고 한다.

람세스 2세는 출정에 앞서 이미 여러 전투에 필요한 정보를 수집하고 있었고, 히타이트 군에 이길 수 있다는 자신감을 갖고 있었다. 그것은 무엇보다 수천 년 대제국의 자존심이며 자신과 일체되어 있는 신에 대한 믿음이었다.

히타이트가 철기문명을 일구고 있어 청동무기의 이집트를 압도한다는 설에 대해

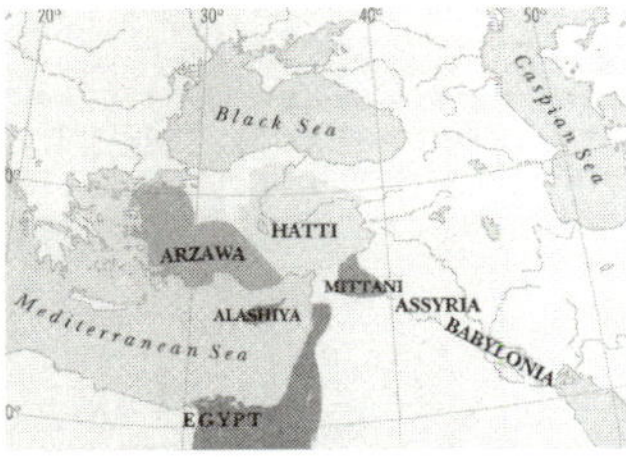

히타이트와 이집트, 바빌로니아 세 나라의 구도
히타이트 – 람세스와의 결전장, Kadesh의 위치

서는 이의가 있기도 하다. 다만 히타이트의 무기체계가 월등했다는 것은 사실인 듯하다. 특히 히타이트의 전차戰車는 마부 1명, 사수 1명, 전투병 1명으로 구성되는 데 비해, 이집트군은 한 전차에 장교 한 사람과 마부 한 사람이었다.

히타이트는 3만 5000명과 3500대의 전차가 출정했다. 람세스 2세는 직접 5000명으로 구성된 아몬 군단을 지휘했고, 역시 각각 5000명으로 구성된 라, 프타, 세트로 이름 지은 세 개의 군단이 뒤따르도록 했으니 모두 2만 명이 동원된 셈이다. 람세스 2세는 카데시 남쪽에 있는 산악지대에서 멈추었다가 샤브투나라는 도시로 진행했다. 그곳에는 그의 앞길을 막고 있는 오론테스 강을 건널 수 있는 여울목이 있었다.

이때 두 명의 베두인이 람세스에게 다가와서 투항한다. 그들은 히타이트 군대가 북쪽의 아주 멀리 있는 알레포 부근에 있다고 알려주었다. 람세스 2세의 아몬 군단은 이미 카데슈를 통과한 상태였고 나머지 세 개의 군단은 너무 뒤처져 있었지만, 그는 두 명의 베두인의 정보를 믿고 안심한 모양이다. 그러나 베두인은 무왓탈리스가 보낸 첩자였다. 히타이트 군대는 실제로 람세스 2세와 지척인 카데시 북동쪽 성채 안에 집결해 있었다.

그들은 우선 람세스 2세와 뒤처진 군단을 분리시킬 전략으로 2500대의 전차를 우회시켜 아몬 군단을 뒤따르던 라 군단을 급습한다. 라 군단이 궤멸되고, 무왓탈리스는 람세스 2세가 지휘하는 아몬 군단을 공격한다. 이 급작스러운 공격으로 람세스 2세의 아몬 군단은 혼란에 빠진다. 신의 제왕 파라오조차도 히타이트의 위세에 불안감을 느끼고, 막상 전투가 벌어지자 그 동맹군과 휘하는 비겁하고 유약해진다. 오로지 람세스!

> "깊은 곳에서 불꽃 같은 격정이 타올라 람세스를 가득 채웠다. 왜 운명은 그에게서 등을 돌렸는가? 왜 이집트는 야만인들의 공격에 멸망해야 하는가? 라 사단은 이미 보이지 않았다. 평원에 남아 있는 이집트 군의 흔적은 쓰러진 시체와 부서진 전차뿐이었다. 생존자들은 남쪽으로 도망쳤다. 프타 사단과 세트 사단의 생존 병력은 오론테스 강의 동안에 고립되어 있었다. 정예의 전차부대를 가진 아몬 군단은 구역질날 정도로 비겁한 행동을 보였다. 아몬 사단을 향한 동맹군들의 첫 번째 돌격에 이미 사단은 무너져버렸다. 어떤 고급 장교도 더 이상 남아있지 않았다. 방패를 든 자는 한 사람도 없었으며, 싸우려는 궁수 하나 없었다. 계급 고하를 막론하고, 그들은 이집트를 잊고 그들의 목숨을 구하는 것만 생각했다. 왕의 종복인 메나는 적이 자기를 덮치는 것을 보지 않으려고 무릎을 꿇은 채 두 손으로 머리를 가리고 있었다."
>
> – 『람세스』, 크리스티안 쟈크

이 위기의 상황에 파라오 앞에 눈부신 광휘와 함께 아몬의 신이 등장한다.

> "빛이 파라오를 감쌌다. 그의 몸이 햇빛에 빛나는 황금처럼 빛을 뿜었다. 빛의 아들 람세스는 태양의 힘을 얻었다. 그는 어리둥절해하는 적을 향해 돌진했다. 그는 최후의 싸움을 벌이는 고독한 패장이 아니었다. 엄청난 힘과 지치지 않는 팔을 가진 왕이었다. 그는 파괴의 불꽃이었으며 빛나는 별이었고, 격렬한 바람이었으며 날카로운 뿔을 가진 야생 황소였고, 누구든 덤비는 자는 그 발톱으로 갈가리 찢어버리는 매였다. 람세스는 연이어 화살을 날리며 히타이트 전차병들을 죽였다. 주인 잃은 말들은 몸부림을 치다 서로 얽혀 쓰러졌다. 전차들이 뒤집혔고, 온통 난장판이 되었다. 람세스와 사자는 적의 돌진을 제지하고 적의 전열을 뚫었다. 히타이트 보병대장이 창을 휘둘렀지만, 미처 동작을 끝내기 전에 파라오의 화살이 그의 왼쪽 눈을 꿰뚫었다. 같은 순간 사자의 턱이 공포에 질린 히타이트 전차 부대 장교의 얼굴 위에서 닫혔다."
>
> – 같은 책

전차 부조 카케미슈Carcemish BC 8C. | 히타이트의 전차는 한 사람의 조종사와 한 사람의 사격수가 타는 2인용이다. 발굽 아래 적군이 괴멸되고 있다. | Museum of Anatolia Civilization

Carcemish Relief 사자사냥 BC 8C. | Museum of Anatolia Civilization

그러나 히타이트의 무왓탈리스는 자신의 군대가 쫓기고 있음에도 불구하고 나머지 1만 8000명의 주력군을 투입하지 않았다. 이러한 무왓탈리시의 조치는 협상으로 마무리될 외교를 예상하고 전력을 다하지 않은 것으로 추측된다.

무왓탈리스의 입장에서 볼 때 이 지역은 히타이트의 통치 권역으로는 너무 멀고 큰 실익이 없었다. 또한 히타이트의 동쪽에서 강국 아시리아가 공격해 오면 전선이 너무 길어진다. 이에 차라리 이집트와 협정을 맺어 아시리아의 공격에 대비하려고 했다는 것이다. 앞선 전투에서 피해가 큰 피아는 카데슈 성의 대치 끝에 곧 정전을 협상하고 화평에 들어가는 현실주의를 택한다. 이것이 바로 카데슈Kadesh의 조약이다.

1906년에 시작된 빈클러Hugo Winckler와 이스탄불 박물관의 팀이 보아즈쾨이에서 설형문자로 적힌 석판을 발굴하였는데, 그것이 유명한 빈클러Winckler 판이다. 이 판이 BC 1270년, 람세스 2세와 히타이트의 핫투실리Hattushili 3세(BC 1275~1250)가 맺은 평화협정의 기록이다. 무왓탈리스의 아들 우리테슈프는 결전파였고, 아우 핫투실리는 화평파였다. 이집트의 카르낙 신전에도 같은 협정이 새겨져 있다. 2000km나 떨어진 두 장소에서 3000년이나 지난 옛 문서가 똑같이 발견된 것은 기적이라고밖에 설명할 길이 없다. 화평 /BC 1970

조약은 이집트가 공격당했을 때 히타이트 군이 원조한다는 조항, 두 나라의 왕권 보호, 불가침 조약을 규정하였다. 그러면서도 그동안 양국 간에 오가던 첩보전과 반역의 긴장을 반영하듯 망명자의 처리문제까지 상술하고 있다.

> "히타이트의 위대한 지배자는 결코 이집트 땅을 침범하지 않는다. 이집트의 위대한 파라오인 람세스는 결코 히타이트의 땅을 침범하여 약탈하지 않는다."

"만약에 히타이트에 외적이 들어오고 위대한 왕, 히타이트 왕 핫투시리가 람세스에게 사자를 파견하여 '적에 대해서 나를 도우라'라고 말씀한다면, 위대한 왕, 이집트의 파라오 람세스는 그 보병대와 전차대를 파견하여 적을 살육하고 히타이트를 위하여 복수할 것이다."

"만약 한 사람-또는 둘이나 셋이든 지간에-이집트 땅에서 도망하여 히타이트 왕에게로 간다면, 히타이트 왕은 그를 잡아 이집트의 파라오인 람세스에게 되돌려 보내야 한다. 그러나 그들이 람세스에게 보내진다 하여도 죄를 묻지 말 것이며, 그의 집이나 아내나 아들이 해를 당하게도 하지 말아야 한다. 어떤 방법으로든지 죽이거나 상하게 하지 말 것이며, 눈이나 귀나 혀나 발이나 어떤 죄의 벌을 받아서도 안 된다."

카데슈 조약문서 석판

– 『람세스』, 크리스티안 자크

"히타이트와 이집트 땅을 위해서 누구든지 이 판 위에 기록된 말들을 지키지 않으면 히타이트의 신들과 이집트 땅의 신들이 그의 집과 그의 땅과 그의 백성들을 멸망시킬 것이다."

– 『Ancient Civilizations and Ruins of Turkey』, Ekrem Akurgal, N.E.T, 1993

이후 양국은 자신들의 조약을 더욱 확실히 하기 위해 히타이트의 공주가 이집트로 출가하여 람세스 2세와 결혼한다. 또한 이집트의 왕비인 네페르타리와 히타이트의 왕비인 푸두케파도 서로 친분을 나눈다.

히타이트의 소멸

아직도 히타이트의 역사적 사실은 불명인 것이 많으나, 히타이트 제국의 급작한 붕괴는 더 알 수 없는 사실이다. 갑자기 사라진 제국은 BC 1190년경 새롭게 등장

사자의 문 정첩 고리 Boğazkoy, Hattu§a | 성문을 달았던 흔적으로 아래 정첩을 박은 부분
보아즈쾨이 도시의 빗물 처리 구
보아즈쾨이 Hierography Chamber

한 프리가이의 철기문명에 밀린 것으로 추정한다. 히타이트 제국이 붕괴된 후 그 잔존 세력은 BC 800년경까지 카라테페, 하란, 카르케미시 등의 도시국가로 명맥을 유지한다. 중동 부근은 약 400년간 여러 군소 왕국들의 각축장이 된다. 그들이 신 히타이트Neo Hittite다.

후기 히타이트

후기 히타이트 문화는 신 히타이트 예술(Neo-Hittite, BC 1200~700), 우라티안 예술(Urartian, BC 900~600), 프리기안 예술(Phrygian, BC 750~300), 리디안Lydian, 리시안Lycian과 카리안Carian 문화로 전이되며, 그 후 소아시아의 그레코-로만 예술과 겹쳐진다.

고고학적 사실에도 불구하고 히타이트와 프리기아의 계통이 어떻게 튀르크와 교합되는지는 분명하지 않다. 이 애매한 맥락의 문명은 대개 따로 떼어 기술되기 쉬운데, 이 맥락을 정리하는 것이 역사학의 과제다. 고대 튀르크의 문명이 존재하고 있었고, 그 후에 들어온 이슬람은 튀르크가 가지고 온 것이 아니라는 의견이 있다.

● 보아즈쾨이 Boğazköy 또는 Boğazkale, 하투샤 Hattuşa

하투샤는 지금의 보아즈쾨이 또는 보아즈칼레이로, 순구를루라는 작은 마을 옆에 유적이 있다. 이 고대 역사의 답사는 앙카라에서 출발한다. 앙카라에서 동쪽으로 200km 떨어진 곳에 아직도 보아즈쾨이는 숨죽이고 있다. 황량한 광야의 도시가 곧 히타이트의 수도이며, 도시국가인 하투샤이다. 언덕 위의 도시는 방어력이 뛰어난 요새要塞도시다. 1,500m 높이의 고원국가에 접근하는 것은 쉬운 일이 아니다.

사자의 문 Boğazköy, Hattuşa | 현재는 일부만 남아있지만, 양측의 사자상 위로 구조의 곡선을 연결하여보면, 아치문의 구조였음을 알 수 있다.

"무왓탈리스 대왕은 궁전 테라스에서 그의 수도 하투사를 굽어보았다. 황폐한 초원 한가운데에 세워진 거대하고 견고한 바위 같은 하투사는 무적의 힘을 증명하기 위하여 건설되었다. 무왓탈리스가 생각하기에 하투사로 쳐들어올 수 있는 침략자는 아무도 없었다. 아무도 하투사의 탑을 점령할 수도 없고, 신들의 신전을 굽어보고 있는 대왕 성채가 있는 곳까지 올라올 수도 없을 것이다."

– 『람세스』, 크리스티앙 자크

광야의 도시국가 하투샤는 일단의 견고한 성곽 구조 안에 신전, 왕궁, 거주를 갖추고 있었다. 구릉을 따라 흐르는 공간 구조는 계획적이며 석조의 기법이 뛰어났다. 우물과 수로의 서비스가 구축되었으며, 높낮이가 심한 지형 사이에는 교량이 축조되었다. 하투샤는 모두 8개의 성문을 가지고 있었으며, 현재는 6개를 볼 수 있다. 왕들의 문, 사자의 문, 지하의 문이 세계건축사 초반에 등장하는 것은 그 원형을 확실히 볼 수 있고 조형성도 남다르기 때문이다. 좌우의 사자 조상을 가져 '사자의 문'으로 불리는 성문은 초기 아치 구조인, 수직 비율이 높은 포인티드 아치를 가지고 있다. 지하의 문은 수직비가 높은 볼트(천장이 둥근 터널 모양의 공간) 구조의 긴 진입을 통과한다.

보아즈쾨이에는 7개의 신전이 있는데, 대부분 중정형 구성에서 주변의 방들을 가지고 있다. 왕궁으로 짐작되는 중심 건물터는 여러 방들이 밀집되고, 방들은 문을 통해 연속되는 평면이다. 실내에 상수도가 설치되며, 2중 3중의 문 구조가 상당히 방어적이다. 쐐기 문자판이 대량으로 출토된 위치는 도서관이다.

조각과 건축의 유구가 비교적 분명한 흔적으로 발굴되고 있는데, 부조는 샤머니즘의 상징성이 짙다. 건축은 투박하며 간소하나 구조적 아이디어가 뛰어나다. 아치와 볼트의 구조법이 이미 진보되어 있었으며 석조의 기법이 돋보인다. 이러한 예술성은 바빌로니아와 무관하지 않은 것 같다.

샤머니즘 미술

"메소포타미아가 히타이트를 통해 가나안과 에게 해 지역으로 전파되었다는 것이 확실하다." –『서양문명의 역사』, 에드워드 맥널 번즈 등

자연신의 도시

● 뷔육칼레 Büyükkale | BC 13C

하투샤 중에서도 깊이 세 면의 절벽 사이에서 방어하는 중심 지역이 뷔육칼레이다. 대체로 BC 13세기에 건축된 것으로 추정된다. 뷔육칼레는 길이 250m, 폭 140m의 규모로서 이 역시 천연의 요새다. 일단의 견고한 성곽 구조 안에 신전, 왕궁, 거주를 갖추고 있다. 구릉을 따라 흐르는 공간구조는 계획적이며, 석조의 기법이 뛰어나다. 성벽과 도시 성문으로 둘러진 영역은 대리석 슬래브의 포장도로가 보이고, 코트 야드를 만드는 크고 작은 건물들은 벽돌조이다.

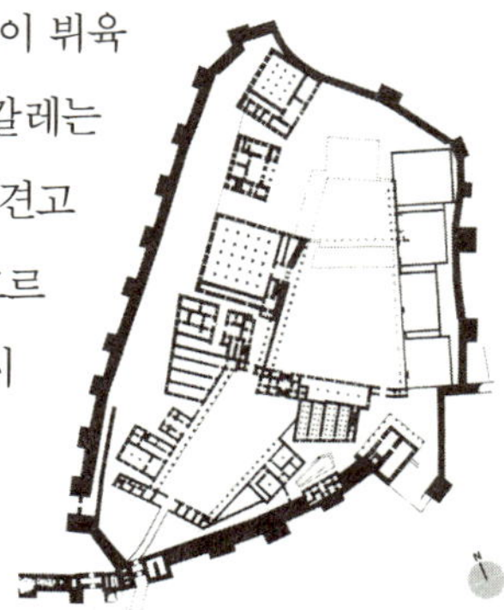

뷔육칼레 평면
BC 13C. | 성곽으로 둘러 친 요새형 도시로서 신전과 왕궁이 구성되어 있다. | Kurt Bittel 작도

하투샤 이외의 히타이트 유적지로는 야즐르카야Yazılıkaya, 알라차회웍Alacahöyük, 말라튀야Malatya, 카르카미슈Karkamish, 사크쉐괴쥐Sakçagözü, 친치르리Zincirli, 카라테

페Karatepe 등이 있다.

● 야즐르카야 Yazılıkaya | BC 13C

야즈라카야 평면 전면의 신전이 기하학적 인공의 구성과 그 배후의 자연적인 바위산이 결합된 구성이다.

보아즈쾨이에서 다시 북동쪽으로 2 km 더 올라가면 야즐르카야로 불리우는 성소가 있다. 야즐리카야는 뇌우雷雨의 신으로 뜻하여진다. 이 성소는 큰 바위 앞 평지에 건축된 신전과 성스러운 바위로 구성되어 있다. 아마 그때도 바위에 신성을 부여하는 샤머니즘과 자연신이 융합된 것으로 보인다.

야즐르카야는 바위산을 공간화한 성소 부분과 인공구조물의 건축 부분이 결합된 모습이다. 신전 부분은 크고 작은 두 개의 갤러리로 구분되며, 큰 갤러리는 먼저 카데슈 전투이 주인공인 하투실리 3세가 건축한 것으로 추정한다. 반면 그 옆의 작은 갤러리는 투트하리야Tudhaliya 4세(BC 1250~1220)가 만든 것으로 추정한다. 크리스티앙 자크가 『람세스』에서 이 장소를 묘사하는 장면이 있다.

내밀한 성소

> "야즐리카야 사원은 히타이트 제국 북동쪽에 있는 언덕 중턱에 세워져 있다. 사원 안에서 사제들이 뇌우의 신의 입상을 깨끗이 닦아내었다. 신의 힘이 한결 같이 머무르게 하기 위해서였다. 그리고 그들은 나라의 평형을 위협하는 어두운 힘들로 채워진 새끼 돼지에 일곱 개의 쇠 못과 일곱 개의 청동 못, 그리고 일곱 개의 구리 못을 박아 넣어 죽였다. 제사가 끝나면 참례자들은 12신상 앞을 지나 돌로 만든 탁자 앞에 멈추어 서서, 그들의 정신으로부터 모든 장애를 쫓아내기 위해 독한 술을 한 잔 마신다. 그리고 그들은 바위 속에 파놓은 계단을 따라 바위 한가운데에 자리 잡고 있는 사당에 들어가 기도를 드린다."
>
> – 『람세스』, 크리스티앙 자크

성소는 바위산 안에 숨겨져 있고, 터널과 같은 입구의 구비를 돌아 들어간다. 그 밖에 전개되는 마을은 계획으로 다듬어진 도시의 구조를 보인다. 즉 이 고대 도시

야즐라카야 바위 신전, 내부 부조 제신의 행렬의 묘사도 부분, 신들은 주로 날씨와 자연을 주제로 한다.
야즈라카야 바위 신전, 경로 복도처럼 생긴 긴 경로를 따라 여러 신의 부조를 따라 흡입된다.
야즐라카야 바위 신전, 내부 부조 모사도 각 신의 위계가 크기로 표현되며, 산을 딛고 있는 날씨의 신은 이 지역이 기후를 제압하는 일을 우선적인 임무로 알았다.
야즈라카야 바위 신전 입구

를 전모로 보면, 광야의 둔덕에 개발된 도시로서 성소가 있는 바위산은 거친 야성을 가지며, 도시는 기하학적으로 다듬어진 인공성이 결합된 모습이다.

신성의 부조

고깔모자에 부츠를 신은 신들의 행렬은 극적인 장면처럼 보인다. 모두 82명의 남신과 여신이 조각되어 있는 각 인물은 높이 80cm에서 2.5m에 달하는데, 역시 주요인물과 주변인물의 표현을 크기의 구분으로 그린 것

알라차회윅 발굴 전경

이다. 모두 63개의 조상이 연속으로 조각되어 있는데, 날씨의 신 테슈브Teshub와 그 아내인 태양의 신 헤바투Hepatu, 달의 신 쿠슈, 곡물의 신 등이 확인되었다. 이는 BC 1500년 이후 후르안의 영향이라고 추측된다.

왼쪽 그림에서 보이는 중요인물은 41/ 두 개의 산을 딛고 서 있는 하투샤의 날씨의 신은 제1 주제이고, 42/ 하늘의 날씨의 신이 도전하는 산, 난니Nanni와 하찌Hazzi을 제압하고 있는데, 그는 신성한 소 세리Serri와 후리Hurri 중의 하나를 대동하고 있다. 후리안 언어로 세리와 후리는 낮과 밤을 뜻한다. 43/ 그의 배우자 헤파투Hepatu를 맞는데, 두 발로 사자를 타고 있다.

● 알라차회윅 Alacahöyük

청동기 시대 도시인 보아즈쾨이에서 북쪽으로 30km에는 또 하나의 히타이트 유적이 보존되어 있다. 알라차회윅은 BC 4000경부터 경영되기 시작해 초기 청동기 시기에 주요 거점도시가 되었다.

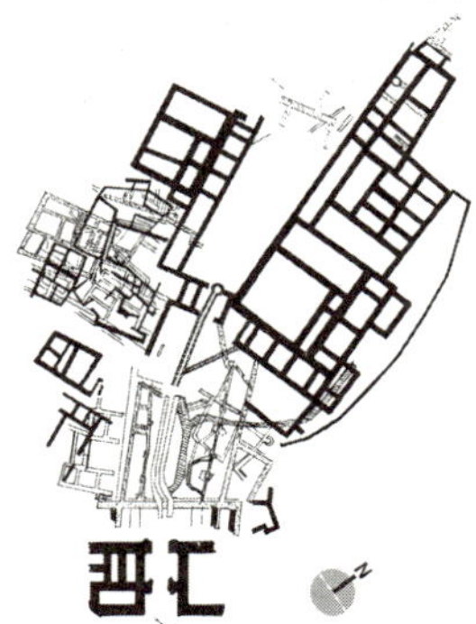

알라차회윅 평면 아래 쪽의 성문을 통해 진입된 동선은 방어적인 경로를 따라 내부에 이른다.

약 $26km^2$에 달하는 규모에 신전과 궁전, 그리고

알라차회윅 부조, 사람과 사자의 머리를 한 스핑크스
BC 9C. | Museum of Anatolia Civilization
부조, 사자 사냥 Carchemish BC 9C. | 히타이트인의 용맹성을 과시하는 주제이다. | Museum of Anatolia Civilization
알라차회윅 성벽
엇물려 쌓는 석조의 기법이 경제적이며 견고하다.
알라차회윅 성문 장식 인두 사자상

13기에 달하는 왕들의 무덤이 발굴되었다. 이 유적은 같은 경내에 있는 사이트 박물관에 전시된 발굴 유물과 겹쳐보면 좋다. 유적의 규모가 크지 않으므로 박물관을 경내에 둘 수 있어 문화 내용과 건축 유적을 함께 전달하는 방법이 유효해 보인다.

특히 주성문인 스핑크스 성문은 추상성이 가미된 두 지주의 조각상이 놀랍다. 히타이트의 조각예술 중에서 후기 작업이듯이 추상성으로 세련된 선의 흐름이 근대적이기까지 하다. 성곽의 석조 방법이 훨씬 견고한 구조와 기술을 보이며 도시의 하부구조(상하수도, 도로구조)는 더 발전된 모습이다. 구체적인 유물을 보려면 앙카라 아나톨리아 문명박물관으로 돌아가야 한다.

봔
Van

우리는 시간 여행을 위해 터키의 동쪽 끝으로 간다. 봔은 서아시아로 이어지며, 터키에서는 아나톨리아의 동쪽 끝이다. 현재 이란과 이라크으로 이어지는 지역이다. 이 지역은 지금도 독립을 주창하는 쿠르드 족의 거점지로서 지형이 험하다. 그 주변은 황무지나 다름없지만 봔에는 일찍부터 관개가 발달하고, 봔, 세반, 우르미야의 3개 호수가 연결되는 삼각지대로서 농경과 무역이 홍하였다. 이곳에서 우라르트 왕국이 문화를 일구고, 창세기의 노아의 홍수 때 안착하였다고 믿는 우라랏 산이 있는 지역이다.

역사의 장소, 봔

동쪽 끝

봔의 도시화 정착은 1만 년 전까지 거슬러 올라가며, 이란과 서북 메소포타미아 문화에 연계된다. 현재까지 발굴된 가장 오랜 문화 흔적은 예디살큼Yedisalıkm 동굴 벽화이다. 그 중에서도 티르쉰Tirşin 고원의 암각화는 5000~6000년 전의 것으로 추정된다.

BC 3000년 즈음, 초기 청동기 문화, 즉 초기 후리안Hurian 문화가 동 아나톨리아로 확산된다. 고원의 북쪽 챠이차우세스Caycauses에 오리진을 둔 후리안 문화

도시 봔 건물과 황무지의 산이 함께 풍경을 만든다. 들판 위에 선 호삽 성곽

는 원형 평면의 집, 흑색과 유리질 세라믹을 보여준다. BC 2000년경 히타이트에 의해 중앙 아나톨리아가 점유되면서 후리안은 남동쪽 아나톨리아와 북 시리아로 씻겨 내려갔다. 거기에서 후리안은 힘을 키우고 북 아시리아, 바빌로니아 그리고 이집트 신 왕국과 교류 또는 충돌한다.

BC 1500년경 후리안은 하부르Habur 강을 끼고 미탄니Mitanni 왕국에 와쑤가이Wassugai 시를 수도로 삼았다. 그러나 미탄니의 투스라트Tushratte 왕조가 수장으로서 위상을 잃고 아시리아로부터도 군사적 위협이 가압加壓된다. BC 1350년 미탄니Mitanni의 마티아와자Mattiawaza 왕은 히타이트 왕 숩필리리우마Suppilyliuma 1세와 평화를 교섭하고 싶어하지만, 결국 미탄니는 히타이트의 주도州都가 된다. 이후 후리안의 대다수가 티그리스-유프라티스와 봔 지역으로 흩어졌다. 후리안

우라르투Urartu는 아라랏Ararat이라고도 불린다. 이미 BC 13세기에 아시리아 기록과 구약에서 아라랏이라고 지칭하였는데, 이는 뒤의 창세기에서 다시 언급될 것이다. 아라랏 왕국은 미탄니 왕국이 망한 뒤에 아라랏 사람과 산악지대를 점유하고 있던 후리안이 같이 건설한 것 같다. 그래서 아라랏 사람과 후리안은 같은 줄기이며 언어와 종교에 유사성이 많았다. 아시리아 인은 나이리Nairi와 우루아티리Uruatri는 같은 의미로 쓰이는데, 두 왕조는 통합되고 아시리아에게는 모두 공동의 적이다. 아라랏

우라르투Urartu | BC 900~600

아나톨리아 무대에서 히타이트가 역사로 소멸되어 간 후, 동부 아나톨리아는 약

300년간의 공백이 계속된다. 이 사이에 별다른 문화의 거동이 보이지 않는 것이 지역의 휴지休止는 아닐 것이다. 아마 아직 발굴되지 않은 어떤 역사가 땅 속에서 숨쉬고 있는지도 모른다.

후리안의 봔이 우라티안Uratian 왕국의 수도로 지정된 것은 BC 840년경이다. 봔 고원에서 에렉Erek 산(3200m)이 동쪽에 있고 남쪽 경계에 아르토스Artos 산이 있다. 남동의 타우루스Taurus 산이 지역의 외곽선을 그리는데, 이들이 동서 방향으로 전개되는 자연의 장벽인 셈이다. 이러한 지형적 요충을 방어선으로 개발하는 것이 우라르티안의 발상이다. 우라르투 왕국은 북으로 카우카우세스Caucauses, 동으로는 우르미아Urmia 호수, 서쪽으로는 에우프라테스Euphrates, 남으로는 우르파Urfa에 이르며, 마지막 300년에는 북의 흑해에서 남의 지중해에 이르렀다.

아시리아의 위협

BC 9세기경부터 아시리아의 공포恐怖 왕 앗슈르나시르팔 2세(BC 883~859C)의 압박을 견디다 못한 우라르투 왕조는 좀더 서쪽에 위치한 봔 호수 남쪽의 수구니아Sugunia를 거점으로 한다. 그 즈음 인구가 5만 정도 되었으며, 아시리아 왕 샬마네세르Shalmanassar 3세(BC 858~824)가 우라르투에게는 위협이 되면서 주변의 작은 나라들을 규합하여 아시리아에 대항했다. 그러나 BC 858년, 수구니아는 아시리아에 의해 철저히 능멸된다.

수구니아를 잃은 우라르투 왕 아라미Aramy는 아르자스쿤Arzaskun을 두 번째 수도로 건설하지만, 2년 후 이곳마저도 아시리아에 의해 멸실된다. 아직도 제1 수도와 제2 수도의 위치는 알려지지 않으나 대체로 봔 호수 북서쪽에 있었을 것으로 추정된다. 이 사실에 근거해보면 이 지역에는 지표 밑에서 숨쉬고 있는 역사가 아직도 많다.

BC 840년경 루티프리Lutipri의 아들 사르두리Sarduri 1세는 천연적인 바위 요새인 봔 성곽Van Kalesi을 수도로 구축하고 투슈파Tushpa라 한다.

봔 성곽 Van Kalesi

투슈파Tushpa

봔 칼레시는 우라르투 왕국의 수도로서 봔 호수 동쪽 평원에 주위보다 100여 미터 높은 산세 위에 있고, 길이가 1.8km 정도인 천연의 바위 요새다. 그 시대에는 바위 언덕의 서쪽 부분만 요새로 활용되었고, 현재 볼 수 있는 성채는 대부분 1000

봔 성벽 절벽 위가 성곽이다.
봔 성벽 억센 바위 절벽 위에 있는 반 성벽은 자연적인 요새이다.

년경 셀축 튀르크 시대부터 건설된 것이다. 요새 남쪽 절벽에는 암굴묘暗窟墓가 만들어졌다. 아르기슈티Argishti 무덤 입구에는 호르호르 연대기라 불리는 우라르트 기록이 남아 있다.

그들은 근처에 발달한 구리와 철의 광산에서 철기문화를 발달시킨다. 고도의 금속 제련기술로 공구와 무기의 제작은 생산과 방어에 힘이 되었다. 아시리아가 왕위 계승을 둘러싼 궁정 내 음모, 에후의 쿠데타(BC 842), 이스라엘과의 알력 등 국내외 문제로 어려움을 겪고 있을 때 우라르투는 메소포타미아에서 소아시아에 이르는 무역로를 장악한다. 그러나 디글라트 빌레세르Tiglath-Pileser 3세(BC 744~727)가 지역 패권을 되찾으며 아시리아 제국의 면모를 더욱 키운다. 이어서 쿠데타로 정권을 잡은 사르곤Sargon 2세(BC 721~705)는 아시리아에 대항하려는 이집트, 아람 그리고 숙적 우라르투를 격파하고, BC 714년에는 무사시르Musasir를 함락시켰다. 무사시르는 아시리아와 우

우라르투의 흥망

라르투 사이에 있던 도시로 당시 모든 민족들이 신성시하던 할디Haldi 신전이 있던 곳이다.

할디Haldi 신전 제단 BC 7세기 아라랏 시대의 것으로서 봔에 있는 할디Haldi 신전에서 발굴한 제단
이스탄불 고고학 박물관

열왕기-하(19:37)와 이사야(37:37-38)에 아시리아의 왕 산헤립의 암살 사건이 상술되어 있다. 산헤립이 니네브의 니스록 신전에서 제사드릴 때 그의 두 아들에 의해 살해되는 모반이 벌어졌다. 그러나 암살자들은 쿠데타의 뜻을 이루지 못하고 아라랏 땅으로 망명하였다. 당시 우라르투가 아시리아의 적대 세력이었음을 생각하면 이 기록은 꽤 신빙성이 있어 보인다. 예레미야(51:27-28)에서는 BC 590년경 아라랏, 민니, 아스그낫(스키타이), 메디아 등의 왕국이 '거룩한' 동맹을 맺고 바빌론에 대항하였다고 적었다.

구약에서의 우라르투

> "이는 내 말이다. 어김이 없다. 바빌론을 칠 거룩한 싸움에 만방을 동원하여라. 아라랏과 민니와 아스그낫 나라를 불러 모아 바빌론을 쳐라. 사령관들을 엄명하여 싸움을 시작하여라. 기마대를 메뚜기 떼처럼 몰아넣어라."

● 아라랏Ararat 산

우라르트는 구약에서 노아Noah의 방주가 안착한 아라랏Ararat 산으로 적고 있다(창세기 8:5). 아라랏 산은 지금의 도우바야즈트에 위치한다. 거의 아르메니아와 이란의 국경까지 다가간다. 터키어로는 아르다으, 즉 아르 산이라 한다. 터키에서 가장 높은 해발 5165m의 큰 아라랏 산(뷲 아르 다으)과 3925m의 작은 아라랏 산(커척 아르 다으)으로 구성되어 있다. 이 산 봉우리는 1년 내내 흰 눈이 덮여 있어 황량한 갈색의 지역에서 신선한 풍광을 만든다.

노아

하나님이 창조한 아담의 모든 후예들이 홍수로 멸망하게 되고 오직 노아와 그의 자손들만이 생존하여 지구상에서 혈통을 잇게 된다. 노아의 세 아들 셈, 함, 야벳의 후예들에 대해 구약은 자세하게 기록하고 있다(창세기 10). 대홍수 후에 노아의 자손

뵨 성곽 선착장 Sardur Burl Madir Burl | 지금은 육지 안에 있으나, 건설 당시에는 뵨 호숫가에 설치된 선착장이었다

들은 동방으로 옮겨다니다가 시날 평지에 이르러 거기 살게 되었다(창세기 11:2). 그들은 한 족속이었으며 언어가 하나였다(창세기 11:6). 그들이 거기서 교만한 바벨탑을 쌓다가 하나님의 노여움을 사게 되고 언어가 갈라졌으며 같은 언어를 쓰는 사람끼리 흩어져서 살게 되었다(창세기 11:7–9).

그 후 노아의 세 아들과 그 자손들이 전파된, 지역은 유럽–러시아–서부 아시아–북아프리카에 이른다. 아라랏 산 창세기 홍수 설화는 BC 597년 이후 바빌론 포수捕囚 즈음에 유다의 지도자들에 의해 편집된 것이다. 이는 메소포타미아 전통의 홍수 신화에서 영향을 받은 것으로 알려진다. 아라랏 산을 노아의 방주로 연결시키는 것은 대홍수가 그치고 물이 빠진 후 가장 먼저 드러날 수 있는 지역이 제일 높은 고지인 아라랏 산일 것이라는 지리적인 추정이다. 창세기 홍수

이러한 성서적 규명에도 불구하고 고고학적으로 이 산의 어느 부분에 노아의 방주가 머물렀는지에 대해서는 정확하게 밝혀진 것이 없다. 단지 아라랏 산 정상에서 동남쪽으로 20km 떨어진 마세르Mahser 마을 가까운 주디 산에 배 모양으로 형성된 지형이 있을 뿐이다.

● 뵨 선착장 Van Sardur Burca · Madir Burcu

뵨 선착장은 뵨 성곽 북서 끝에 있는 피어로서 길이 47m, 너비 13m의 규모가 발굴되었다. 현재는 피어에서 호수까지 4km의 늪으로 채워져 있다.

수상교통의 피어는 여러 군데에 개발되는데, 예쉬 을수Yeş ilsu, 에스키 에르시스 Eski Ercis, 타트봔Tatvan의 것들은 물 밑에 잠겨 있다. 뵨 호수 북쪽의 피어 델리샤이Deliçay는 괴석들만이 남아 있다. 사르우르 부르츄Sarur Burcu는 상당히 온전한 흔적이다

봔 호샵 성곽 북쪽 마을 이 황량한 풍토에 아직도 거주가 유지되고 있다.
봔 호샵 성곽 남동면 천연의 요새 성곽으로 방어성이 뛰어나다.

아나톨리아의 변방

● 호샵 성곽 | Hoşap, Çavuş Tepe | Van

생명이 숨죽인 거대한 둔덕들, 끊임없이 다가오는 석회암의 황량함, 황무지가 끝간 데 없이 펼쳐진다. 간혹 냇물을 만나지만 붉은 진흙물이거나 석회물이다. 사람들은 이러한 곳에서도 사는 방법을 안다. 석회암은 보통 회갈색이지만, 보라, 적갈색 등이 섞이어 풍광을 만든다.

호샵성곽

서북 이란으로의 길목에서 절벽 위에 앉은 성탑이 내려다보고 있다. 성탑에 올라 주변의 마을을 내려다보려다가 숨이 턱 막힌다. 숨죽이고 있는 먼지 빛의 마을이 까마득한 밑에 있다.

호샵 성곽. 그것은 마치 흑갈색 파스텔을 엄지로 거칠게 문질러 그린 투박한 그림 같았다. 그 풍경 속에 성곽이 있다. 성곽은 옛 루라티안 시기에 축조되기 시작했다. 이 시기의 성곽은 봔에서 북서 이란까지 군사도로를 따라 300km에 달한다는 기록이다. 성채는 이 군사도로를 관장하는 군사 포스트로서 역할을 가졌으며, 샤부쉬 테페Çavuş Tepe 성채의 최초 경찰서이기도 하다. 북서쪽의 원형 평면의 성

반 호샵 성곽 총안
반 호샵 성곽 성문 둥근 평면에 좁은 입구가 뒤돌아 앉아 있다. 이 역시 방어를 위한 고려이다.
반 호샵 성곽 입구 성문을 들어서 높은 성내의 공간에 들어가기 위해 좁은 경로를 통과하여야 한다.

문은 풍부한 장식을 함께 갖는데, 대문 위의 역 T자 모양의 디테일로 만들어진 블라인드 창이 주목된다.

현재의 호샵 성곽은 슐레이만Suleyman Bey에 의해 1643년에 다시 구축되었다. 문 위의 T 아치, 겹 포인티드 아치, 그리고 그 안의 3원 아치를 이루며 사자상과 함께하는 장식이다. 이 성채 안에는 여러 숙소, 욕장, 사원, 학교, 분수, 저수조와 지하 감옥이 있었으나, 현재는 흔적을 찾기 쉽지 않다. 높은 성벽의 스케일, 완강한 성문, 버트레스, 감시탑 등이 당당한 우라티니안의 군사 문화를 말한다.

다르소의 바오로

사도 바오로의 행적은 이 아나톨리아 전역을 넘나들며 기록된다. 그의 출생지가 다르소이며, 교육받는 곳이 이스라엘의 예루살렘이며, 회심의 장소가 시리아의 다마스쿠스이고, 잠시 들렀던 요르단의 페트라, 선교본부가 있던 키프로스, 터키, 그리스 그리고 로마행 배가 난파하여 상륙하였던 몰타, 마지막 여정인 동시에 순교지인 이탈리아이다. 요한 묵시록에 나오는 소아시아의 일곱 교회가 이 지역에 점점이 박혀 있다.

이제 다른 초기 기독교의 성지를 찾아 아나톨리아를 끝까지 남하한다. 거기에 이르기 위해 우리는 시리아와 접하는 국경까지 남하하여야 한다.

우르파 Urfa, 하란 Haran

구약의 장소, 우르파

우르파는 터키의 남쪽 끝, 시리아와 접경하는 유통 도시였다. 서아시아의 권역을 넓게 놓고 보면, 아나톨리아의 고원에서부터 시리아를 향해 내려오는 동선과 지중해에서 동쪽의 페르시아로 가로지르는 동선이 교차하는 곳이다. 오늘날에는 샨르 우르파Şanlı Urfa라고 하는데, 제1차 세계대전 때에 지역민이 프랑스군에 항거하던 바를 기리기 위해 원래 우르파Urfa에 형용사 '소중한Şanli'이 붙여진 것이다. 사막의 도시

우르파는 북서쪽에서 흘러드는 스키로코스 강과 도시 여러 곳에 큰 샘이 있어 황량한 남부 터키에서 만나는 녹색의 도시이다. 산르 우르파와 다음에 소개할 하란은 엮어진 편년과 구약의 역사로 읽혀진다. 두 도시 사이의 거리는 40km 정도다.

BC 2000년경부터 지역을 적시는 풍부한 수자원을 배경으로 도시가 형성되기 시작하였으며, BC 14세기 우르파는 미탄니 왕국을 이어받은 하니갈밧트 왕국에 포함된다. 이 지역의 지정학적 중요성으로 주변으로부터의 압박이 계속되는데, 히타이트가 붕괴된 후에는 동쪽의 카케미쉬Carkemish 세력에 흡수되었다.

BC 11세기에는 알레포Aleppo, 다마스쿠스Damascus, 하마스Hamath 등의 여러 도시왕국들이 발흥하였다. 아람 왕 르신과 이스라엘 왕 베가가 동맹을 맺고 예

루살렘을 포위했으나, 유다 왕 아하스가 아시리아의 티글라트 필레세르Tiglath-Pilesar 3세(BC 744~727)에게 도움을 청한다. 아시리아가 다마스쿠스를 치고(BC 733) 이스라엘 사람들을 포로로 잡아서 아시리아로 끌고 갔다. 곧 바빌론의 포수捕囚이다(BC 597~587). 그와 함께 많은 아람인들이 아시리아와 바빌로니아로 이주하였다(열왕기-하 24).

아람 문화

BC 586년에 바빌로니아가 예루살렘을 멸망시킬 때에 군인 중에는 아람인들도 있었다고 한다. 아람인들은 비록 큰 제국은 이루지 못했지만 여러 지역에서 무역으로 홍성하였다. 그만큼 교환을 능하게 하는 문화를 가졌다. 특히 아람어는 히브리어나 페니키아어와 같은 셈 족의 언어인데, 아카디언어Akkadian를 제치고 가장 대중적으로 통용되던 언어였다.

페니키아 문자를 단순화시킨 이 언어는 뒤에 아시리아와 메디아와 페르시아 등 근동의 여러 국가들이 채택했다. 기독교가 시작될 무렵 지중해 연안에는 그리스어가 널리 통용되고 있었지만, 팔레스티나의 공용어로서 예수도 아람어를 사용했다고 한다. 아람어가 수리아어로 알려지는 것은 그 지역적 포괄성 때문이다. 3세기에서 13세기까지는 기독교 문헌에도 사용되었고, 아랍인에게 학문을 전달했다. 아직도 소아시아 남동쪽에 있는 기독교인들 중에는 이 말을 사용하는 사람들이 있다.

동양권에서 아람어의 실체는 실감이 나지 않는데, 2002년 10월 '야고보, 요셉의 아들 예수의 형제'라는 아람어가 새겨진 약 2000년 전의 유골함이 이스라엘에서 발견되었다. 아마 이것은 예수와 관련된 최고最古의 고고학적 증거일 가능성이 있다고 한다. -「워싱턴 포스트」 2002.10.22

라흐만 사원 Halil Rahman

샨르 우르파의 라흐만Rahman 사원의 마당에는 회랑으로 둘러싸인 연못이 있고, 종교적 이유로 보호받는 불멸의 잉어들이 살고 있다. 이슬람 전승에 의하면 아브라함이 넴루드Nemrud의 사신邪神에 대항하여 악전고투한다. 그는 체포되어(BC 1560) 성곽에서부터 투석기로 불 속에 던져졌다. 이때 신이 불길에 명령한다.

아브라함의 동굴

"불이여 식어라. 아브라함을 구하라." (Koran, Enbiya, 시절 69)

샨르 우르파 궁전 호수를 안고 있는 궁실
샨르 우르파 궁전 부분 궁전 – 연못 – 헛기둥 열주랑의 레이어가 여러 겹이다.

곧 하늘에서 물이 쏟아져 불은 꺼지고 장작들은 모두 잉어로 변했다고 한다. 이 장소는 장미의 정원으로 구원되었다. 이슬람과 기독교의 갈등 구도가 각인되어 있는 우리에게는 이 열렬한 잉어의 보존을 이해하는 데 헷갈리는 부문이다. 여하튼 이 연못에는 물보다 잉어가 더 많다. 비대해진 잉어들이 유유히 노니는 아브라함의 연못은 우르파 지역 주민들의 일상을 깨는 위락지이며, 척박한 우르파의 풍토에서 귀중한 녹음의 안식처다.

아브라함의 장소

연못의 남쪽에는 아브라함의 탄생 기념사원(Prophet Abraham)이 자리잡고 있다. 이슬람에서는 아브라함이 여기에서 태어났다고 믿으며 동굴의 물을 성수로 여긴다. 기념 동굴은 1996년에 확장되었는데, 약 5달러의 입장료를 받는 입구에 줄을 늘어 선 사람들을 보면 김선달 돈 버는 법이 생각난다.

● 성채

그 뒤로는 약 150m 높이로 솟아 있는 성채가 있다. 성채는 814년에 건설된 것으로 남쪽에는 깎아지른 천연의 절벽을 끼고 있어 방어 성능이 강하며, 20m 깊이의 해자垓字를 두르고 있다. 성채 내부에는 3세기에 세워진 15m 높이의 양식 기둥이 2개 있으며, 당시의 통치자 아프투하의 명문이 있는 머릿돌이 발견된 곳이다. 이

기둥의 주두가 코린트 식이니 그 연대를 짐작할 수 있다.

샨르 우르파 선지자 아브라함의 동굴

구약의 도시 하란 Haran

하란은 샨르 우르파 남쪽으로 40km 아래에 있는 고도古都이다. 이 변방의 도시는 터키적이거나 아랍적이거나 또는 막연히 시간을 소모하고 있었다. 도시는 작열하는 태양과 칼칼한 모래 내음 속에 잠겨 있는 듯하다.

먼지의 도시 하란은 현재 비록 퇴락했지만, 근처를 넓게 쓰다듬는 발릭크 강 상류에 위치하고 있어 일찍이 농경 산업이 풍부했었다. 터키 정부가 이 지역을 개발하기 위하여 우선 과제로 삼아 1990년 준공된 아타투르트 인공 호수는 100km의 대형 송수관을 통해 맑은 물을 공급하고 있다.

하란은 이미 BC 1800년 경 기록된 카네쉬(Kanesh, 지금의 퀼테페Kultepe) 문서와 마리 문서에서도 중요한 무역의 거점으로 등장한다. 아시리아 상인의 편지와 법적인 문서에도 하란은 당시 중요한 교차로였다고 기록되어 있다.

하란은 아시리아의 수도 니네베Nineveh에서 지중해로 통하는 동서무역로가 관통하는 요지이기도 하며, 이스라엘 왕정 시대까지만 하여도 여러 지역을 잇는 해상과 대상隊商무역의 중심지였다.

"그들은 고급 옷감, 자주 색 천에 수놓은 겉 옷, 여러 색깔로 짠 주단과 단단히 꼰 밧줄을 가지고 와서 무역했다."(에제키엘 27:23-24)

당시 하란 인구는 약 1만 명 정도였던 것 같으며, 인근 수 십리 주변에는 유일하게 시장이 형성되어 물건을 교환할 수 있는 곳이었다. 알고 보니 하란이라는 말 자체가 길, 또는 대상이라는 뜻이다. 유프라테스 강 지류인 발릭크 강을 따라 남북으로 이어지는 도로가 하란을 거쳐 이란에 이른다. 하란은 일찍부터 무역 중개로 흥청거렸던 도시이지만, 터키와 이란의 국경으로 막다른 길이 된 지금은 퇴락해가는 마을이다. 현재 주민 중에는 아랍인들을 자주 만나게 된다.

하란으로 가는 길 동북 지역 Sogmatar Da Kutsal Teppeye Yonelon Tapinaklar 아직도 발굴되지 않은 고대 유적이 마을 속에 널려 있다.
하란, 채석굴 Bazda Magalari 이 지방의 신전과 궁실을 짓기 위해서는 양질의 돌이 채굴되는 암산을 먼저 확보하여야 한다. 암산에서 채굴되는 석회암은 건축이 되고 그 용적만큼 인공의 동굴이 생긴다.
하란, 아시리아 템플 Pognun Magarasi 자연석을 파서 신전의 공간 구조를 만들었다. 부조 석상의 조형이 아시리아 풍이다.
하란, 지하교회 Suyab Czefre Harabeleri 지하 교회로 보이는 동굴, 현재는 흙더미 속에 파묻혀 있다.

하란의 인종

하란에는 아모리안과 후리안이 살고 있었다. 미탄니 왕국이 후리안에 의해서 건설되었다고 전해지는데, 후리안은 그 당시 메소포타미아 북쪽의 흔한 소수 민족이었으며 그들의 분산이 고대 근동과 이집트와 소아시아에 수메르Sumerian 문화를 퍼지게 하는 데 큰 역할을 했다.

● 성서 속의 하란

하란도 이미 창세기에 등장하는 도시다. BC 1500년경 아람Aram 민족의 전신인 후리안의 미탄니 왕국이 번창할 무렵부터 새로운 민족의 영향을 받기 시작했다. BC 1200년경 아람 민족이 이 지역에 널리 퍼지면서 하란도 아람 민족의 도시로 발전한 것으로 볼 수 있다. 창세기 하란의 다른 표기인 바딴은 바딴-아람, 곧 '아람 민족의 바딴'으로 표기되며 이 지역은 아람나하라임, 곧 '아람 민족이 거주하는 두 강 사이의 지방'으로 표기되기도 한다.

아브라함의 고향

노아의 아들 셈은 아들을 다섯 두었는데, 그중 막내가 아람이며 곧 아람 족의 조상이다(창세기 10). 아브라함(Abraham · Hz Ibrahim)은 기독교뿐만이 아니라 유대교, 이슬람교가 모두 선지자로 말하고 하란을 그의 제2의 고향으로 적고 있다.

하란은 데라가 수메르의 수도 우르로부터 가족들을 이끌고, 유프라테스 강을 따라 도착해서 장막을 치고 머물렀던 곳이다(창세기 11:31). 아브라함의 아버지 데라는 하란에서 205년을 살았다. 아버지가 죽자, 아브라함은 아내 사라와 아브라함의 조카 롯을 데리고 갈대아 우르를 떠나서 '야훼가 보여 줄 땅' 가나안을 향해 길을 나섰다(창세기 11:31 12:1-5). 아브라함이 하란을 떠날 때에 그 나이 75세였더라(창세기 12:4).

아브라함은 가나안에 들어간 뒤에도 자기 아들 이삭이 가나안 여자를 아내로 맞이하는 것을 원치 않는다. 아브라함은 며느리를 구하기 위해 '아람 나하아 임', 곧 '두 강 사이의 아람Aram' 지방의 '나홀의 섬'으로 자신의 종을 보내고(창세기 24:10) 남아 있는 자기 친족 가운데서 신부를 찾게 했다.

아브라함은 그 편에 온갖 귀한 선물을 낙타 열 마리에 실어 보내었다니 하란에서 꽤 풍족한 경제를 일군 모양이다. 모두 야훼의 복이라 한다. 아브라함이 보낸 사람은 아람 나하라임에 위치하는 아브라함의 할아버지 나홀의 성에 가서 리브가를 데려온다(창세기 24).

리브가는 바딴 아람에 살고 있던 아람 족 브두엘의 딸이다. 그런데 브두엘의 어머니가 나홀의 어머니이므로 리브가는 아브라함의 제수 뻘이 된다. 여하튼 리브가는

'누이야 너는 억조창생의 어머니가 되어라' 하면서 축복을 받고 이삭에게 온다.

또한 아람이 곧 하란일 것이라는 가설은 야곱이 동방 사람들이 우물가에서 하란에서 온 사람들과 만난다는 사실에서도 확인된다(창세기 29:5). 하란의 도심지에서 약 2km 떨어진 곳에 야곱의 우물이 있다. 또한 그 우물은 야곱이 외삼촌의 양들에게 물을 주기 위해서 라헬을 도와서 돌을 옮기던 우물이다. 현재 그 우물터로 주장되는 유적이 있으나 물은 말라있다.

야곱은 하란에서 14년을 머물면서 두 아내인 레아와 라헬, 그리고 두 여종인 질바와 빌하를 통해 12명의 아들을 낳았다. 베냐민을 제외하고 11명의 아들이 하란에서 태어났다(창세기 29:31-30:34). 그리고 이들이 이스라엘 12지파의 조상이 되었다.

하란의 발굴

고대 서아시아의 자국과 구약의 발자취가 흐드러진 하란은 19세기 말부터 고고학자들의 사냥터가 되었다.

하란에서 발굴된 유물들은 샨르 우르파의 고고학박물관에 전시되어 있다. 하란은 둘레가 4km에 달하는 성벽으로 둘러싸여 있으며, 도시 안에는 5000년 전 초기 청동기 시대의 주거지 흔적과 구약시대의 유적지를 비롯해서 초기 아랍 시대의 사원과 대학이 있다. 그리고 십자군 시대의 성채와 교회 등 긴 편년대를 따라 다양한 유적들이 널려 있다.

● 주거 건축

하란에는 전통적 도토리 모양의 틀루리 가옥이 보존되어 있다. 정방형 평면을 연속시키는 구성으로 가옥의 크기를 키우며, 정방형의 칸마다 콘 지붕을 얹는다. 진흙 집의 높이는 4~5m 정도다. 이 건축 형식은 그 지방의 더운 여름 기후를 견디는 데 꽤 유효하다. 현재 약 300개의 흙집이 보존되어 있다.

틀루리Trulli

틀루리Trulli란 이 지역의 토착 양식만이 아니라 원시적인 조적조의 방법으로 여러 나라에서 나타나는 옛 가옥의 유형이다. 이탈리아 남부 도시인인 알베로베로Alberobello에서도 그 유형을 볼 수 있듯이 간결한 구조와 환경적 대응력이 뛰어난 조형이다. 즉 고깔모자 모양의 지붕은 작은 석편이나 벽돌을 쌓아 만들 수 있는 구조적 아이디어이며, 그 고깔 밑의 내부 공간은 실내 공기를 풍부히 머금는다. 가장 원시적인 재료로 가장 간략한 구법으로 가장 효과적인 성능을 발휘한다.

하란 평야는 원래 남쪽의 유프라테스 강으로 흘러들어가는 발릭크 강의 지류에서 물을 얻을 수 있었지만, 대부분의 주거지에서는 50m 이상 깊이의 우물을 파서 목축과 생활을 하였다.

툴루리Trulli

● 하란 성곽

3000년 정도 되었다고 알려진 하란의 성벽은 12세기에 재건축되었다. 지금은 원래 12개의 문 가운데 5개만 남아 있다. 하란에 있는 아란Aran의 집은 아브라함이 사라를 아내로 맞이한 집으로 알려져 있다. 로마 황제 카라칼라Marcus Aurelius Caracalla는 달의 신인 신Sin의 신전에 참배하고 돌아가는 길에 하란 외곽에서 암살당하기도 했다.

십자군 시대의 성채 안에는 모두 3층으로 된 창고와 교회가 있으며, 동쪽의 성문에는 대칭으로 2마리의 개가 새겨진 현무암 조각이 눈에 띈다.

● 이슬람 사원 | 울루 자미 Ulu Cami

초기 청동기 시대까지 집락 역사를 거슬러 올라가는 옛 도시 하란은 주위보다 20

하란의 전통 마을 전경

하란 주택 비교적 넓은 마당을 가운데에 두고 여러 칸의 거주 공간이 둘러쳐 있다. 칸은 하나의 방을 이루며 거주의 기능을 담는다.

하란 주택, 내부 돔 작은 석회암을 들여쌓기로 하여 고깔 모양의 돔을 만든다. 돔의 정수리에는 채광창이 있고 내부의 공기를 환기시킨다.

하란 성곽 성문 완강한 방어와 입구의 상징성이 강하다.
하란 성곽 성문, 상세 머릿돌의 장식성이 짙으며 아치의 완벽한 구조를 이룬다.
하란, 대 모스크 초기 아랍형 모스크의 구성이었을 것이다.
하란, 대 모스크 부분 장식

여 미터 높이 솟은 유적지 언덕으로 구성되어 있다. 하란은 원래부터 교역과 교통의 중심이었듯이 모두 6개의 성문이 있다. 그런데 이 지점에서부터 나가는 지명에 따라 북쪽으로 아나톨리아 성문, 서쪽의 알레포 성문, 남쪽의 라카 성문, 동쪽으로 모술, 바그다드, 아슬란으로 향하는 3개의 성문이 있다. 아마 서아시아로의 유통이 가장 빈번했던 듯하다.

고대 도시 하란의 유적지 북쪽에서는 1300년 전의 화려했던 하란의 사원 모습을 엿볼 수 있다. 유적은 대부분은 모래 바람에 훼실되어 가고 있으나, 성문과 초기 아랍의 모스크가 건축적 모습을 버티고 있다. 울루 자미, '큰 사원'이라 불리는 이 이슬람 유적은 한 변의 길이가 100여 미터나 되는 대규모 건물로 750년경 건설된 이슬람 초기의 사원이자 교육 콤플렉스였다. 33m 높이의 독특한 사각형 미나렛을 볼 수 있다. 미나렛이란 이슬람 사원의 첨탑을 말하는데, 이러한 사각형 평면의 형태는 희귀하다.

고대 아나톨리아의 국제성

역사의 흐름이 가역적이지 않다는 것은 분명하지만, 그 진화가 반드시 앞으로 전진하지만은 않는다는 느낌이다. 어떤 교류의 수단도 가능하지 않았지만, 선사 시대가 공유하는 예술의 형식은 비슷하다. 우리는 세계 각국의 역사박물관에서 구·신석기 시대의 즐문토기를 발견할 수 있는데, 그 장식 수법을 공유하고 있다는 사실에 놀란다. 한국의 석기·청동기 초기에 나타나는 즐문의 패턴을 터키, 스페인, 아프리카의 사람들도 디자인하고 있었다.

문명이 발달하면서 지역의 개별성이 형성되고, 언어를 가르기 시작하며, 자기성自己性을 만들기 시작한다. 이제는 교차와 교합으로 문화가 혼합되기 시작하는데, 여기에 우성優性의 법칙이 작용한다. 이 자기성이 시간적 맥락으로 이어지지 못하고 자멸되는 경우도 있었으며, 자폐성自閉性을 벗고 문화의 건강한 교배交配가 벌어질 때 비로소 역사로서 유지된다.

고대 터키 아나톨리아의 역사는 구석기에서 구약 시기에 걸쳐 이뤄진다. 거기에는 중근동간의 문화 교차로서 메소포타미아, 아시리아의 흔적이며, 종교적 상상력이 더해진다.

그레코 - 로만 Greco - Roman

이 시간 여행의 두 번째 행선은 기원 직전후의 시기다. 편년대로서는 그레코-로만, 헬레니즘의 시기이며, 호메루스의 일리아드 오디세이의 무대 트로이가 실존하던 시기다. 서양의 시간으로는 비잔틴 문화 이전의 초기 기독교 시대에 해당된다.

신약 시대에는 교회의 두 번째 중심지인 안디옥이 이곳에 위치하며 이 지역의 다소 출신인 사도 바오로가 자신의 고향을 중심으로 이방인을 향한 첫 선교 활동을 시작한 곳이다. 그 후에도 수많은 교부와 신앙을 수호한 인물들—안티오크의 이나티우스, 서머나의 순교자 폴리갑, 위대한 카파도키아인들 마크리나, 대바실, 닛사의 그레고리, 나지안주스의 그레고리, 황금의 입, 존 크리소스톰—등이 이 지역에서 배출되었다. 예루살렘 멸망 후 초대 교회의 신앙 거점이었으며 신약전서의 많은 부분이 이 지역을 대상으로 했거나 관계되어 쓰여졌다.

빛나는 지중해

기원전 2600년경 그리스 남부 펠레폰네소스 반도에서 미케네 시대가 열리고, 크레타의 미노아에 의해 에게 문화가 꽃피운다. 이 시기에는 이미 이집트가 제2 왕조를 시작했으며, 메소포타미아는 수메르의 도시 문명을 일구었다. 한편 현재 터키의 서해안에서는 트로이의 첫 번째 도시가 건설되고 있었다. 우리나라로서는 단군왕검의 고조선 시기이다.

미케네 문화는 BC 13~12세기에 절정에 달하다가 도리안에 밀려 쇠망하고 아카이안, 아이올리스, 이오니안이 에게 해를 넘어 동진한다. 미케네

BC 1400년에는 크레타도 아카이안에게 붕괴되고 만다. 이즈음 약 400년간 에게 문명이 암흑기로 잠들고, 그리스의 판도는 도시국가의 형태로 발칸반도에서부터 지중해로 확대되었다. BC 18세기에 아나톨리아에는 히타이트 왕국이 형성되었으나, 서쪽 끝 지중해 연안은 아직 주인이 확실하지 않은 공간이었다. 크레타

그 즈음 그리스로서는 아크로폴리스를 건립하고 민주정치가 구체화되는 시기다. BC 447년 아테네의 파르테논이 완성될 때, 아테네와 스파르타 간의 펠로폰네소스 전쟁이 벌어진다. BC 400년, 결국 아테네가 스파르타에 항복하고 전쟁은 종결된다. 기원전 400년경 스파르타는 소아시아로 진출하여 페르시아와 한판 승부를 벌인다. 스파르타가 지중해를 무대로 무용武勇을 떨칠 때, 플라톤이 철학의 향연을 그리스

펼치고 있었다.

마케도니아 그러나 BC 338년, 그리스 동쪽에서 힘을 키우고 있던 마케도니아가 아테네와 테베 연합군을 격파하고 그리스를 장악한다. 마케도니아를 맹주로 하는 헬라스 동맹이 이루어지고 BC 336년부터 알렉산드로스 대왕의 위업이 시작된다.

헬레니즘 BC 334년, 알렉산드로스의 동방 원정과 함께 헬레니즘 시대가 시작되는 것이다. 이제 소아시아의 국제적 관계도 활발해진다. 알렉산드로스는 이집트, 페르시아, 인도까지 진출하지만 BC 324년 바빌론으로 회군하다가 죽는다. BC 300년경 헬레니즘은 이집트의 알렉산드리아와 소아시아의 페르가몬이 중심을 이룬다고 하니, 지중해와 아나톨리아는 문화교차의 중요한 현장이 된다.

카르타고 BC 814년, 북아프리카 서쪽, 페니키아 인들이 지금의 튀니스 만 연안에 카르타고를 건국한다. 페니키아 어로는 콰르트하다쉬트(새로운 도시)이며, 그리스인은 칼케돈이라 불렀다. 로마인들은 포에니Poeni인으로 불렸는데, 이는 페니케스(페니키아인)에서 유래하며, 형용사가 'Punic'(포에니의) 역시 여기에서 파생했다. 카르타고의 건설 연대는 고고학적 자료와 분명하지 않기 때문에 과장된 부분이 많은 것으로 보인다.

그들이 나라의 땅으로 삼은 이 장소는 이상적이었다. 북아프리카의 온화한 기후에 지중해로 해운의 망을 펼칠 수 있고, 배후에는 안전한 정박지가 있으며, 어류의 공급이 풍부한 튀니스 호가 있었다. 도시는 낮은 언덕들로 이루어진 삼각형의 반도 위에 위치한 지리이며, 도시는 방어하기가 용이했다. 남쪽에서 반도는 좁은 지협을 통해 본토와 연결된다.

그리스의 역사에서 소아시아의 부분을 분리해 내는 일은 쉽지가 않다. 왜냐하면 에게 해를 중심으로 그리스 본토와 소아시아가 하나의 문화 솥이었기 때문이다. 다만 BC 8세기경부터의 이오니아 시기를 따로 묘사할 수 있다.

● 이오니아 Ionia

소아시아 고대 그리스에서 에게 해를 동쪽으로 건너 현재의 터키 서안西岸에 남북 약 150km에 달하는 띠 모양 지역이 이오니아 문화를 일군다. 에게 해에 발을 적시고 있는 이 지역은 온화한 기후와 기름 진 땅의 생산력을 극대화할 줄 알았다.

이오니아인Ionidns은 고대 그리스 민족 중의 한 가지로서, 그리스 인의 조상 헬렌의 자손 이온Ion의 후손이라 하여 '이오니안'이라 한다. 도리아인의 침입을 받아 아테네에서 이 지역으로 식민을 개척해온 것이다. BC 1000년 무렵의 일이다.

BC 8세기 후반에는 밀레투스, 키오스, 사모스 등의 폴리스(도시국가)를 형성한다. 호메로스의 고향인 스미르네(지금의 이즈미르İzmir)에서부터 밀레토스Miletus에 이르는 지역을 이오니아라고 부른다. 밀레토스에서는 탈레스를 비롯하여 아낙시만드로스, 아낙시메네스 같은 출중한 철학자들이 대거 배출되었으며, 헤라클레이토스는 이웃 도시인 에페수스Ephesus 출신이다. 또 피타고라스의 고향 사모스는 에페수스 바로 건너편에 있는 섬이다.

그들은 언어학상 아티카, 에보이아, 키클라데스, 이오니아에 분포한 아티카이오니아 방언에 속하는 그리스어를 사용하며, 아테네에서 에게 해의 섬들을 거쳐 소아시아 서해안에 이르는 여러 폴리스와 그들의 식민시植民市에 분포하였다. 특히 BC 5세기 이후 지적이고 세련된 이오니아인과 용감하지만 거친 도리아인이 예술사에서 대비된다.

당시 이오니아의 문화는 서정성이 짙다. 호메로스의 2대 서사시가 완성되었고, BC 600년경에는 밀레투스의 탈레스에 의하여 철학이 창시되었다. 건축에서 그리스 고전의 3대 양식(도릭Doric, 이오닉Ionic, 코린티안Corinthian) 중의 하나인 이오니아식이 여기에서 기원한다. 따라서 보다 원천 양식인 도릭의 무겁고도 남성적인 맛과 후기 양식인 코린티안의 화사한 성질 사이에 있다. 이오닉 양식은 기하학적인 질서를 중요하게 여기지만, 어느 양식보다도 유려하며 세련된 미학을 보인다. 이오닉 양식은 BC 7세기 초부터 발달하여 BC 6세기 이후 아테네를 비롯하여 그리스 전체로 전파되었다. Ionic order

고대 그리스 문자도 BC 5세기 초부터 이 동부의 밀레토스에서 쓰던 이오니아식 문자가 아테네에 채택되었고, BC 4세기 중엽에는 24개 자모로 이루어진 고전 그리스 공통문자가 되었다. 이오니아는 정치적으로도 그리스의 선진지역으로 발전하여 식민시 건설에 적극적이었다. Ionic alphabet

BC 6세기에 들어와서 리디아에, 그 뒤에는 페르시아의 지배를 받는데, BC 5세기 초에 해방 반란을 일으켰지만 실패로 돌아간다. 그것으로 페르시아 전쟁의 발단이

되고 힘든 시대를 겪어야 했다. 한때 해방 정국을 맞아 이오니아의 여러 도시 대부분이 델로스 동맹에 가담했다. BC 386년에 명목상의 일이기는 하나, 다시 페르시아 지배 아래 들어갔고, 이러한 전쟁은 동서양의 문화 교류의 동기가 되기도 한다. 이오니아는 페르시아와 그리스 세계 사이의 교역과 문화 교류를 담당하는 전초기지가 되었다. 알렉산드로스의 동방원정 뒤에는 마케도니아의 지배 아래 들어간다. 그 후에 페르가몬의 영토로 편입되었으며, BC 133년에 로마의 속주가 되었다. 이렇게 주변 문화를 받아들이는 과정에서 이오니아의 지식인들은 그리스 신화 이상의 이지적인 사상을 피우게 된다.

로마

이탈리아 반도 중부의 아펜니노 산맥에서 발원하는 테베레 강 하류에 면하는 구릉지에 자리잡고 있다. 현재의 로마 시의 중심이기도 하며, 로마가 기원하는 티베리나 섬 부근은 테베레 강 하구에서 약 25km 떨어진 곳이다. 이 작은 도시국가가 유럽을 재패하는 팍스로마Pax-Romana에 이르는 2000년 역사의 영광은 경이롭다.

로마제국

BC 753년 그리스가 이탈리아 만과 시칠리아 등을 식민지로 삼을 때, 로마가 전설의 로물루스에 의해 건국된다. 역사적으로 로마의 건국은 BC 600년에서야 분명해진다. 로마는 BC 312년 아피아 가도 건설은 제국의 야망으로 상징된다.
공화제를 이룬 로마는 BC 300년 이탈리아 반도의 중부를 정복하고, BC 272년 남부 정벌, BC 266년에는 반도를 통일한다. 이후 로마 제국의 판도는 유럽과 중동으로 확대된다. 로마 제국의 시대 구분은 보통 4단계로 나누어진다.

① 왕정王政 : BC8세기 건국부터 공화정을 이룰 때까지
② 공화정共和政 : BC510년부터 아우구스투스(옥타비아누스) 집권까지
③ 제정帝政 : BC29년부터 서로마가 무너지고 로마제국이 해체하는 시기
④ 비잔티움 제국 : 아르카디우스 황제 시대부터 AD 1453년에 오스만 튀르크에 멸망당할 때까지

넓은 제국의 영역을 통치하려면 분주해야 하고 끊임없는 외침에 대응해야 했다. 동쪽에서는 페르시아의 이슬람, 다뉴브 강북에서는 고트가 위기 상황이다. 무엇보

다 아무도 믿을 수 없는 통치권의 찬탈을 노리는 황실 내부의 기운이 있다. 어쩌면 현대까지 모든 권력 구조가 그러하겠지만, 형제와 친구도 없다.

359년 콘스탄티우스의 외팔인 율리아누스Julian the Apostate가 즉위하지만, 363년 페르시아 원정에서 사망한다. 그 뒤를 이어 요비우스 황제에 오르지만 1년 만에 죽고, 364년 발렌티아누스Valentianus와 발렌스Valens의 형제가 서방 황제에 등극한다. 동방은 발렌스가 서방은 그라티아누스Gratianus가 분할한다. 378년 발렌스가 하드리아노폴리스(지금의 터키 에디르네Edirne)에서 서고트와 회전 중에 패배한다. 서방의 그라티아누스, 동방의 테오도시우스Theodosius 분할 구도로 정리된다.

379년 회복하기 어려운 병에 걸린 테오도시우스가 기독교에 귀의하며 로마는 기독교 세계로 전이한다. 383년부터 테오도시우스가 실질적인 제국의 전역 통치를 도모하나, 395년 병사하고 만다. 큰 아들 아르카디우스Arcadius를 동방 로마를 맡기고, 작은 아들 호노리우스Honorius에게 서방을 맡긴다. 이전의 분할 통치에 비해, 395년 이후의 통치 체계는 완전한 두 개의 독립국가나 마찬가지다. 그 중에서 서로마는 고트의 침탈을 이기지 못하고 쇠잔하여 도시국가로 분산되며, 동로마가 비잔티움으로 다음 제국의 위용을 쌓아간다.

신화와 실제

트로이아 Troia

트로이아 Troia | 트루바 Truva

이곳은 BC 9세기 호메로스가 쓴 일리아드와 오디세이, 트로이 목마 신화의 현장이다.

트로이 전쟁

트로이 왕비 헤쿠바는 자기 배에서부터 불길이 솟아나와 온 트로이를 불태우는 악몽을 꾼다. 그 해몽은 앞으로 태어날 아이가 도시를 파괴할 것이라는 것이다. 꿈은 사실이 되어, 왕비가 사내아이를 낳자 왕은 깊은 산 속에 버릴 것을 명령한다. 하지만 한 목동이 이 아이를 발견하여 데려다 기른다. 그가 바로 '파리스Paris'다.

청년이 된 파리스는 자신의 출생에 대한 비밀을 알게 되고, 그리스로 건너가 스파르타의 왕비 헬렌을 납치하여 트로이로 돌아온다. 이 사건으로 전쟁이 시작된다. 왕비를 빼앗긴 스파르타의 왕 메넬라오스는 그리스의 모든 도시국가들의 지원을 받아 전쟁을 시작한다. 미케네 왕 아가넴논을 중심으로 네스토르, 아킬레스, 오디세우스 등의 영웅들이 등장하는 별들의 전쟁이 벌어진다. 이들은 수천 척의 배를 타고 에게 해를 건너 트로이를 공격한다. 트로이 왕 프리아모스는 아들인 헥토르와 파리스를 내세워 완강히 저항하고 막강한 요새의 덕택으로 이들의 공격을 10

트로이아 전경 드넓은 평야 가운데 밀도 높은 도시를 만들었다

년간이나 저지할 수 있었다. 이 지루한 전쟁은 오디세우스의 아이디어로 마무리된다.

승패를 가늠할 수 없는 지루한 전투가 계속되는 가운데 오디세우스는 목마를 만들고 자신과 병사를 그 안에 숨기고, 본대는 전쟁을 포기한 듯이 퇴거한다. 그러나 그들은 테네도스 섬 뒤에 숨어 있다. 그리스 군 한 명이 남아 이 목마를 아테네 여신에게 바치는 제물이라면서 트로이 인들이 받아줄 것을 청한다. 오디세우스의 계략은 맞아떨어져 트로이 인들은 이 목마를 성 안으로 끌어들이고, 그날 밤 트로이 성은 함락된다.

그동안 신화라고 여겨져 왔던 이 트로이의 사건을 사실로 믿는 한 소년이 독일에 있었다. 호메로스의 『일리아드와 오디세이』를 품에 안고 자란 그는 사업에 성공하여 큰돈을 벌고, 이제 고고학에 전념하기로 결심한다. 그가 아마추어 고고학자 슐리만Heinrich Schliemann(1822~90)이다. 그는 이 호메로스의 일리아드의 현장, 신화도시 트로이의 실존을 확신하고 터키를 찾는다. 1870년 그는 고대 트로이

H.슐리만

라 확신하고 있던 히싸를릭 언덕을 발굴하기 시작했고, 그의 영감은 정확하여 트로이의 유적을 찾아내었다. 호메르스의 무대이던 성벽, 궁전, 무덤 등이 드러나기 시작하였다. 신화가 사실이었던 것이다.

그러나 처음 그가 '트로이'라고 찾은 유층은 제2지층으로서 오디세이 시기보다는 훨씬 후대의 것이다. 트로이는 모두 9개의 지층Strata으로 나누어 해석되는데, BC 3000년부터 AD 500년까지의 역사적 레이어를 만들며 차곡차곡 쌓여 있다.

슐리만은 유적을 발견하고 유구를 발굴하는 데에는 성공하지만, 유적의 단층을 파괴하는 실수를 범한다. 고고학적 발굴은 무작정 유역을 파헤치는 것이 아니라 단층의 구조를 살펴볼 수 있도록 중심부에 먼저 트렌치를 절삭해내야 한다. 이로써 겹겹이 싸인 주거층들을 관찰해 연대기의 추적이 가능해진다. 즉 수직적인 시간의 잣대를 먼저 찾는 셈이다. 그러고 나서 지표면을 한꺼풀씩 벗겨 내려간다. 슐리만은 이 시간의 지층구조를 이해하지 못했고, 무작정 파다가 시간의 기록을 훼실시켜 버렸다.

여하튼 1871년에서 1973년 사이 슐리만이 발굴의 첫 성공으로 얻은 트로이의 보물(Priam's Treasure : 프리아모스, 트로이 최후의 왕 헥터Hector이며 파리스의 아버지)들은 2차 세계대전 중에 독일로 공수되었다. 하지만 이후 유물들은 패전 독일에서 러시아 등으로 뿔뿔이 흩어지는 기구한 운명을 겪는다. 그 중 일부가 1991년 모스크바의 푸슈킨 박물관에서 처음 공개된 바 있다.

슐리만의 대 보물 발견 1871년에 착수하여 1873년에 발견한 보물들
슐리만이 발견한 보물을 착용한 부인 Sophia Schliemann
슐리만 Heinrich Schuliemann 1822–1890

트로이Troy는 현재 트루바Truva로 불린다. 이스탄불에서 트로이로 간다면 케샨 Kecan을 지나 차나칼레 해협을 건너게 된다. 이스탄불의 마르마르스Marmars 바다의 북쪽 해안도로를 따라 서진하면, 케샨을 지나 겔리보루Gelibolu 반도에 이른다. 위치

겔리보루 반도를 계속 흘러내리면 에제아바트Eceabat가 자신의 꼭지를 에게 해에 적신다. 에제아바트는 평범한 해안도시지만, 해상 터키의 현관이었다. 차나칼레 사이의 좁은 해협을 통과하여 마르마르를 지나, 이스탄불 보스포루스를 거쳐 흑해에 이를 수 있다.

이 해협은 고대 그리스 시대부터 유럽에서 소아시아로 드는 길목이었다. 반대로 페르시아가 서진하는 길목이기도 하였으며, 알렉산더의 동진 루트이기도 하다. 대왕은 이 해협을 건너 페르시아의 지방 군대와 대적했다. 그만큼 해협의 폭은 좁아 1.4km에 지나지 않는 전략적 요충이었다.

이 지역은 비옥한 땅으로 따뜻한 기후와 함께 생태가 비교적 좋은 편이라 그리스 고대 도시의 근거로 충분했을 것이다. 트로이는 이 평야 한가운데 30m 정도 높은 지대에 자리한다. 아크로폴리스가 높은 지대에 구축되는 것은 방어만이 아니라 바람, 햇빛은 물론이고 넓은 경관을 가지려는 뜻과 같다.

트로이 사이트는 크게 보아 9개의 층으로 형성되지만 고고학적으로는 훨씬 세분하여 해석되었다. 모두 43개의 세분된 거주층이 발견되는데, 초기 청동기 시대인 BC 3000년부터 600년경 비잔틴 시기까지도 사람들이 거주한 것으로 보인다. 그 중에서 제7-a층이 트로이 전쟁 시대의 것이며, BC 1180년에 매몰된 것으로 보인다. 역사지층 地層

한때는 도시의 규모를 이루었으며 지금은 퇴적되어 내륙처럼 보이지만, 트로이는 바다에 면하여 항구를 두었을 것으로 추정한다. BC 3000년에 설립된 이 취락은 AD 500년 아크로폴리스로서 멸실된다. 그 중에서 몇 개의 대표적인 지층을 살펴보면 다음과 같다.

● Troia-1 (BC 3000~2500)

최초의 취락으로서 10개의 지층으로 구성되었다. 약 90m 직경의 작은 마을 규모

로서 2개의 성문이 성탑과 함께 접근한다. 성문의 폭은 2.97m 정도이며, 탑의 밑동은 큰 석재이고 위로 올라갈수록 좁아지는 경사batter를 이룬다. 건축은 벽돌과 타일을 구법으로 하는데, 햇빛에 말린 흙벽돌이 외측벽 위에 축조되었던 것으로 추정한다.

트로이 주택

성벽은 연장이 115m인데 만약 침입하는 적은 좁은 통로로 들 수밖에 없고, 여기에서 측보(側堡, flanking) 탑으로부터 측면공격을 면할 수 없게 된다. 비교적 확연한 평면의 모습을 보이는 주택 #102는 석조로 지어지는데, 서쪽에 포치를 둔 긴 장방형 평면(18.75×7m)이다. 이러한 평면의 비례는 채광과 환기에 유리했을 것이다. 같은 구법의 5개 벽이 연속하여 있음이 연립주택의 모습과 비슷하다. 구조는 수직면이 아니라 단이 진 오늬무늬herringbone 스타일로 안정되게 하였다. 2개의 벽난로가 큰 방에 있는데, 하나는 방 가운데에 다른 하나는 동쪽 벽에 위치한다. 실내에는 벤치, 침대 또는 침대 의자divan가 길이 2m, 너비 0.9m, 높이 0.3m이며, 다른 하나는 길이 2.35m, 너비 1.70m, 높이 0.5m의 치수로 더블베드와 유사하다. 주방이 구분되어 있고 실의 분화가 보이나, 구체적인 용도는 알 수가 없다. 특이한 것은 아기의 시신을 묻은 것으로 보이는 2개의 묘가 큰 방 아래에서 발견되었다. 그 밖에 초기 청동기 시대 도기는 사람의 얼굴모양 장식이 있으며, 에게해 지역 문화에 연계된 정착지로 보인다.

● Troia-2 2-1-g 단계 (BC 2500~2200)

트로이아-2는 모두 7개 건축의 지층으로 구성된다. 110m 정도의 직경 규모로 먼저의 시기에 비해 확대되었다. Troia-1 시기 이후 발전된 도시의 모습은 도시 계획이 어떻게 이루어지는지를 보여준다. 규범화된 기념문propylon, 메가론 megaron의 구조가 확연하기 때문이다. 메가론이란 두 벽과 그 앞뒤에 독립된 기둥으로 구성된 간략한 신전 형식이다. 이 형식이 그리스 시대에 들어와 신전의 원형이 된다.

메가론 megaron

성곽의 구조

이는 7,800년 뒤 그리스의 아크로폴리스와 같은 플레닝 시스템으로 연장된다. 트로이아-2는 2개의 성문을 갖는데, 성문의 구성은 기념문과 같이 좁고 긴 두 벽 사이의 통로를 거쳐 열리는 메가론의 평면이다. 트로이아-1의 유구를 계속 사용하

Troia-2 돌 포장 램프
Troia-2 돌 포장 램프

지만, 두 곳의 새 성문이 주입구가 된다. 배치상 이 입구에서 밖으로 열리는 방향은 모두 방사형이다. 포장된 경사로가 기념문으로 이끄는데 입구는 두 개의 회전문으로 5.25m 크기이다. 이 통로를 지나면 안쪽의 오픈된 광장으로 든다. 이 광장은 트로이아-2c-g(BC 2200~2100)에 축조된 것으로 보인다.

궁전에 들기 위해서는 다시 작은 입구를 통과해야 하는데, 이 역시 메가론 평면이다. 석재의 넓이로 보아 입구는 직경이 1.82m 정도일 것이다. 돌로 포장이 된 코트 역시 트로이아-2 시기의 기념문과 큰 메가론 사이에 있다. 마당은 남쪽과 서쪽에 두 개의 벽을 갖는데, 2m 두께의 구조이다.

메가론은 단순한 구조물이 아니라 건축 장식의 요소를 갖는다. 아마 여름 태양 아래에서 그늘을 만드는 이 장소는 매우 시원했을 것으로 보인다. 공간 구성의 전모를 보기 위해 좀더 뒤로 물러나 보면, 다시 한 번 이 성곽이 도시계획의 규범 아래 이루어진 것을 알 수 있다. 지역의 정상부에서 성문 방향으로 흘러내리는 공간의 흐름, 이에 따라 전체를 제어하는 메가론의 입장이 계획적이다. 그리고 중앙의 대메가론은 1.5m 두께 벽체로 전체 중에서 주목을 끄는 높은 건조물이었을 것이다.

● Troia-6 (BC 1425~1300)

호메루스의 트로이 시기에 구축된 것으로 보는 지층이다. 이 시기가 취락의 가장 융성기로 보이며, 아마 그 규모는 현재 발굴된 영역을 넘어 훨씬 큰 도시 규모였을 것이다. 성탑, 상수천上水泉의 유구遺構가 보이며, 성문들은 대개 직선이 아니라 S자로 진입하여 방어에 효율적이다. 건축 축조의 특징으로 10m마다 구획된 벽이 10~15cm씩 수직적으로 뒤물림offsets jutting out으로 구축된다.

성문 오른쪽에 붙은 통돌로 만든 앤태 하우스(Anta House : 벽 끝에 기둥을 둔 공간 형식)는 신전으로 보인다. 이는 공물을 불에 그슬린 자국이 있는 것으로 판단한 것인데, 꽤 자주 제물이 바쳐진 모양이다. 그곳은 도착과 떠남의 전이 장소일 것으로 상상된다.

선돌Menhir처럼 보이는 4개 돌 기둥은 남쪽 성벽 밑에 열 지어 있는데, 예식 공간의 사이에 있었을 것이다. 13개의 뒤물림으로 구성된 남쪽 벽은 성벽의 석조 기술미를 보인다. 남서 성문부터 서쪽 벽은 다른 축조 기술의 유형을 보인다.

Troia-6 시기 도시 입구
Troia-6 시기 성문 자리
Troia-6 시기 궁실
주택의 상상도 뒤 물림의 석축위에 2층 주택

북서쪽 벽에서도 뛰어난 석조의 솜씨를 볼 수 있다. 기둥으로 구성된 필라 하우스Pillar House는 가장 큰 건축으로 2개의 필라만 봐도 이 집이 2층이었음을 추정할 수 있다. 이와 함께 주택 #630 등 여러 주택들은 1층 또는 2층 구조이며, 대개 6m 폭에 27m 길이의 규모로 건축되었다.

● Troia-7

Troia-7a(BC 1275~1240), Troia-7b1(BC 1240~1190), Troia-7b2(BC 1190~1100), Troia-7b1(BC 1240~1190), Troia-7b2(BC 1190~1100) 등이 약 150년 동안에 지속적으로 도시 성역을 넓혀갔다.

● Troia-8

그리스, 헬레닉 시기에 형성된 지층이다. 성벽은 러스티카rustica 스타일로서 아래는 거친 석재 마감으로 무게감을 만들고, 상부는 좀더 섬세하게 다듬었다. 이 지층에는 두 개의 성소가 발견되었다. 하나는 Troia-6 성문 앞의 성소이고, 아우구스투스 아우구스탄 시기에 대리석 성소가 만들어진다. 두 성소는 아테나Athena 신전과 함께 로마 시기에 리노베이션 된다.

Troia_8-9 시기_성소와 우물
로마 시기의 소극장 Odeion

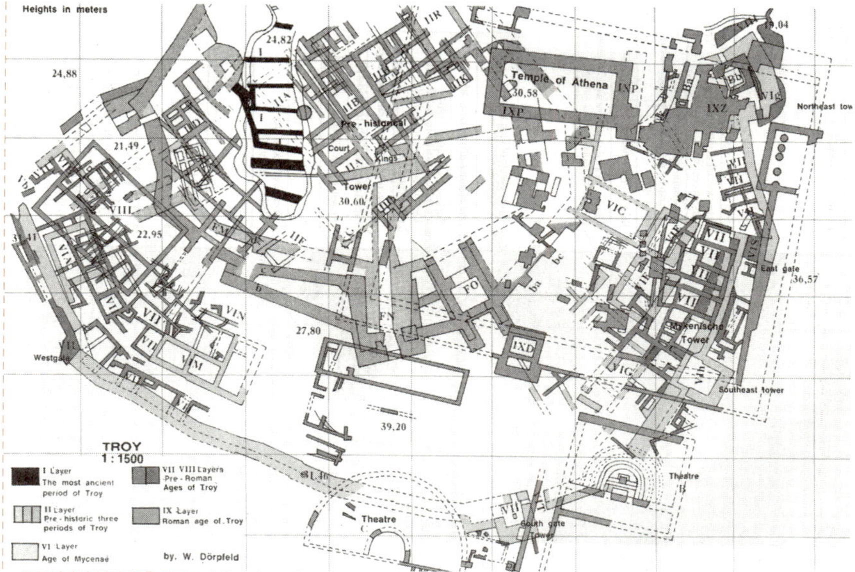

트로이아의 역사 적층 평면 제1층에서 제9층까지

● Troia-9

로마 시기에 구축된 지층이다. 아우구스투스 시기의 기념문은 아테나 신전의 입구로 보인다. 의회당bouleuterion과 소극장odeion이 트로이아-6의 성벽 유구 위에 겹쳐 축조되었다.

트로이아의 지층 Strata 제1층에서 제9층까지

지중해 건너의 사정 | 미케네 Mycenae

미케네

소아시아에서 지중해 건너 서쪽으로 항해하면 그리스 본토에 닿는다. 그리스 남단에서 일어난 미케네 문명은 유럽 최초의 고등 문명으로서 BC 17세기에서 BC 13세기에 전

성기를 이룬다.

BC 13세기만 해도 미케네는 근처의 티린스, 필로스, 테베 등을 거느리고 지중해 유역의 패권을 장악하고 있었다. 험난한 지세에 육중한 거석으로 쌓은 난공불락의 성벽에 둘러싸인 요새 도시를 구축하고, 미케네 군주는 그리스와 인근 섬 지역을 통치했다. 건축은 화려한 채색 벽화로 장식된 궁전, 웅장한 규모의 무덤, 잘 발달된 토기들, 선문자線文字로 불리는 고유한 글을 지닌 문명을 향유하였다. 지중해 패권

그런데 어떤 이유에서인지 BC 1200년경 미케네 세력권 안의 도시들 대부분이 정지된다. 고고학적 발굴 결과 심하게 불에 탄 파괴층의 발굴로 미루어 이 문명의 소멸기는 그리스 북부의 도리아 족이 남하하여 밀려난 것으로 본다. 아니면 인구 증가, 기후 변화, 생산의 감소, 도시들의 경쟁 등 복합적인 원인으로 보는 것 견해도 있다.

그리스 본토에서 미케네 문화가 붕괴된 후, 지중해 유역은 약 400년 동안 긴 암흑기로 접어든다. 이 암흑의 시대는 트로이 전쟁 이후 에게 해를 근거로 하는 도시국가들의 세력 다툼에 이유가 있다. 그 결정판이 트로이 전쟁이다. 미케네의 붕괴

여하튼 기존의 정착민은 새로운 영토를 찾아 에게 해 쪽으로 진출하면서 소위 바다 민족으로 변한다. 동진東進한 이들은 당시 막강했던 히타이트 제국을 비롯하여 우가리트 왕국 등을 파괴하고 시리아-팔레스티나 지역까지 진출해 동쪽의 후기 청동기문화를 붕괴시킨다.

소아시아
Asia Minor

소아시아에서의 헬레니즘과 로마의 유적은 비교적 식생이 좋은 에게 해의 연안을 따라 띠 모양으로 발달한다. 이 지역은 건조한 동쪽의 아나톨리아 고원에 비해 훨씬 부드러운 기후와 토양을 가지고 있으며, 에게 해를 건너 그리스 로마가 직접적인 해상권역이다.

일곱 교회

동쪽은 페르시아의 영향권이었으며, 실크 로드가 기독교의 베들레헴과 이슬람의 메카를 잇는다. 그곳은 기독교 성지의 사슬이기도 한데, '아시아의 일곱 교회'가 아나톨리아 서부에 점철되어 있다. 이 지역에는 그리스-로마의 원형극장만도 200개가 넘는다. 일곱 교회란 각각 스미르나Smyrna, 에페소Ephesus, 베르가모Pergamun, 티아디라Thyatira, 사르디스Sardis, 필라델피아Philadelphia, 라오디게이아Laodicea이다.

그레코-로만 문화는 헬레니즘 시대(BC 300~30)와 로마 시대(BC 30~AD 395)로 구분되며, 곧 비잔틴 제국 이전까지의 시기이다. 에게 해 이동以東의 지역에서 그리스-헬레니즘-로마 문화는 다음과 같은 곳에서 발견된다.

고전에서 헬레니즘까지

● 스미르나 Smyrna | 이즈미르 İzmir

현재의 이즈미르가 고대 리디아Lydia 왕국의 수도로서 스미르나Smyrna라고 하였다. 이즈미르는 현재도 터키에서 세 번째로 큰 도시이지만, 3000년의 기원을 가진 고도古都이다. BC 1000년경부터 에올리아 인들이 북쪽의 시필로스 산과 남쪽의 파고스 산 사이에 정착하였다. 두 산 사이에 멜라스 강이 흐르며 평야를 적시고, 에게 해에 접하여 천연적인 항구를 발전시켰다. BC 700년 이오니아 사람들이 본격적으로 이곳에 건너와서 남쪽 지역에 항구 도시를 건설하고 정착한다. 기존의 에올리아인, 박힌 돌을 굴러온 돌, 그리스 문화가 빼는 것이다. 당시 스미르나는 성벽으로 둘러싸인 면적이 3만 km^2에 달하는 대도시였다.

● 아고라 | 스미르나 | AD 178

1932년 이즈미르에서 그리스 시기의 아고라가 발굴되었다. 지역의 시장이며, 정치 · 종교의 중심인 아고라는 178년 강진으로 폐허가 된 후 방치되다가 로마에 의

아고라르 이즈미르 İzmir | Roma, 178 AD. | 입구 부분 | 연속 아치의 지하구조로서 아고라의 본 레벨로 연결되는 아케이드
아고라 이즈미르 İzmir | 지진 파손 후 재건 | 세계 최대의 Agora | 1932–41발굴

플라스크 Flask 후기 청동기 시기 /Baklatepe 석실 묘 발굴 13 C. BC | 원 형상의 세련미
클라조메니안 대리석 석관Sarcophagi 도자 산업이 발달한 Clazomenian에서 파동형 선
포세이돈과 데메테르 여신의 고부조 High Relief The God Poseidon and The Goddess Demeter | 2C, Antonine Period | 발치의 물고기가_이 조각이 해신을 상징한다. | Izmir Arkeoloji Muzesi

해 재건되었다.

아마 아고라는 주변보다 높은 지대에 축조된 것으로 보인다. 그래서 그 후 도시의 지반이 높아졌을 것임에도 불구하고 현재 이 공간에의 접근은 지하 레벨에서 이루어지는 것과 같다. 이 과정에서 그리스 도시의 하부구조를 볼 수 있다. 아고라 북쪽에는 아직도 물이 그득한 샘이 있다. 아고라는 옅은 경사지에 3층의 단으로 지반을 구축하고, 1만 2375km^2 오픈 면적에, 실내 면적이 총 6547m^2로 계산되는 규모이다.

아고라의 중앙에 제우스 신전이 있고, 서쪽과 북쪽에는 회랑으로 이어지는 포르티코가 구성된다. 여기에서 포세이돈, 데메테르, 아르테미스 등의 신상이 발굴되었다. 십자가가 새겨진 대리석 판을 여럿 발굴하면서 6세기에는 교회가 건설되었다고 본다.

로마의 스미르나

BC 600년경 스미르나는 리디아Lydia 왕국의 사르디스Sardis의 공격으로 폐허가 되었고, 거주민들은 근처의 마을로 흩어졌다. 그 후 BC 288년이 되어서야 리시마코스 왕은 스미르나를 재건하였다.

BC 23년 로마 시대, 소아시아에도 본격적인 황제 추앙이 도입된다. 이 지역의 여러 도시는 서로 로마 황제의 신전을 유치하려고 충성심을 경쟁한다. 결국 로마는 오랫동안 배신하지 않을 것으로 보이는 스미르나를 선택한다. 195년 스미르나는 소아시아에서 최초로 로마 여신의 신전을 건설하며 로마의 도시로 위상을 굳힌다. 그 후에도 스미리나는 티베리우스와 하드리아누스, 그리고 칼라칼라 황제의 신전을 건축하였다. 스미르나는 호메로스의 출생지이기도 한데 이를 기념하는 호메레이움Homereium도 건설되었다. 로마 시대에 스미르나는 에페수스, 페르가몬, 사르디스와 함께 소아시아의 4대 중심 도시로 평가된다. 로마의 도시

120년경 로마에서 순교하는 안티오카의 대주교 이냐시오는 로마로 가는 길에 스미르나에 들른다. 그는 당시 이 도시의 그리스도교 공동체에 관한 상세한 기록을 남겼다. 이를 통해 스미르나 교회에는 주교가 있었고, 장로회와 집사회의가 있었음을 알 수 있다.

크라조메나에Clazomenae는 12세기경 이오니아 시기에 우를라Urla 지역에 발달한 도시 문화로서 현재의 카란티나Karantina 섬이다. 일찍이 선사시대 리만테페Limantepe 이후 이오니아 식민지로 점유되며, 10세기까지 후기 프로토메트릭Protogeometric 시기 양식으로 꽃피웠다. 이 양식은 7세기 이후 그리스의 기하학Geometric 조형 시기에 연결된다. 크라조메나에

12세기 이오니아 시기에 이 지역은 에게 해의 무역 중심이 되며 이오니아의 르네상스를 일군다. 특히 이 크라조메나에는 도자 생산의 센터로서 우크라이나, 루마니아, 북해 지역으로 수출하여 부를 축적하였다. 당시 올리브유의 수출을 위해서 많은 도자기가 필요하였고, 이를 공급하는 산업기지로서 이즈미르가 큰 역할을 하였다. BC 546년에는 페르시안의 침략을 받아 위기에 처하는데, 주민이 인근의 섬으로 피난 이주하여 위기를 극복한다. 후에 알렉산더 대왕이 육지와 섬 사이에 다리를 놓고 도시세를 회복한다.

파묵칼레 Pamukkale '흰 솜의 성'은 석회석이 계단형으로 형성된 작은 폭포의 연속이다. 이 천연의 캐스케이드는 최근 들어 수량이 현저하게 줄어 걱정이다.

히에라폴리스 Hierapolis | 파묵칼레 Pamukkale

풍광의 도시

파묵칼레는 고대 헬레니즘의 도시 히에라폴리스와 석회암 산인데, 파묵칼레란 '흰 솜pamuk의 성kalle'이라는 뜻이고, 히에라폴리스는 장구한 그레코 로만의 휴양 도시다. 이 두 가지가 서로 엉켜 히에라폴리스를 만드는데, 그 장소 자체가 아름다운 공기와 석회암반에서 토출되는 온천을 배경으로 건설된 휴양도시이다. 지금도 파묵칼레는 역사 관광과 온천, 자연풍광의 세 가지 메뉴로 관광객을 끌어 모으고 있다.

도시, Hierdpolis

로마의 도시 히에라폴리스는 격자형 평면으로서 조직된 도시계획 위에 건설되었다. 이 도시는 북-남쪽의 입구 사이를 연결하는 중심축을 따라 간선도로를 만들고 도시문화를 형성한다. 상업건축과 공공 건물은 물론 대규모 원형극장을 포함하여 시민생활의 공간이 풍부하다.

기념 도시

'히에라폴리스'란 페르가몬Pergamon 왕국의 텔레포스 왕이 왕비 히에리를 위해 만드는 기념도시의 뜻이다. BC 133년 페르가몬 마지막 왕 아탈로스 3세가 로마에 헌납하여 로마의 도시가 된다. 도시는 여러 차례 지진으로 파괴되나, 복구하여 비잔틴 시기까지 기독교 문화를 향유한다.

히에라폴리스 Pamukkale | Porta di Frontino를 들어서며 전개되는 대로는 돌로 포장되어 있다.
히에라폴리스 세정소 Porta di Frontino를 들어서면 첫 번째 만나는 것이 이 세정소와 기도 공간이다.
히에라폴리스 Porta Bizatina 4C 말 Theodosian Age
히에라폴리스 Bath -Basilica Pamukkale | 정면의 거대한 아치 구조가 주목된다.
히에라폴리스 야외극장 Pamukkale | 대극장 Theatre on the Mesoghis Hill | Roma 시기, 로마 극장의 무대는 사실적인 건물이 고정으로 구축되어 그 시대 양식을 전하기도 한다.

● 도시의 문

도시 안에 동대문 남대문을 만들 듯 방어적 성능으로서 문은 도시의 첫 장면이다. 앞문Porta di Frontino을 들어서면 석판으로 포장된 광로가 전개되며 우리를 로마의 도시공간으로 이끈다. 문에 들어서서 첫 번째 만나는 건물이 세정소와 기도 공간이다. 아마 이 두가지 일이 먼 여정 끝에 도착한 도시에서 먼저 할 일인 것 같다. 비잔틴의 문Porta Bizatina은 4세기 말, 테오도시우스 시절에 건축되었다. 문은 2

개의 4각 타워 가운데 아치 문으로서 메두사Medusa, 사자 머리 등의 조각이 새겨져 있는데, 모든 나쁜 기운을 방어한다는 상징을 갖는다.

히에라폴리스 야외극장

현대의 프로세니엄 아치 극장에서는 관객의 연극 참여가 아주 소극적일 수박에 없다. 관객은 줄줄이 앞을 보고 앉아 무대 위를 주시할 수 있을 뿐이다. 그리고 공연이 끝나면 줄줄이 새어나가고 만다. 이에 비해 원형극장은 관중의 연극 참여 입장에서 전혀 다르다.

원형극장

원형극장은 반원형이라는 구심적 평면에 입체적으로는 객석의 무대를 향한 기울기가 모아지는 3차원이다. 그래서 그 공간적 힘은 현장성을 강하게 하며, 관객이 꽉 찬 공연은 관객이 연극의 현상이다. 그것을 단순하게 동심원의 공간이라고 보아서는 안 된다. 부챗살처럼 퍼지는 반원형은 다시 구심적인 무대를 향해 보아진다.

히에라폴리스 박물관 Wine, Food Shop | 중기 청동기, BC 1900–1450 | Beycesultan 발굴
히에라폴리스 박물관 Atis | Roma 11C 후반 | Hierapolis Agora에서 발굴된 묘지 부장품과 조각
히에라폴리스 박물관 로마의 욕장 내부를 개조하여 꾸몄다.

히에라폴리스 Necropolis | Flavius Zeuxis 묘
히에라폴리스 무덤#51
Pamukkale | 2C | 봉분 형 | 드럼을 만들고 안에 4각 현실 | 천장은 슬래브 또는 볼트 형, 흙으로 덮어 봉분

이 주변에서 발굴되는 역사 유물은 청동기 시대부터 그리스, 로마를 거쳐 비잔틴 시기에 이른다. 현장에서 발굴된 유물은 파묵칼레의 박물관에 전시되어 있다. 이 박물관 건물 자체도 로마의 욕장을 개조한 것인데, 그 대형의 볼트 구조로 이루어진 내부 공간의 구조가 잘 살려져 있다.

● 공동묘지

도시의 한 끝단에는 대규모 공동묘지가 조성되어 있다. 이 공동묘지는 오랫동안 여러 민족 문화를 거치며 다양한 묘제의 양식을 전하고 있다.

보드룸 Bodrum

● 기념 묘당 Maussolieon | 고대 Halicarnassus

2400년 전 카리아Caria 땅에 헤카톰노스Hekatomnos의 아들, 마우솔로스Maussollos가 페르시아 사트랩Satrap을 지배하였다. 그 영웅의 죽음 뒤, 현재의 보드룸에 기념비적인 묘당을 짓는데, 그것이 세계 7대 불가사의 중의 하나다. 이

마우솔로스

보드룸Bodrum 섬의 성곽에서 시내를 향한 전경 2000년

거대한 말 조각의 부분 그리 스인과 아마존족의 전투장면을 새긴 프리즈

것이 후에 일반명사가 되어 대영묘大靈廟를 Mausoleum이라고 한다. 그러나 분명한 사실로서 유적을 남기지 못해 상당 부분을 상상력에 맡긴다. 그래서 여러 사람들이 그 이미지를 복원하려고 애썼다. 이 묘당이 7대 불가사의란 그 거창한 규모와 중층의 정교한 건축술 때문이다.

마지막 발굴은 덴마크 팀이 하였는데, 이미 상당한 유물은 영국 대영박물관에 옮겨진 일이다. 현장은 시내에 있는데, 졸렬한 박물관과 석물, 도판들이 억지로 2400년 전의 정경을 전하려고 애쓴다. 이 마우솔로스의 영묘靈廟는 그의 누이이며 동시에 미망인인 요상한 관계의 아르테미시아가 BC 353경~351년경에 지은 것이라 한다.

건축가는 피티우스 또는 피테오스로 알려져 있으며, 4명의 뛰어난 그리스 예술가 스코파스, 브리악시스, 레오카레스, 티

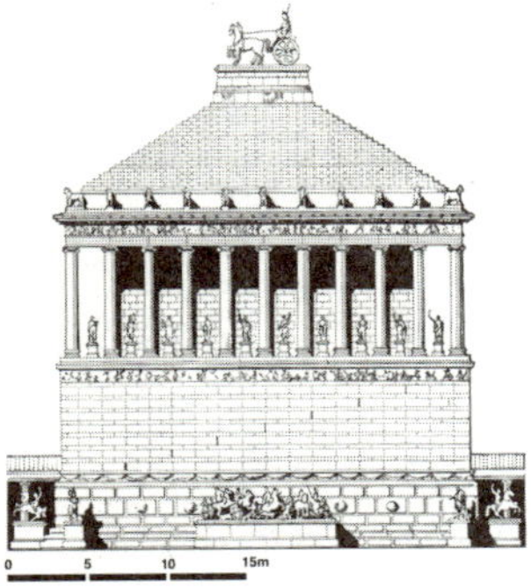

보드룸 대영묘
Bodrum Mauseleum | 현장 박물관 Site Museum
보드룸 대영묘
Helicarnassus | BC 353 | 정면 추정도

모테오스 등이 조각을 맡았다고 한다. 플리니우스(23~79)가 전하는 바에 의하면, 이 영묘는 정방형 평면에 둘레가 125m에 달했다. 모두 36개의 기둥이 건물을 둘러싸고 있고, 24단의 계단식 피라미드로 꼭대기에는 대리석으로 만든 사두마차가 올려져 있었다고 한다.

대영박물관에 보관되어 있는 유적의 단편으로는 그리스인과 아마존 족의 전투 장면을 새긴 프리즈와 마우솔로스 상으로 보이는 높이 3m의 조상 등이 있다. 이 영묘는 아마도 11~15세기에 지진으로 파괴된 것으로 판단되는데, 그 후 재건 사업에 이르지 못하고, 석재들은 지역의 건물을 짓느라고 모두 소실된 모양이다. 지금도 시내의 주택 건물에는 심상치 않은 석재 블록이 끼어 있는 것을 자주 본다.

페르가몬 Pergamon | Bergama

페르가몬의 로마 유적은 크게 시내의 대단위 병원 단지였던 아스클레페리온, 붉은 마당으로 불리는 이집트 사원, 그리고 아크로폴리스로 대표된다.

헬레니즘 시기까지 페르가몬으로 불리던 이 도시는 동쪽으로는 셀리누스 하천과 서쪽으로는 케티우스 강 사이에 위치한 400m 높이의 천연적인 바위 언덕 위에 건설되었다. 방어 성능이 뛰어난 이 '높은 도시'가 그리스 거점 도시의 전형인 아크로폴리스다.

페르가몬은 BC 400년경부터 도시로 발전해가는데, BC 320년경 알렉산드로스의 부하였던 리시마코스가 페르시아에서의 전리품을 이 도시에 저장하면서 대도시로 발전하였다. 페르가몬의 왕조는 BC 263년 유메네스 1세부터 시작하여, 아탈

페르가몬 마크로폴리스에서 케티우스 강으로의 전경 높은 지대의 도시 구축으로서 방어적 성능을 보인다.
페르가몬 마크로폴리스 Trajaneum | 2세기

로스 1세(BC 241~197) 시기에는 유럽 대륙에서 건너온 켈트 족을 물리치고 도시를 위기에서 구한다. 유메네스 2세(BC 197~159)는 좀더 안목을 넓혀 당시 대륙의 신흥세력인 로마와 동맹을 맺는다. 페르가몬은 셀레우코스 왕조의 안티오코스를 물리치고 세력을 과시한다.

당시 페르가몬 왕국의 영역은 메안데르 강에서 콘야에 이르는 방대한 지역으로, 500만 인구를 다스렸다. 그러나 BC 133년 아탈로스 3세가 자신의 왕국을 로마에 양도하면서 130년에 걸친 페르가몬의 도시 역사는 막을 내린다.

요한 묵시록은 요한이 아시아 일곱 교회에 보내는 편지로 시작된다.

> '베르가모 교회의 천사에게 이 글을 써서 보내어라. 날카로운 쌍날칼을 가지신 분이 말씀하신다. 나는 네가 어디에 살고 있는지 잘 알고 있다. 그곳은 사탄의 왕좌가 있는 곳이다. 그러나 너는 내 이름을 굳건히 믿고 있다.'
>
> – 묵시록 2.12.

여기에서 요한은 유메네스 2세 시대에 건설된 제우스 제단을 '사탄의 왕좌'로 말하는 듯하다.

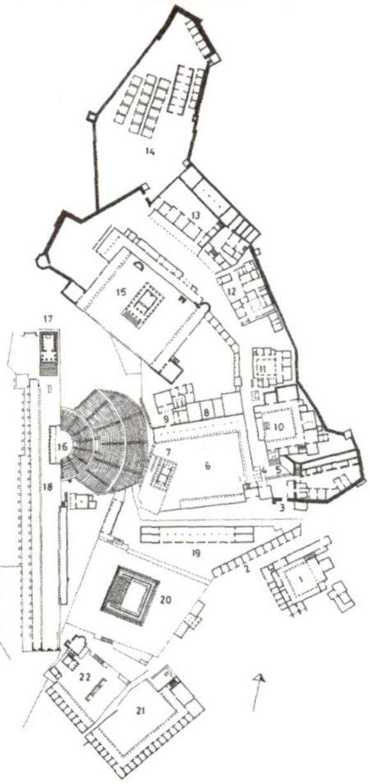

페르가몬 상단 도심 부분 Ekrem Akurgal, Ancient Civilizations and Ruins of Turkey, 1993
페르가몬 아크로폴리스 Pergamon Acropolis Barrel Built Basement | Substructure | 페르가몬 | 경사지 신전 구축을 위한 기초의 지하구조 공간
페르가몬 도시 평면 Ekrem Akurgal, Ancient Civilizations and Ruins of Turkey, 1993
페르가몬 아크로폴리스 극장과 디오니소스Dionysus 신전
페르가몬 아크로폴리스 Trajaneum | 주두 상세

● 아크로폴리스

아크로폴리스는 주로 트라야누스 시기에 대강이 만들어지는데, 그 건설의 역사는 수십 세기에 이른다. 가파른 언덕 위에 다시 성벽을 쌓아 방어력을 높인 아크로폴리스는 두 개 영역으로 나누어진다. 신전, 궁전, 극장 등이 높은 지대에 위치하며,

남쪽의 낮은 지대에 김나지움이 구성되었다. 비교적 후대에 건설된 트리아누스 황제의 신전, 도서관, 아테나 신전 등이 있다. 도서관은 알렉산드리아에 버금가는 규모와 내용으로 약 20만 권의 도서를 소장했다고 알려진다. 가죽으로 만든 대장서 『페르가메나Pergamena』도 이때 만들었다.

방어 도시

페르가몬은 서쪽의 가파른 경사면에 위치하는데, 이를 보면 이 도시가 얼마나 방어적 성능이 뛰어난 것인지를 알 수 있다. 경사지를 이용한 1만 석 규모의 극장은 현대의 극장도 음향적으로 극복하기 어려운 규모이다. 좌우 길이가 250m나 되는 무대는 테라스가 연결되고, 그 북쪽 끝은 연극의 신 디오니소스 신전으로 마무리 된다. 자연과 인공에 대한 건축가의 절묘한 종합 능력이다.

남쪽 언덕 아래에는 한 변의 길이가 70m나 되는 제우스 신전이 건설되었는데, 세 면이 부조로 장식되었다. 이 신전이 1870년대 카를 휴만에 의해 독일로 운송되어 현재 베를린의 페르가몬 박물관에 재현된다. 남쪽으로 좀더 낮은 지대에는 헤라 신전과 테메테르 신전을 비롯하여 체육 클럽 및 교육 시설들이 3개의 층위에 구축되었다.

● 붉은 마당 Red Courtyard | 이집트 사원

로마 시대에 이르러 산 위에 짓는 아크로폴리스는 지형적 한계로 도시의 확대가 제한된다. 점차 페르가몬의 경계는 아크로폴리스 아래의 평지로 확장되면서 스타디움, 극장, 원형경기장, 이집트 신전 등이 건설되었다. 이 신전이 '붉은 마당'이라고 불린다.

그 중에서 현재까지 모습의 일부를 유지하고 있는 것이 이집트 신전이다. 이 건물이 붉은 벽돌로 지어져 베르가모 주민들에게 '붉은 마당'이라고 불리는 모양이다. 마당은 200×100m 규모로 코트 야드의 형식이다. 이 신전의 마당 밑에는 셀리누스 하천이 흐른다. 하천은 직경 9m, 길이 150m에 달하는 한 쌍의 볼트형 수로로 유도되는데, 하천 위에 사원을 지은 셈이다. 이러한 지형적 곤란을 극복하려는 노력은 무슨 뜻인가. 도시계획의 문제로 어려운 위치를 선택한 것 같지는 않다. 아니면 아크로폴리스 길목에 구태여 위치할 이유가 있었을 것이다. 혹시 '흐르는 물 위의 교회'라는 상징적 의미를 갖는지는 모르겠다.

붉은 홀 또는 이집트 사원 Bergama | 2C, Byzantine | 밑으로 셀루스 강이 이중 터널로 흐른다. 건축은 적벽돌 구조 위에 색 대리석 마감을 하였다.
붉은 홀 또는 이집트 사원 후진에서 신랑을 거쳐 베르가마 시내를 향한 장면

이 마당의 동쪽에 위치한 신전의 규모는 길이 60m에 폭 26m이다. 신전은 130년에 하드리아누스 황제에 의해 건설되는데, 이집트의 세라피스와 이시스, 그리고 히포크라테스 등의 신을 추념하기 위한 것으로 추정하고 있다. 그래서 통상 이집트 신전이라고도 한다. 비잔틴 시기에 이 신전은 성 요한 기념교회로 재건되기도 하였다. 현재는 방치되어 있다. 그러니까 이집트 신전-로마 신전-비잔틴 교회까지 전전할 수 있었으나, 이슬람 시대에 와서 퇴락하고 만다.

페르가몬 발굴

페르가몬에 대한 고고학적인 발굴은 독일의 카를 휴만Carl Humann이 시작한다. 그는 1877년 이스탄불에서 이즈미르에 이르는 철도 건설을 맡았던 엔지니어다. 그 후 1900년부터는 독일 고고학자들에 의해 발굴되었다. 그 작업 결과 상당한 부분의 유물이 독일로 유출되며, 현재 독일 베를린에 가면 볼 수 있는 페르가몬 박물관이 바로 그것이다. 신전 하나를 몽땅 옮겨 박물관을 꾸밀 정도로 서구 열강의 문화 찬탈은 상당하다.

1936년 개관한 베르가마 박물관은 지역에서 발굴된 유물을 전시하기 위해 건설된 것이다. 대표적인 전시물은 BC 535년경 쿠로스 조각을 비롯하여 하드리아누스와 카라칼라 황제의 조상, 디오니소스, 비너스 등의 신상도 볼 수 있다. 지방정부는 이 박물관을 관리 운영하는 데 신경쓰지 않는 것 같다. 그보다는 먼저 말한 베를린의 페르가몬 박물관의 문화 제국주의의 힘을 상징한다.

페르가몬 박물관, 베를린

베를린의 페르가몬 박물관은 동베를린 시절 방치되었다가 현재 리노베이션되어 공개되고 있다. 박물관의 규모도 만만치 않지만, 터키와 중동의 예술을 갖는 세계 굴지의 전문 박물관이다. 우리는 베르가마에서의 궁색한 '베르가마 박물관'과 베를린에서의 거창한 '페르가몬 박물관'을 비교하며 세계 정치에서 제국주의 문화

의 구도를 본다.

● 아스클레페이온 Asklepeion

병원 페르가몬의 아스클레페이온은 그리스-로마 시대에 뛰어난 의료 시설이며 의학교였다. 그리스 신화에서 아스클레피오스는 아폴로의 아들이다. 그의 어머니는 아스클레피오스를 산 속에 버리는데, 반인반수의 괴물 켄타우로스가 데려다 키우며 의학을 가르친다. BC 400년경부터 아스클레피오스가 의학의 신으로 숭배되기 시작했고, 이때부터 본격적인 병원 건설이 시작되었다.

페르가몬 박물관 Pergamon Museum Berlin | 옛 동베를린에 속하였던 박물관으로 그동안 방치되었던 것을 통독 후 전면적으로 개축하여 개관하였다. 고대 그리스, 로마, 서아시아, 시리아, 아나톨리아, 메소포타미아, 수메르, 이슬람 예술 등의 소장품이 대단하다. 그중 페르가몬 전시관은 페르가몬의 신전 하나를 몽땅 옮겨 온 것으로 본척本尺 스케일의 건축이 전시되어 있다.

아스클레페이온에게는 아크로폴리스에서 이곳까지 연결하는 820m 길이의 텍타 대로Via Tecta가 있었다. 이중 약 40m가 복원되었다. 이 길을 따라가면 끝에서 회랑으로 둘러싸인 사이트에 이른다. 단지는 전체 면적이 1만 4000km²에 달하며, 방형 마당을 중심으로 여러 건물이 배치되었다.

오늘날 볼 수 있는 대부분의 구조물은 하드리아누스 시기인 130년경에 만들어진 것이다. 맑은 물이 흐르는 분수대가 마당 중심에 있고, 동쪽으로 도서관, 프로필론, 아스클레피오스 신전, 그리고 지하 원형 치료소가 배치되었다. 북서쪽에는 3500명이 모일 수 있는 극장이 있어서 환자들이 연극과 음악을 감상했을 것이다. 갈렌Galen은 페르가몬 출신의 의사로서 2세기 후반에 활약하며 특히 해부학으로 명성을 떨쳤다. 그는 이곳 원형경기장 검투사들의 전문 치료사로 경력을 쌓았고, 나중에는 로마의 황실 의사로 출세한다.

에페수스 Ephesus | Efes

병원 에페수스Ephesus는 현재 에페스Efes로 불리우며 셀축Selçuk의 기간 도시다. 셀축은 끝에서 끝이 약 4km 정도인 큰 길을 따라 一자 모양의 선형으로 된 작은 마을이다. 에페수스의 로마와 기독교 유적들은 현재의 셀축에서 펼쳐져 있다.

● 도시 에페수스

에페수스는 이오니아 지방의 카이스터 강이 에게 해로 흘러들어가는 하구에 위치한다. 수자원이 풍부하고 비옥한 토지에서 생산이 풍요로웠다. 또한 천연의 항구도시로서 소아시아 유통의 거점이기도 하다. 이러한 혜택의 땅에 헬레니즘 문화의 거점이 익어간다.

에페수스 최초의 거주는 BC 1400년경에 시작되며, 당시 묘지의 부장품으로 발견된 미케네 토기로 그 관계가 해명되었다. 에페수스는 고대 이오니아의 열두 도시 중 하나로서, 철학자 헤라클레이토스(BC 535?~475?)와 시인 히포나크 등이 태어난 곳이기도 하다.

BC 11세기경 아테네 왕 코르도스의 아들인 안드로클라스가 에페수스를 설립한다. 곧 에페수스는 이오니아 열두 도시연맹 중에서도 중심적인 역할을 하였으며, BC 6세기경에 이미 소아시아에서 상업의 요충지로 번영하여 꽤 부유한 도시로 알려졌다.

BC 550년경 리디아 왕국의 크로에소스 왕(BC 560~546)은 에페수스를 점령하고 기념비적인 건축을 세운다. 그중 대표적인 작업이 아르테미스 신전이다. BC 290년경 이 지역의 통치자였던 리시마코스는 에페수스를 근처 두 언덕 사이로 이전시키며 전체 길이가 9km에 달하는 성벽을 쌓았다. 아우구스투스 황제(BC 27~AD 14) 때부터 에페수스는 소아시아의 수도로 지위가 격상되며 발전의 속도를 높인다. 250년경 바다를 건너 침략해온 고트 족에 의해 도시의 일부가 파괴되었으나 비잔틴 시대에 다시 그 중요성을 회복하였다.

Ephesus의 발견

고대 세계의 7대 불가사의 중의 하나인 아르테미스 신전을 찾는다고 나선 영국의 고고학자 우드J. T. Wood는 꿩 대신 닭을 발견한다. 그것이 바로 소아시아 최대의 헬레니즘 도시인 에페수스이다. 1863년에 그리스의 역사, 철학, 지리서 등을 바탕으로 에페수스를 뒤지기 시작한 우드는 '거룩한 길'이라는 비아 사크라Via Sacra라는 비문을 발견하였다.

그는 대영박물관의 원조를 받기는 했지만 발굴 비용인 문제로 11년 동안 고생한

에페수스 Ephesus | Curetes 가로
에페수스 | 원형극장에서 항구를 향한 시선

다. 여기에서 대극장에서부터 아르테미스 신전으로 향하는 길에서 신전의 위치를 확인하였다. 발굴한 석조건축 부재, 기둥, 조각을 토대로 정확하게 신전의 모습을 복원할 수 있었다. 이어서 신전, 극장, 소극장 등을 찾아내었다.

1895년에서 1913년 사이에는 오스트리아 팀에 의해 심층적인 발굴이 이루어진다. 헬레니즘에서 로마 시기에 걸치는 도시의 연대기를 코로쏘스Korossos 산과 피온Pion 산 사이에서 확인하는 것이다. 이 발굴과 복원은 아마 2차 세계대전 후 유럽의 고고학계가 거둔 최고의 성과로 평가된다. 에페수스는 최소한도 지금까지 소아시아 최대의 로마 유적지이다.

에게 해를 남서쪽에 두고 2개의 산 사이에 위치하는 이 도시는 기하학적 구도로 정리되지만, 자연의 구릉을 이용하는 공간의 흐름을 읽을 수 있다. 북동쪽의 방향에서 진입하여 도시의 공간을 거쳐 카이스터 강을 통해 에게 해에 다다르는 도시이다. 그러니까 에페수스는 해안도시였다. 그러나 지난 2000년 동안 강의 퇴적으로 해안은 2km나 멀어져버렸다. 원형의 에페수스에는 파노르무스 항구를 비롯하여 상업항구와 거룩한 항구 등 적어도 3개의 항구가 있었던 것으로 기록되고 있다.

BC 290년 리시마코스에 의해서 도시를 이루기 시작하지만, 현재 볼 수 있는 것은 로마제국 시절의 것이다. 아마 여러 유적들의 이름에서 로마제국의 인물들을 만나게 될 것이다. 도시의 공간은 북동쪽에서 진입하여 직선대로인 대리석 가로를 거쳐 도서관 앞에서 직각으로 꺾어 서쪽의 대극장을 거쳐 항구로 들게 되는 기하학적 구도이다. 물론 이 과정에서는 몇 개의 결절부가 있고, 경사 주택지는 로마 상류 주거문화의 생생한 증거들이다.

가로를 따라 점철되는 유적 중에서도 대표적인 것들이 있다. 에페수스에는 2개의 아고라가 형성되어 있다. 북쪽 출입구 근처에 위치한 길이 160m, 폭 58m의 대규 아고라
모 아고라가 있다. 또 하나는 남쪽 극장 근처에 자리잡은 한 변이 112m 길이의 정사각형 규모의 상업 아고라이다.

김나지움은 신체 단련과 정신적 수양을 함께 하는 문화 · 사교 · 수련의 공간이다. 김나지움은 2세기경에 건설되기 시작해 4, 5세기에는 현재 볼 수 있는 규모로 확 김나지움
장되었다. 에페수스에는 모두 4개의 김나지움이 있는데, 동 김나지움, 항구 김나지움, 극장 김나지움, 베디우스Vedius 김나지움으로 불리었다. 그 중 큐레테스 거리의 하드리아누스 신전 옆에 위치한 바리우스Varius 욕장이 그 면모를 잘 보여준다.

큐레테스 거리에는 데아 로마Dea Roma와 디부스 율리우스Divus Julius를 위한 신전의 도열

하드리아누스 신전 Hadrianus Temple Ephesus | 117 | 24–5C Roma | 코린티안 양식으로 된 기념 신전
헤라클레스의 문 Heracles Gate로 불리는 기념 장소 복원된 모습은 건축 양식으로 적격하지 않다.

신전을 비롯하여 도미티아누스, 티투스, 하드리아누스 등의 황제를 기념하는 신전이 건축되었다. 특히 도미티아누스 신전은 길이가 100m, 폭 50m에 달하는 대규모의 공간이다. 하드리아누스Hadrianus 신전은 4~5세기경의 작업이라 추정되지만, 기록이 분명하지 않은 채 일부가 복원되어 있다. 코린티안 양식으로 된 기념 신전으로, 중앙 아치는 원주이고 네 귀는 각주角柱로 하여 공간의 한정을 확실히 한다. 공간은 가로 전면의 배례拜禮 공간과 후진을 뒤에 둔 구성이다.

도미티아누스 신전

하드리아누스 신전

Pyrtaneion

프리타네이온Pyrtaneion은 에페수스의 시청 건물쯤에 해당하는 건물로 보면 된다. 여기에서 불의 여신 헤스티아Hestia의 명문이 많이 발견되었기 때문에 이곳에 여신의 성소가 있었을 것으로 추정한다. 아고라 광장의 남서쪽 모퉁이에는 이집트에서 유래된 황소신 세라피스Serapis의 신전이 있었다.

● 셀수스 Celsus 도서관 | 110–113

에페수스는 'ㄱ'자으로 구성되는 2개의 대로가 도시의 중심을 이끌고 그 교차 부분에 셀수스 도서관이 시각적 초점을 이룬다. 즉 에페수스의 2개 기간 도로 중에서 어느 쪽에서 접근해도 이 도서관이 앞에 위치하게 되는 것이다.

소아시아의 총독이었던 셀수스Julius Celsus가 죽은 뒤 그의 아들 아퀼라Tiberius Aguila가 부왕을 기념하는 도서관으로 건축한 것이다. 실제로 도서관 바닥 밑에서 켈수스의 석관이 발견되었다. 켈수스 도서관은 대리석 가로와 큐레테스 거리가 교차하는 가각에 있다. 이러한 위치는 이 도시가 도서관에 부여하는 중심적 위상을 잘 말해준다. 도서관은 약 1만 5000권의 책을 수장하였던 것으로 추정된다.

기념 도서관

이 도서관은 장서와 학습의 기능만이 아니라 상당한 기념성을 갖는다. 효자 아퀼라는 이 건축의 규모와 양식적 가치에 큰 정성을 쏟는다. 장식성이 풍부한 로마 후기의 양식으로서 전면은 코린토스 양식에 장식성이 화려하다. 공간의 높이를 강조하는 비례에서 20.92×16.72m가 2층 구조로 훌쩍하게 높다.

● 극장

에페수스에는 야외 대극장과 작은 오데온Odeon이 몇 개 있다. 파나이르 산기슭에 자리잡은 오데온은 1400명을 수용할 수 있는, 소극장의 규모로서는 비교적 큰

셀수스 도서관 Celsus Library 110–113 | Burial Monument Julius Celsus | 아들 Tiberius Aguila가 기념도서관으로 건축, 화려한 장식성, 공간의 높이를 강조하는 비례에서 10.92 X 16.72
셀수스 도서관 Celsus Library 전면 2층 부분

편이다.

대극장은 BC 2세기경 건설된 것으로 추정하고 있다. 경사 지형을 이용한 구조의 객석은 2만 5000명을 수용할 수 있다. 객석은 무대 뒤로 펼쳐지는 구릉 아래의 경치를 향해 앉게 된다. 아마 퇴적이 되기 전 로마 시대에는 관객이 멀리 시선을 들면 항구와 바다가 보였을 것이다. 극장은 연극이나 포럼 이외에 검투사와 야수의 격투장으로도 사용되었을 정도로 무대 앞의 오케스트라 공간이 넓다. 대극장

● 아르테미시온 Artemision

아르테미시온은 고대 7대 불가사의 중의 하나로 꼽히지만, 정체는 분명하지 않다. 연대도 아르테미시온은 BC 1000년경부터 건축된 것으로 추정할 뿐이다. 이후 소아시아에는 신전 건축이 유행하는데, BC 570년 경 에페수스는 사모스 섬에 건설된 웅장한 헤라 신전에 영향을 받아 신전을 건설하기 시작하였다고 한다. 고대 7대 불가사의

원래 에페수스가 바닷가 습지에 위치하는 이유로 대지는 석탄과 가죽을 깔고 바닥을 고른 다음, 길이 115m, 폭 55m의 규모로 신전을 건설하였다. 이 신전은 바다 쪽, 곧 석양을 바라본다.

거국적 신전 건축

BC 550년에는 리디아의 왕 크로이소스가 아르테미스 신전을 재건하도록 원조하였는데, 모두 120년에 걸쳐 이루어졌다. 이러한 사실은 기둥에 새겨진 비문으로 전해진다. 신전은 BC 356년 '확실하고도 거창한 악행으로 아름을 남긴다'는 과대망상증에 걸린 헤로스트라토스의 방화로 파괴되었다. 디나크라테스는 재건에 바로 착수하는데, 이때 에페수스의 여인들은 재건의 비용을 위해 귀금속을 팔았고 각지의 왕들은 기둥을 기증하기도 하였다. 특히 아시아로 원정길에 있던 알렉산드로스 대왕은 완성 중이던 이 신전에 매료되어, 이 신전을 자신의 이름으로 한다면 모든 비용을 대겠다고 공언한다. 그러나 에페수스의 유일신을 향한 시민의 생각이 이를 받아들일 리 없다.

이후 재건된 신전은 보다 큰 규모로 길이 130m, 폭 70m이다. 기둥은 직경이 2m에 20m 높이로 모두 127개다. 다주多柱식 공간의 신전은 아르테미스의 성징을 나타내는 숲의 상징으로 보인다. 이 신전이 BC 250년경에 완성되자, 그 규모와 화려함이 유럽에 알려지게 되었고, 에페수스 항구에는 여객과 교역을 위한 상인들로 넘쳤다.

오데온 Odeon 2세기
대극장 BC 2세기 | 항구로의 길을 향한 민원형
아르테미시온Artemision 상상도 정면 7칸의 구조는 로마 신전의 양식으로서도 가장 큰 규모에 속한다.

요한계시록 제2장은 에페수스 교회에 보내는 경고의 편지로 '첫사랑을 버린 것을 반성하고 처음 하던 일을 다시 하지 않으면 등경을 그 자리에서 치워버리겠다'고

아르테미스 여신상 The Great Artemis BC 1 C | 대리석 | Ephesus Museum, Selcuk | 다산의 상징
사냥 후 휴식을 취하는 아르테미스 여신

적고 있다. 사도 바오로도 이곳에서 우상 숭배를 하지 말 것을 권유하면서 야기되던 에페수스 사람들과의 충돌을 적고 있다.

기독교와 로마의 신전 문화가 겪는 알력은 적절히 타협되었는지, 에베소 사람들은 아르테미스 신전을 고수하였다. 그 후에도 아르테미스 신전은 건재했고 기독교는 소아시아와 유럽으로 전파되어 갔다. 그러나 이 신전은 260~268년 고트 족의 침입 때 다시 파괴되었으며, 그 후 기독교도들에 의해 우상 배척의 이유로 완전히 괴멸되었다. 신전 건축은 우주의 본질, 문화와 삶과 연결시켜 도시 생활의 핵이 되었다. 사람들은 신전으로부터 기를 받고 건축물을 통해 인간의 염원을 증폭시킨다는 이해는 모든 종교의 양태와 크게 다르지 않다.

아르테미스는 그리스 서양미술에서도 가장 인기 있는 모델로 등장한다. 그녀의 미모와 야성적 성격이라는 이중성이 그러한 모양이다.

아르테미스 그리스 신화에서 이 여신은 항상 활과 화살 통을 지니고 있는 모습으로 나타난다.

기독교 성지聖地 에페수스

바오로

1세기 즈음 에페수스는 바오로, 성 요한 그리고 성모 마리아가 방문하거나 거주한 것으로 전해지면서 비잔틴 시대부터 중요한 순례지가 된다. 오늘날에도 에페수스에는 기독교와 관련된 유적이 기독교 역사의 현장으로 남아 있다.

사도 바오로의 복음을 위한 궤적은 매우 복잡하고도 넓다. 그의 출생지가 다르소이며, 교육 받는 곳이 이스라엘의 예루살렘, 회심 장소가 시리아의 다마스쿠스, 잠시 들렀던 요르단의 페트라, 선교 본부가 있던 키프로스, 터키, 그리스, 그리고 로마행 배가 난파하여 상륙했던 몰타, 마지막 여정인 동시에 순교지인 이탈리아에 이른다. 아마 바오로가 에페수스에 복음을 전하러 왔을 때, 아르테미스 신전을 주변으로 펼쳐진 헬레니즘의 장려한 꽃밭을 보고 놀랐을 것이다. 이 성숙한 이교(기독교의 입장에서는) 문화의 공간에 교회를 짓는다.

바오로는 53년경 에페수스를 방문하여 3개월간 유대교회에 머물면서 강론한다. 그의 종교적 의지가 쉽게 전파되는 것은 아니었지만, 이미 오래 전에 이 지역에 정착하였던 유대인들은 에페수스 교회를 설립한다. – 사도 19.23-41

성 요한 교회 Church St. John

기독교의 유적 중에서 성 요한 교회의 규모가 크고 구체적인 모습을 가지고 있다. 이 기념 교회는 아애술룩 언덕의 셀축 성채에 위치한다. 요한의 무덤 자리에 세워진 4세기의 바실리카 양식의 교회로 출발하였는데, 6세기 유스티니아누스 황제가 규모를 확장한다.

최근에 복원된 모습에서는 새로운 재료들이 생경하여 시간의 향기를 느끼기 어렵다. 다만 비잔틴 시기의 교회 평면이 눈에 익숙하다. 십자형의 전형적인 비잔틴 교회의 형식인 이 교회의 입구에는 아트리움이 있고, 북쪽으로 세례소가 있으며, 교회 내부에는 성 요한의 무덤이 중심을 이룬다.

에페스에는 또 다른 하나의 성소, 성모의 집Meryemana이 남아 있다. 메리에마나로 가기 위해서는 에페수스 유적의 남동쪽 출입구인 마그네시아 문으로부터 남쪽으로 7km 정도 산 속으로 더 들어가야 한다. 현재 성모의 문화공원The Virgin

Mary's Cultural Park으로 관리되고 있는 지역은 좋은 숲과 샘을 가진 안식적인 공간이다.

성서의 기록으로 성 요한이 마리아를 에페수스에 모시고 들었으며 마리아는 별리別離할 때까지 이 뷜뷜Bülbül에 살았다고 한다.

-요한복음서 19.26-27

Church St. John Selcuk | 측면
Church St. John Selcuk | 중앙의 세례천을 둔 8각 평면
Meryemana 성모의 문화공원 The Virgin Mary's Cultural Park

431년 에페수스 공의회도 이 사실을 공표한 바 있다. 이 집터 위에 작은 기도소가 만들어졌는데, 그것이 '성모의 집'이다. 19세초 독일의 수녀 카타린 에머리히Catherine Emmerich는 어떤 계시를 받는다. 그녀는 에페수스를 방문한 적도 없는데 꿈속에서 요한과 마리아의 집터를 지시 받는다. 이 장소에 대한 정보가 1878년 프랑스 신부 클래망 브랜타노가 저술한 『4동정녀 마리아의 생애』를 통해 세상에 퍼진다. 터키의 이즈미르 나자렛 신학교 교장인 티모니 신부는 1891년에 신학생들과 함께 발굴을 시작하여 교회의 모습을 발굴해냈다. 6~7세기경에 건축된 것으로 보이는 이 건물의 기초는 1세기까지 거슬러 올라가는 것으로 알려졌다.

성모 마리아의 집

이슬람 교도도 이곳에서 해마다 8월 15일을 마리아의 승천일로 기념하고 있다. 원래 장소라는 것이 상당한만큼 사람이 만드는 상징으로 체화되는 경우가 많지만, 여기에서도 종교적 상상력이 필요하다.

기독교는 자주 이 사실을 분명히 하기 위해 애쓴다. 1961년 교황 요한 23세가 이 건물이 성모 마리아의 집터임을 공표하였고, 1967년에는 교황 바오로 6세, 1979년에는 교황 요한 바오로 2세가 이곳을 방문하면서 역사적 상상력은 사실임을 확고히 했다.

● 쿠사다시 Kusadasi | Kuşadasi

'새들의 섬', Güvercinada쿠사다시는 터키의 서지중해에 있다. 쿠사다시 항이 있는 아이든Aydin 시는 고대의 트랄레이스로 알려졌으며 유명한 미술학교가 있었다고 한다. 그러나 현재 남아 있는 유적 중에서 가장 오래된 것은 2세기 때의 유적이나 그 흔적은 분명하지가 않다. 1186년 이후 도시는 셀축 왕조의 통치하에 들어가게 되었다.

해상의 요새 같은 이 성은 쿠사다시 앞 바다에 있으나 뭍으로부터 거리가 가까워 육로가 나 있다. 16세기경에 바바로사Barbarossa로 더 잘 알려진 해적 Khair ad-Din의 기지로 알려졌다. 이 성채는 1834년에 세워진 것으로 기록되지만, 관광 시설로 개발되면서 많이 훼손되었다. 쿠사다시로 시선을 돌리면 지중해의 녹색과 하얀 도시 건물의 군무, 그리고 해안의 돛배들이 겹쳐 풍경을 만든다.

쿠사다시 Kusadasi Bird Island 성곽
쿠사다시 Bird Island 성문

쿠사다시에서는 사모스와 파크노스 섬으로 갈 수 있다. 사모스로 건너가 다시 파트모스로 갈 수 있다. 파트모스는 에페스에서 남쪽으로 10km 떨어진 항구도시다. 사모스는 피타고라스의 고향이기도 하다. 사모스는 헤라 여신의 섬이다. 해안에서 2km 정도 건너다보이는 이 섬은 475km²의 면적에 인구는 4만 명 정도다. 사모스

사모스 최초의 주거 흔적은 BC 3000년경의 것으로 추정되며 본격적으로 도시문화가 건설된 것은 BC 1000년경 이오니아 민족이 이 섬으로 이주해오면서부터이다.

BC 7세기 사모스 섬의 남쪽 바닷가는 헤라 여신이 태어난 곳이다. 이곳에 기념신전을 세웠다. 제우스 신의 배우자였던 헤라 여신은 사모스의 여성과 관련된 결혼과 출산의 수호신이었다. 사모스

역사 시대 동안 사모스는 지중해의 섬들과 이오니아 내륙을 건너는 징검다리 역할을 하였다. 이 섬의 주민은 높은 수준의 기술력을 가지고 있었던 듯하다. 헤로도토스는 세계에서 가장 큰 규모의 헤라 신전을 설계했고, 그 밖에도 이 섬에서는 토목·건축 기술에 관한 획기적인 사건들이 만들어진다. 그리고 처음으로 황동 기초 brass-founding의 기법을 개발한다. 로이코스와 그의 아들 테오도로스를 비롯하여 페르시아의 다리우스 황제가 소아시아에서부터 헬레스폰트 해협을 건너 마케도니아로 진격할 때, 바다 한가운데 부교를 만들었던 만드로클레스, 산에 터널을 뚫고 지하 급수시설을 만들었던 에브팔리노스, 조각가이자 천문학자로서 피타고라스(수학자 피타고라스와 동명이인) 등이 있다.

● 밀레토스 Miletus | Milet

밀레토스는 프리에네 남쪽 20km 지점에 위치한다. 미케네의 도기가 발견되면서 이 도시가 청동기(BC 16세기)부터 형성된 것으로 본다. 호메루스는 처음 이 지역에 정착한 사람들은 카리안Carians이었다고 하였다.

그리스 시대부터 밀레토스는 무역으로 도시 세를 키우고, 이오니아 지역의 중심 항구로서 4개의 항구를 거느린 대도시로 번창하였다. 밀레토스는 흑해 연안에 90여 개의 식민지를 건설하여 러시아로부터 금속, 가죽, 양모, 곡식 등을 수입하였다. 무역 도시

그러나 소아시아의 풍수지리가 이 도시의 운명에 난관을 가져온다. 이 지역을 흐

아폴로 신전 Didyma | 이오닉 양식

르는 마이안데르 강의 퇴적으로 현재의 밀레토스는 내륙으로 밀려 10km나 깊은 곳에 위치하게 되었다. 밀레토스는 지리철학과 역사학의 시조인 헤카타이오스 Hecataeus의 고향이기도 하다. 기원전 7세기 이후 탈레스Thales, 아낙스만드로스Anaximander, 아낙시메네스Anaximenes 등이 활동하였다.

신약에도 이 도시가 등장하는데, 58년 바오로는 제3차 전도여행을 마무리하면서 예루살렘으로 가는 길에 밀레토스에 머문다. 바오로는 여정을 매우 서두르는 것처럼 보이는데, 그는 에페수스를 들르지 않고 사모스를 거쳐 밀레토스에 이른다. 그는 교회 원로들을 초빙하여 신앙을 권고한다.

> 나는 여러분도 이렇게 수고하여 약한 사람들을 도와주고 주는 것이 받는 것보다 더 행복하다고 하신 예수의 말씀을 명심하도록 언제나 본보기가 되어 왔습니다.
>
> – 사도행전 20.13-35

건축가 리포다모스

요즘 볼 수 있는 밀레토스의 유적은 BC 450년경 리포다모스의 설계에 의한 것으로 알려진다. 이 유적들은 1890년대부터 독일 고고학 팀에 의해 발견되었다. 밀레토스의 극장은 훨씬 후기인 2세기경에 지어진 것으로 보존 상태가 비교적 좋다. 1만 5000명을 수용하는 객석의 규모이며 로얄석의 장식성이 뛰어나다.

극장과 파우수티나(Faustina, 마르쿠스 아우렐리우스 황제의 부인)의 욕장은 근접되어 같은 위락문화 콤플렉스에서 시민문화가 이루어졌을 것으로 보인다. 그 밖에 아고라 입구의 기념문, 시장, 님페움, 김나지움, 경기장, 아테나 신전, 세라피스 신전, 항구의 모뉴먼트와 문, 델피니온Delphinion 등이 있다. 그곳에는 박물관이 있어 발굴된 유물을 전시하여 우리에게 역사의 시간을 이어준다. 대극장

디디마 Didyma

디디마는 밀레토스 남쪽 20km 지점에 위치하며, 고대 그리스의 3대 신전 중의 하나인 아폴로 신전을 가지고 있다. 즉 에페수스의 아르테미스 신전과 사모스Samos의 헤라 신전과 어깨를 겨루는 규모의 아폴로 신전은 터키에서 가장 완벽하게 남아 있는 그리스 시대의 신전이기도 하다.

디디마는 BC 7세기 이 지역의 샘을 지키던 목동에게 아폴로가 신탁 능력을 부여하면서 밀레토스의 성지로 부상하였다. 디디마는 그리스어로 쌍둥이를 의미하는데, 이 지명은 아폴로가 제우스와 레토 사이에서 태어난 쌍둥이 중의 하나라는 문학적 설정이기도 하다. 밀레토스에서부터 디디마까지는 비아 사크라Via Sacra의 순례길이 이어졌고, 이 기념적인 도로에는 사자, 스핑크스 등의 조각이 도열하였다.

● 아폴로 신전 Temple of Apollo

디디마 신전은 소아시아 지역을 관장하는 신탁의 장소로서, 아폴로 신탁뿐만이 아니라 디디메이아 축제가 개최되었고, 봉헌물을 수납 관리하는 역할을 맡았다. 디디메이아 축제는 4년마다 한 번씩 아폴로 신전 근처의 경기장에서 시행되는 운동경기를 비롯하여 음악과 시, 경연회, 그리고 연극 축제로 이어졌다.

최초의 신전은 BC 550년경 완성됐지만, BC 494년 페르시아 군에 의해 파괴되었다. 여기에 소개할 신전은 BC 300년경 건설된 것으로 길이 109m, 폭 51m 평면 신전역사

에 높이 20m의 기둥이 122개 세워진 대규모의 건축이다. 신전은 이중 열주랑 dipteros으로서 쌍열의 열주를 갖는 공간 양식이 고대 신전의 전형성을 보여준다. 양식적으로는 기단과 이오니아 양식의 기둥, 그리고 프리즈의 조각 장식 등이 잘 남아 있다. 이 신전의 공간적 특징은 안쪽의 성소가 입구의 테라스보다 낮다. 이에 2개의 경사로를 통해 내려가게 되는데, 이는 레벨이 낮은 신성의 샘을 성소에 포함시키려는 공간 개념으로 보인다. 내부 성소의 크기는 길이 53m, 폭 21m이며, 샘 주위에는 소규모 이오니아식 신전의 흔적을 볼 수 있다.

마르마리스 Marmaris

마르마리스는 리키안Lycian의 암굴 묘당 문화를 찾아가기 위한 거점이다. 해안도시인 마르마리스는 위락 도시로 발달하는데, 훼티에Fethiye, 오르타카Ortaca, 달리안Dalyan, 카우노스Kaunos 등이 부근에 있다.

● 카우노스 Kaunos | Köyceğiz

암굴묘당

카우노스의 암굴 묘Rock-cut tombs는 절벽을 건축한 것이다. 규모 있는 묘는

다리안Dalyan 카우누스Kaunos | 암굴묘 Rock Cut Tomb | 암굴묘는 마을에서 강 건너 암벽에 위치한다.
다리안 카우누스 암굴묘 근경

해발이 높은 곳에 있고, 간략한 것은 지반에 가까운 높이에도 있다. 아마 높은 곳이 문화적으로도 우위였던 모양이다. 석굴 묘 밑의 평지에는 현재 공동묘지로 계속 이용된다.

암굴묘는 돌산을 파서 동굴 공간을 만들고 그곳에 사자가 거처하는 공간을 만든다. 내부는 간소할 수밖에 없지만, 외관은 번듯한 신전의 모습을 갖춘다. 물론 지상에서처럼 건물의 각 요소가 독립된 부재로 이루어지는 것이 아니라 암석의 표면을 조각하여 양식미를 갖춘 것이다. 이 카우노스의 암굴묘도 거주 밀도가 높아서 위아래가 연속해 있다. 즉 아파트 형 음택陰宅인 셈이다.

아마 이 지역의 정서에서는 죽음에 대한 생각이 다를 것이다. 그들의 사후에 관한 의식은 묘석 문화에도 잘 나타난다. 그들은 죽음을 아주 인간적인 이해에서 별리로 생각한다. 그들의 죽음은 인가人家와 도시에 함께 있다. 죽음은 두려운 것이지만 어두운 것만은 아니다. 이승의 생이 더 아깝지만 저승에도 모든 것이 있다.

● 카슈 Kaç

카슈는 마르마리스Marmaris에서 뮈라Myra를 거쳐, 훼티에Fethiye를 거쳐, 칼칸Kalcan을 지나 접근한다. 카슈는 항구도시로서 리시안Lycian의 암굴 묘가 군집

카슈Kaç 길가의 묘지 Necropolis와 석관문화
카슈 Sarcophagus 죽음과 마을 | 암굴묘는 건너편 산 절벽에 조성되어 마을을 내려다본다.
카슈 Sarcophagus 죽음과 건축

을 이룬 공동묘지sarcophagus가 있다.

마을은 큼직한 산을 배경으로 하고 마을 전면에는 바다가 펼쳐진다. 마을에는 길가에 석관이 널려 있다. 동네 길을 가다가 만나는 석관은 물론 모두 도굴되어 공중 쓰레기통이 된 것도 있다. 도시의 뒷산에 오르면 수많은 암굴 묘가 층층이 연속되어 있다. 거의 올라 뒤돌아보면, 카슈의 마을이 발 아래 있고 마을이 바다와 인접해 있다.

● 뮈라 Myra

리키아의 중심도시인 뮈라는 향품의 일종인 몰약Myrth와 연관되어 얻은 이름으로 추정한다. 신약 시대에 뮈라는 유럽으로의 바닷길에 끼어 있었다. 바오로는 재판을 받기 위해 가이사리아를 떠나 로마로 향한다. 그는 시돈을 거쳐 리키아의 뮈라에 도착하여 배를 갈아탄다.

> '그들이 우리를 배에 태워서 이탈리아로 보내기로 결정했을 때 바오로와 다른 죄수 몇 사람을 친위대의 백인 대장에게 넘겨주었다.' 이 죄수선이 뮈라를 떠나 항해를 계속하다가 파선하는 데 비울로의 지혜가 이 곤란을 극복한다. 로마에

미라Myra Necropolis | 석회암 산의 한 절벽면이 공동묘지이다.

미라 Necropolis | 다층 구조의 암굴묘

안착한 바오로는 예수에 대하여 가르쳤다.

– 사도행전 27.5-6

아마 바오로가 들른 곳은 바닷가의 안드리아케 항구이었을 것이다. 뮈라의 요새는 해안에서 5km 정도 내륙에 들어가 있다. 고대 도시 뮈라의 유적은 비교적 넓게 퍼져 있는데, 북쪽의 바위 언덕에 자리 잡은 아크로폴리스, 남서쪽의 극장과 절벽 묘지가 있는 아고라, 그리고 남동쪽의 미노스 강가에 위치한 묘지와 수로 등 모두 세 지역으로 구분된다. BC 5세기경 최초로 건설된 뮈라의 아크로폴리스는 성벽으로 건설된 요새 한가운데에 망루와 신전, 지하 저수조를 건설하였다. 그러나 현재의 성벽은 5세기경 비잔틴 시대에 건설된 것이다.

● 뎀레 Demre | Myra

고대 도시 뮈라의 현재 이름이 뎀레Demre이다. 뎀레는 뒷산이 네크로폴리스Necropolis로 점유되어 있는 도시다. 네크로폴리스란 죽은 자들의 도시라는 의미쯤 된다. 이 지역의 산은 어느 시기인가 지진이나 지각 변동으로 산의 한쪽이 가라앉아 절벽이 만들어졌다. 이 절벽의 수직면을 이용하여 암굴 묘가 집단적으로 만들어진다. 비교적 강도가 무른 석회암은 조각하기가 용이하며 건축적으로 묘사하기가 쉽다. 네크로 폴리스

대개의 암굴 묘에서 내려다보는 경관은 빼어나다. 암굴 묘에서 바다와 마을을 내려다보는 이유도 죽은 자가 내세의 현실을 보는 이유다. 따라서 이 동네에서는 이승과 저승 사이에 경계가 모호하다. 바다-마을-묘노

뎀레의 네크로폴리스에는 대형극장이 원형의 모습을 잘 유지하고 있다. 극장을 묘역 근처에 짓는 이유가 이해되지 않지만, 뎀레에서는 아마 음악과 연극의 향연이 벌어지는 밤에는 죽은 자도 눈을 비비고 깨어 나왔을 것이다. 대개 극장은 음향의 효과와 경사진 객석의 구조를 위해 산을 등진다.

모두 35줄의 객석에 1만 1000명을 수용할 수 있는 뮈라의 극장은 남서쪽 절벽을 등지고 축조됐다. 현재의 것은 141년 지진 이후에 복원된 것이다. 극장의 서쪽으로 '바다 묘지' 절벽 동굴 무덤 군이 자리 잡고 있다. 소아시아의 무덤 중에서 가장 뛰어난 양식미를 갖추고 있는 뮈라의 무덤 양식이다. 죽은 사람이 살고 있는 모습 대극장

Necropolis 극장 뎀레Demre | 극장은 묘역과 연계되어 있다.
네크로폴리스 극장 뒷산을 배경으로 하는 극장의 배치
네크로폴리스 극장 뎀레Demre | 장식 가면 부조

은 살아 있는 모습과 아주 같다. 석굴 묘의 정면은 작은 신전이나 빌라와 비슷하게 조형하며, 그 내부는 간소한 거실처럼 꾸며진다.

아직 발굴되지는 않았지만 아고라는 극장 동쪽에 위치한 것으로 보이며, '강 묘지'에 위치한 채색 무덤은 부조 조각의 인물상 위에 여러 가지 채색 무덤으로 화려한 장식을 가지고 있다.

● 성 니콜라우스 교회당 Church of St.Nicholas | Demre | 5–6C. | 19C.

뎀레에는 산타클로스의 기념교회, 곧 이 지역의 주교이자 성탄절의 수호성인 성 니콜라오 기념교회가 있다. 270년경 항구도시 파타라에서 유복한 곡물 상인의 아들로 태어난 니콜라오는 300년경 뮈라의 주교로 선출되었다. 이때부터 니콜라오는 선행과 기적을 베풀지만, 303년 디오클레티아누스 황제의 그리스도교 박해 때에는 옥고를 치루기도 한다. 그는 325년의 니케아 공의회에 참석한 것으로 기록된다. 넉넉한 심성의 그는 난파당한 뱃사람들을 보살펴주고 뮈라에 기근이 덮쳤을

니콜라오

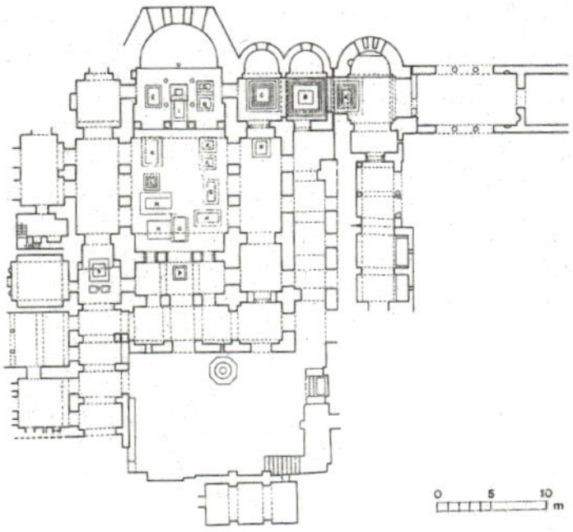

성 니콜라스 교회당 Church of St.Nicholas 뎀레Demre | 평면 | 여러 시대에 걸쳐 주변부가 증설되었다.
성 니코라스 교회당 뎀레 | 8C AD | 5–6C AD Basilica | 8C 교회 | 1118 증축 | 1862–3 증축 2겹의 Narthex, Aisl, high Altar, 여러 소기도실

때 상선으로부터 곡물을 구해 주민에게 나누어주는 등 선행을 베풀었다. 이러한 연고로 니콜라오는 지중해 연안 섬 지방에서 선원들의 수호성인으로 추앙된다.

5세기경 뮈라가 뤼시아Lysia의 주도州都가 되며 오랫동안 소아시아 제2의 도시로 성장한다. 341년 성 니콜라오가 죽은 뒤 뮈라에 묻혔으나, 1087년 뱃사람들에 의해 이탈리아 남부 도시인 발리로 옮겨졌다. 6세기경, 그가 묻힌 자리에 그를 위한 작은 기념교회로 지어졌던 것을 여러 시기에 걸쳐 증축해가며 규모를 키워갔다. 8세기의 지진으로 파괴된 것을 재건하며, 8~9세기에 돔이 구축된 것으로 보아 그 때에 비잔틴 바실리카의 모습이 완성된 것으로 보인다. 그러다 11세기에 다시 한 번 큰 규모로 증설된다. 콘스탄티누스 9세 Monakhoz와 왕비 조에Zoe의 시기이다. 바실리카 양식의 교회 건축은 여러 차례의 지진과 이슬람의 파괴로 복구를 거듭하고 11세기 이곳에 수도원이 건축되었다.

산타클로스

중세 이후 유럽 전역은 12월 6일을 성 니콜라오의 축일로 기념한다. 다시 이것이 뉴욕에 정착한 네덜란드 사람들에 의해 미국 개신교에 전해져 오늘날 산타크로스의 관습으로 보편화됐다는 것이다.

13세기 이후 미로스 강의 퇴적작용으로 교회는 흙 속에 파묻히며 폐허가 되었다. 주변 지역보다 6m나 낮은 지반에 있는 이 교회는 지금도 파고드는 지하수를 퍼내야 유지된다. 1812년 카커럴C.R.Cockrel은 뮈라를 여행하던 중 잊혔던 성 니콜

교회 복원

라오 교회 유적에 관심을 갖게 된다. 1830년경 프랑스 건축가 텍시에르Ch.Texier는 이 유적의 원형을 찾았다. 1853년 크리미아 전쟁이 발발하였을 때 러시아는 차르의 수호성인인 니콜라오를 기념하기 위해 뮈라의 교회 유적지를 구입하고 수도원을 세웠다.

성 니코라스 교회당 뎀레 | 신랑 상부 구조
성 니코라스 교회당 뎀레 | 모자이크 바닥

지금 볼 수 있는 교회는 1860년대 러시아에 의해 복원된 결과다. 1862~63년의 증축으로 나르텍스는 두 겹이 되며, 여러 소기도실과 부속실이 산재하는 복잡한 접근과 공간 구성이 되었다. 13세기 이후 방치되었던 교회는 19세기 들어 재축되는데, 이 러시아의 재축도 오류가 많았다. 무엇보다 성소는 러시아 가정의 살림집으로 점유되며 또 많은 부분을 훼실하였다. 건축은 아직 재생되지 못하고 있으나 국가문화재로 보전하고 있다.

복원된 교회는 전형적인 비잔틴 양식으로서, 십자형이 정방형의 윤곽인 그리스 크로스 평면이다. 그 앞에는 4개의 기둥 안에 제대가 배치된다. 비교적 비중이 크게 다루어진 동향하는 반원형의 성단에 계단식으로 10단의 벤치가 있다. 중앙에는 감독들을 위해 긴 의자를 만들었다. 여러 겹의 공간이 되면서 내부의 빛 환경이 현저하게 빈약해졌다.

코트는 고전적인 아트리움의 형식을 갖추지 못하였으나 앞마당에서 두 겹의 나르텍스를 가져 신랑으로의 전이를 길게 한다. 바실리카 내부의 구조는 모호한 점이 있고, 주변의 작은 공간들이 애매하다.

사르디스 Sardis | Sart

로마 도시 사르디스Sardis, 셈어semitic가 이르기에는 Sepharad라고 하였다. 도시는 이즈미르-앙카라 간 고속도로변에 위치하며, 주요 사이트는 그리스-로마 시

로마 욕장, 김나시움 측면의 상점가 Sardis
비잔틴 점포가로 Sardis

기와 비잔틴 시대의 내용을 가지고 있다. 유적은 광범위하게 펼쳐져 있으나 주요 싸이트는 아르테미스 신전 영역과 로마의욕장-김나지움 콤플렉스이다.

사르디스도 요한이 편지를 보낸 소아시아의 일곱 교회 중의 하나이다. 사르디스는 남으로 해발 2137m의 트몰루스 산을 비롯한 산맥이 둘러싸여 있어 천연적인 방어 성능을 가지고 있는 도시다. 헤르무스Hermus 강이 흐르는 넓은 평야가 펼쳐져 있어 농경지가 풍부하고 에게 해 연안으로 연결되는 유통의 거점이기도 하였다. 남쪽의 트몰루스 산골에서 발원하는 팍톨루스 하천은 사금, 은, 엘렉트롬 등의 귀금속 채취장이었고, 현장에서도 귀금속을 제련하던 공방을 여러 군데에서 볼 수 있다.

사르디스 주거 지역은 아크로폴리스를 중심으로 평원에 있지만 작고 큰 산세들이 지형을 열고 닫는다. 그 거주지의 근원은 BC 1500년경 후기 청동기 시대로 거슬러 올라간다. 그러나 사르디스가 본격적인 도시로 발전된 것은 BC 680년경 기게스 왕이 이곳을 거점으로 영토를 확장한 때부터였다. 이때부터 약 130여 년간 사르디스는 리디아 왕국의 수도로 발전한다. 리디아의 크로에소스는 페르시아에게 함락되기 전까지 사르디스에서 통치하였다.

리디아의 수도

BC 546년 크로에소스가 페르시아의 키루스에게 패함으로써 사르디스의 영화는 일단락을 맺는다. 사르디스를 점령한 키루스는 이 도시를 새로운 식민지 건설의 중심으로 삼고, 그 이름을 스파르다Sparda로 불렀으며 총독을 상주시켰다. 페르시아의 수사로부터 총 2600km로 이어지는 '제왕의 길'의 서쪽 종착지가 사르디스이다. 이때부터 사르디스는 페르시아의 그리스 원정의 병참과 지휘의 거점 역할을 갖는다.

로마 시대

로마 시대 BC 498년, 아테네와 에레트리아 사람들이 사르디스를 점령하는 도발

아르테미스의 신성소 Sanctuary of Artemis 사르디스 Sardis | 소아시아 최대의 템플이라고 할만하다.
아르테미스의 신성소 사르디스 신전 기둥의 주초
아르테미스의 신성소 사르디스 | 신전의 열주

이 있었다. 이에 페르시아는 BC 490년, 대 그리스 보복 원정에 나선다. 그 후 로마 시대에 사르디스의 운명은 매우 복잡해진다. BC 334년 마케도니아의 알렉산드로스는 사르디스를 점령했으며, 이어서 안티고누스와 리시마코스가 지배하였으며, BC 281년 이후 셀류코스 왕조가 이 도시를 통치했다. BC 190년경부터 이웃 세력이었던 페르가몬 왕국이 사르디스를 점령하였다. 그러나 BC 133년부터 로마가 소아시아를 제패하며, 사르디스도 로마의 통치 아래 들어갔다.

아랍 시대

로마 시대에 사르디스는 리디아와 프리기아 지방의 27개 지역의 수도 역할을 할 만큼 중심 도시로 자리하였다. 4세기 콘스탄티노플은 사르디스에 무기 공장을 설립하여 경영하였다. 616년 사산왕조의 페르시아가 사르디스를 점령함으로써 다시 한 번 아랍의 영향권에 들어가게 되었다.

아르테미스 신전 Temple of Artemis

팍톨루스 하천의 동쪽에 아르테미스 신전과 아크로폴리스가 유적의 일단을 이루고 있다. 유적은 미국의 프린스튼 버틀러 대학의 크로스비Howard Crosby 감독 아래 1910~14년에 발굴되었다. 유적발굴

이 신전은 원래 이곳에 BC 6세기에 건설된 아나톨리아 고유의 여신 키벨라 신전을 확장한 것이다. 건축은 알렉산드로스 원정 직후에 시작되었으며, 길이가 99.2m, 폭이 45.7m의 규모이다. 신전은 제우스 제식祭式으로서, 로마 황실의 제식 장소였다. 신전은 아마 당시 최대 규모의 에페수스, 마모스, 디디마의 신전들의 영향을 받아 건축된 것으로 보인다. 즉 입구가 서쪽으로 향하도록 배치되었다. 제단은 가장 오래된 모뉴먼트로서 BC 300년부터 시작해 BC 5세기경까지 로마의 콘크리트 기초 위에 세워졌다. 4세기 이후 기독교가 확산되며 아르테미스 신전은 용도가 폐기되고, 대신 몇 개의 소규모 교회가 건설되었다. 신전의 끝에 있는 기독교 교회는 5세기경의 건축으로서, 교회는 신전의 재료를 다시 사용하는 경우가 많았다.

아크로폴리스

아크로폴리스는 남쪽의 해발 400m 높이의 산봉우리에 자리잡고 있으며 아르테미스 신전을 내려다본다. BC 7세기부터 아크로폴리스는 빈번해지는 외침에 피난 요새로 개발되었다. 아크로폴리스 근처에는 수십 기의 바위굴 무덤들이 있다. 신전의 주인

이곳에는 서기 4세기 이후에 건설된 비잔틴 시대의 성벽과 성문, 그리고 10세기경에 만들어진 창고와 전망대 등의 유적이 겹쳐 있다. 그리고 아나톨리아의 고유한 매장 형식인 350m 직경의 거대한 투물루스 왕릉 2기가 빈 테페Bin Tepe에 있다.

사르디스 Sector PN.과 Church E.

초기의 유적은 BC 6세기 리디아의 크로이소스Croesus(561~547, BC 560546)와 그의 아버지 알리아테스Alyattes(BC 613~561)에 의해 건설되었다. 건축은 대부분 자연석과 굽지 않은 벽돌로 축조되었다.

사르디스 발굴 Sardis Sector PM과 교회 Church E 7C 비잔틴

Basilica식 교회

중앙 부분에서 금을 제련하던 공간을 볼 수 있다. 작은 오목 분盆 또는 회분 로爐 등의 금속을 녹여 형상하던 흔적을 발견하였다. 중앙 부분은 리디아Lydia의 절대 신이며, 퀴벨레Cybele의 알타 공간이다. 퀴벨레는 프리기아의 대지의 여신, 위대한 어머니라고 불리며 곡식의 결실을 표상한다.

헬레니즘 시기(BC 330~80)와 초기 로마 시기(AD 350)에 모자이크로 장식된 도시 빌라가 건축된다. 작은 욕장이 가로변에 건축되었다. 여기에서 발굴된 유물들은 마니시아 박물관Manisa Museum에 보존되어 있다.

길가 쪽에 위치한 교회는 다른 건물들과 연결되어 있다. 이 교회는 작은 규모이지만, 7세기까지의 비잔틴 중기 교회 양식을 가진다. 도시는 13세기 최종적으로 니카에Nicaea 왕실의 지배시기를 겪고, 14세기 후 현재의 사르트Sart Mustafa에 속한다.

로마 욕장, 김나지움 Sardis | 체육장에 욕탕을 향한 장면
로마 욕장, 김나지움 Sardis | 이 뒤로 욕탕과 편의시설이 전개된다.

● 로마 욕장-김나지움 콤플렉스, 시나고그 Synagogue, 비잔틴 점포 가로

고대 그리스인들은 운동경기에는 모두 벌거벗고 출전했다. 스포츠란 제우스에게 바쳐지는 일종의 의전과 같은 것이며, 제1관객인 신을 향한 깊은 경건의 표시이기도 하다는 의미였다. 체육을 뜻하는 귐나스티케Gymnastike에서 귐나시온Gymnasion은 벌거벗는 곳이라는 뜻으로 통한다. 그들에게 체육은 철학, 문학, 경제, 정치의 논의만큼 중요한 것이었고, 도시는 아고라, 극장과 함께 김나지움을 건축한다. 로마는 이 체육의 전당을 더욱 확대하여, 콤플렉스는 2만km^2의 규모로서 로마 도시의 도심 중에도 중심이 되는 위치이다.

김나지움은 211년 카라칼라에 의해 건설된 것으로 현재의 모습은 1960년부터 복원해온 미국 고고학자들의 덕택이다. 남쪽은 상점 가로를 이루고 그 배후에 체육장Gymanasia과 욕탕Balnea의 복합된 기능이다. 헬레니즘 시기의 김나지움은 열주를 가진 체육장palaestra과 볼트로 덮인 홀을 갖는 스타일이다. 이러한 양식은 에페수스의 베디우스Vedius 욕장과 유사하며, 밀레투스Miletus, 아프로디시아스Aphrodisias, 히에라폴리스Hierapolis에서도 볼 수 있었다. 궁실 형식의 여러 고온 욕실caldarium을 갖추고, 그의 동쪽 절반은 4각 코트의 체련을 위한 체육장으로 점유된다. 김나지움

시나고그Synagogue 사르디스Sardis | 로마 김니지움 측면에 위치한다.
시나고그 | 사르디스 전랑에서 본진을 향해

체육장의 기능은 매우 복잡하지만, 그 사용의 순서는 대개 다음과 같이 전개된다. ① 탈의 ② 가벼운 체련 ③ 고온 탕 ④ 그룹 실 ⑤ 사교적 또는 의전적 성격의 대콘코스 ⑥ 고온 욕실caldarium(대개 온수 풀 형식의 주 욕장) ⑦ 대형 냉탕oblong hall ⑧ 마사지 실(기름 마사지와 향수) ⑨ 여러 가지 식당에서의 포식

콤플렉스를 향해 큰 입구는 동쪽 체육장으로부터 3중 문을 지나야 하는데, 분명 기하학적 구도에서 동-서축을 느낀다. 곧 ㄷ자로 평면에서 열린 부분과 결합되는데, 그 절정 공간이 대리석 코트이다. 대리석 코트는 211년의 건축이고 5세기에 리노베이션되었다. 대리석 코트는 황실의 의전 공간이었다.

풍요롭고 다양한 열주의 배열이 공간을 수사한다. 다채색의 대리석 효과는 디오니소스의 기분으로 충분하다. 이 대리석 코트는 60~65퍼센트의 오리지날 장식 요소를 사용하여 1964~73년에 재축 복원되었다.

나선형의 홈이 새겨진 기둥들으로 만든 서쪽의 후진이 냉탕frigidarium으로 이어진다. 이 직방형 공간은 2층의 원주형 작은 사당aedicule에서 황실 제식에 봉납된다. 1층의 엔타블레추어에는 211년 카라칼라Caracalla와 게타Geta에 헌정되었음을 기록하고 있다. 또한 포디움에는 5세기 비잔틴 시민 지도자가 새로이 단장하였다는 기록이 시어와 산문체로 기록되어 있다. 콤플렉스는 2세기 중반에 완성되고, 616년에는 페르시아에 의해 손실된다.

시나고그 Synagogue

사르디스의 유태인 공동체의 기원은 BC 586년 예루살렘이 바빌로니아에게 함락된 후 이곳에 정착하면서 비롯된다. 욕장의 남쪽은 3세기 후반에 유대인 사회에 제공된 시나고그이다.

소아시아의 유래인

바빌로니아에 의해 예루살렘이 파괴되며, 유대의 이민자들이 BC 6세기경부터 이 도시에 들기 시작하였다. 헤브루의 예언자 오바다야서에 의하면, 유다의 피난민이 스파라드로 이주한 것으로 나타는데, 스파라드는 사르디스의 페르시아식 지명인 스파르다를 표기한 것이다. – 오바디야서-1.20

4세기경부터 로마제국 말기 시절까지만 해도 소수민족인 유대인에게도 사르디스 사회는 상당히 열린 사회였던 듯하다. 원래 교구 사제의 공간Secular이었던 한 부분을 시나고그로 전용케 한 것이다.

5세기 후 사르디스에는 3개의 교회가 생기는데, 그 중의 하나가 유대 교회이다. 사르디스의 유대 교회는 원래 211년에 건설된 대규모 욕장과 김나지움의 한 부속 건물을 할애한 것이다. 이는 4세기 초에 번창하였던 유태인 공동체의 소유가 된 것으로 보인다. 이때부터 이 회장은 종교적인 기능 이외에도 학교와 식당, 여관 역할도 하는 커뮤니티의 기능을 맡았다고 한다.

바실리카 식 평면

평면은 바실리카 식으로 아트리움과 포르티코를 거쳐 회중석에 든다. 포르티코에는 작은 분수가 중심을 분명히 한다. 반원 현 후진apse을 중심에 두고 본랑nave의 규모도 넉넉하다. 길이가 80m로서 1000명도 예배할 수 있었으리라. 석조 피어가 클리어스토리 지붕을 받쳤을 것인데, 일반적인 것보다 외벽과 거리가 얕다. 클리어스토리와 천장은 채색 장식되었을 것으로 본다. 시나고그의 기둥, 기초는 기존의 다른 건물 재료를 재사용하였다. 어떤 부분은 BC 6~7세기의 모신상의 것으로 보이기도 한다. 퀴벨레Cybele와 아르테미스Artemis의 조각상들도 보인다. 퀴벨레는 프리기아Phrygia를 중심으로 소아시아에서 숭배되었던 대지의 여신이다. 아마 이 시나고그를 짓던 상황이 신중하지 않고 마구잡이였는지, 아니면 복원 작업 과정에서 잦은 실수인지는 모르겠다.

바닥은 모자이크 타일인데 그 패턴이 다채롭다. 벽은 역시 짙은 장식성으로 채워졌다. 대리석 패널로 마감되는데 디자이너는 기하학적 패턴을 마냥 즐겼다. 채도가 높은 색채의 대리석 구성 패널은 건축 모양의 윤곽 안에 기하학적 문양, 식물 문양, 동물 문양으로 다양하다.

입구벽에는 2개의 사당이 있었는데 유대 율법Torah, 유대 법에 바쳐진 문장紋章이 새겨져 있다. 성단 앞에는 레플리카이지만, 2쌍의 대리석 사자가 지키는 대형 대리석 테이블이 성단에서 당당하다. 후진의 반원의 다층 벤치는 원로 성직자를 위한 것이다. 실내 부분에서는 일곱 촛대인 메노라와 기도 전 손을 씻는 대리석 세수대 등이 발견되었다.

사르디스에서의 시나고그는 616년 이후 붕괴되어 갔으며 유대인 커뮤니티도 확실히 해체된다. 그리고 14세기까지 더 이상 유대 사회는 존재하지 않게 된다.

아스펜도스 Aspendos

아스펜도스Aspendos는 현재 터키의 안탈리아Antalya에서 동쪽으로 50km, 시데Side에서 38km, 벨키스 마을 해안에서 15km 떨어진 고대 도시이다. BC 5세기 로마 시대의 팜피리아에서 중요한 도시였다고 하지만, 로마는 식민지 도시에도 이만한 규모의 극장을 가졌다. 세릭Serik에서 4km 정도의 가까운 진입으로, 로마 극장으로서는 원형의 보전 상태가 가장 좋은 건축을 만날 수 있다.

대극장 아스펜도스Aspendos | 가장 완벽한 원형이 남아있다.
대극장 아스펜도스 | 무대에서 객석을 향한 장면
대극장 아스펜도스 | 무대 뒷면의 극장 밖

● 대극장

극장은 로마 시대 마르쿠스 아우렐리우스Marcus Aurelius Antoninus(AD 121~180) 황제 때에 건설되었는데, 여러 차례의 난에도 불구하고 로마의 본토에서도 볼 수 없는 뛰어난 보존 상태로 남아 있다. 셀축 시대에는 대상들의 숙소 caravansaray로 전용되다가 근래 들어 복원되었다. 그 완벽한 음향 성능 덕분에 지금도 오페라, 뮤지컬 등 야외공연장으로 활용된다.

건축은 헬레니즘의 양식으로서 배후의 언덕에 얹혀 만들어지는데, 그 뒤로 아크로폴리스가 형성되었을 것으로 보인다. 극장 공간은 연극의 배경이 되는 큰 벽 뒤로 반원형의 객석을 만든다. 큰 배경 벽은 도시의 일상과 극장이라는 문예의 세계를 가르는 경계로 느껴진다.

극장 구조

반원형 평면에 2개의 단층으로 된 객석은 0.5m 폭으로서, 7000명의 관중과 500석의 오케스트라를 수용할 수 있다. 객석의 최상단이 추가됨으로써 음향의 효과를 더욱 향상시켰다. 무대는 높은 배경 벽으로 음향의 반사판 구실을 하고 연극의 여러 가지 장면을 보여준다. 무대 뒤로는 작은 분장실들이 배치되어 있으며 지금은 작은 박물관이 있다. 당시의 티켓은 구은 점토로 만들어졌으며, 각종 마스크가 인물을 묘사하던 도구다. 극장의 부근에 바실리카와 아고라의 유적이 있다.

카파도키아Cappadocia 괴레메Goreme | 위쉬사르Uchisar | 바람의 흔적
카파도키아 위쉬사르 성 Castle of Uchisar

카파도키아 Cappadocia

석회암의 장소

약 300만 년 전 화산 폭발과 대규모 지진 활동으로 잿빛 응회암이 뒤덮이고 그 후 오랜 기간 바람의 조각과 빗물이 특이한 암석군을 디자인한다. 카파도키아는 로마의 동맹국이었으나 차차 속국, 속주로 변방이 되어 갔다.

BC 6세기 당시 카파도키아는 페르시아의 지배를 받으며, 조로아스터교가 퍼지기도 했다. 로마 시대의 카파도키아는 BC 190년 마그네시아에서 승리를 거둘 때까지는 셀레우스 왕조의 세력권에 포함되어 있었으나, 그 이후로 로마에 충성을 바쳤고, 11세기까지 비잔티움의 보루로서의 역할을 했다. 실크로드의 중간 거점으로 동서 문명의 융합을 도모했던 대상들의 교역로로 크게 융성하는데, 근처에 대규모 대상 숙소의 유적이 있다. 기독교사에서는 로마의 탄압을 피해 온 그리스도교인들, 그 초기 그리스도교 형성에 중요한 역할을 기억하는 성지다. 우리나라 기독교에서는 갑바도기아라고 한다.

괴레메Göreme

카파도키아는 석회암의 기괴로운 풍화현상과 동굴 주거의 군집으로 상상력을 자극하지만, 성지의 보고이기도 하다. 아직 역사신학의 규명이 충분하지 않은 형편이지만, 수많은 지하교회 유적이 잠겨 있다. 석회암 덩이는 풍설에 몸을 삭히며 천천히 모양을 바꾸어간다. 키가 큰 버섯이 되기도 하

카파도키아 오르타히살Ortahisar | 벌집 마을
카파도키아 파사바아Pasabag | 기묘한 굴뚝 Fairy Chimney

카파도키아 카이막르Kaymaklı | 지하도시 | 통로가 갈라지는 부분
카파도키아 카이막르 | 지하도시 | 거실

고 굴뚝이 되기도 한다. 괴레메는 아바노스Avanos, 위르귑Ürgüp 및 네브세히르Nevsehir가 그리는 카파도키아의 삼각형 구도에서 중간에 위치한다.

괴레메에는 4세기경부터 기독교도가 살았고, 9세기에 접어들면서 셀축 이슬람의 압박으로 지하교회로 침잠하여 들어간 문화다. 이 장소는 크고 작은 400~500개의 동굴 교회와 수도원 유적이 흩어져 있는데, 이를 규합하여 야외박물관으로 운영하고 있다.

● 괴레메 야외 박물관 Göreme Open–air Museum | Goreme Açik Hava müsesi

석회암의 계곡 사이에 수많은 암굴 교회가 집단을 이루고 있다. 교회들은 인공적 굴삭과 자연 동굴을 합쳐 공간을 만드는데, 건축적 표현으로는 결핍되는 부분이 불가피하다. 이를 보충하기 위해 프레스코가 중요한 요소인데, 단순한 장식의 기능이 아니라 건축의 모습을 묘사하고 있다. 보통 11~12세기경의 프레스코화가 많이 남아 있으나, 아마추어적인 벽화에서 보다 종교적 묘사력이 높은 여러 작업들이 갤러리처럼 펼쳐진다. 이 장소는 식당, 무덤 등 하나의 작은 도시를 이룰 만한 규모다.

11세기 초로 짐작되는 6층 규모의 수도원(Maidens Monastery)을 기점으로 성 바질St. Basil 성당, 성 바바라St. Barbara 교회당 등을 비롯해 크고 작은 교회 공간이 밀집되어 있는데, 그 이름은 대부분 벽화의 상징성으로 불리고 있다.

샌들 교회 Sandal Church | Çarikll Kilise

12세기에 만들어진 것으로 보이며 계곡의 북쪽 끝에 위치, 문 안쪽 바닥에 있는 발자국 흔적 때문에 샌들 교회로 불린다. 내부에는 유다의 배신을 비롯한 성서의 기록 사건들이 그려져 있다.

암흑 교회 Dark Church | Karanllk Kilise

계곡 깊숙이 위치해 있는 이 교회는 그 깊이 때문에 빛이 많이 들지 않아 무거운 느낌이 든다. 카파도키아는 일년 내내 건조하고 일광이 찬연한 고장인데, 이 계곡의 제한된 빛이 11세기 비잔틴 미술을 보전하는 환경이 되기도 한다. 11세기 수도원의 형식을 차용하는 건축은 그 깊고 어둠의 인상으로 '어두운 교회'라는 이름을 얻었다.

카파도키아 Cappadocia 괴레메Goreme | 어둠의 교회 Dark Church
어둠의 교회 천정화, 건축적 표현이 부족한 부분을 회화로 보충한다.
버클 교회 Buckle Church

뱀 교회 Snake Church | Yllanll Kilise

둥근 천장에 11세기 프레스코화가 남아 있는데, 성 바실, 성 도마, 성 오노우프리우스, 성 데 오도르가 뱀과 싸우는 장면, 그리고 콘스탄티누스 대제와 그의 어머니 헬레나의 그림이 있다. 낮은 천정과 긴 예배당이 있고 예수와 교회를 세운 사람의 초상이 있다.

사과 교회 Apple Church | Elmall Kilise

12세기에 지어진 교회의 하나로, 이곳에 그려진 프레스코화도 인상적이다. 규모는 주변의 교회에 비해 작은 편으로 시기도 늦은 편이다. 평면이 십자가 형태로 지어져 바실리카를 의사한다. 더욱이 돔 모양의 천정과 4개의 기둥을 만드는 것도 이 암굴의 건축미를 위한 것이다. 최후의 만찬, 십자가 처형, 천사 등을 그린 벽화가 훨씬 구체적인 성서의 부분이다. 그림속의 사과를 든 가브리엘 천사가 이 교회당 이름으로 전해진다.

버클 교회 Buckle church | Tokali Kilise

괴레메 박물관을 향해 왼쪽에 위치하는 있는 이 교회당은 10세기 후반에 지어졌으며, 일대 교회 중 규모가 큰 편에 속한다. 계단을 따라 지하로 내려가면 성자들의 무덤이었던 홈과 기도를 드린 채플이 있다. 예수의 어린 시절부터 그의 일생을 담은 벽화가 있다.

● 지하도시

이 석회암의 도시들은 곡괭이와 망치로 만든 메가 건축이다. 그래서 자연인가 하면 건축이고, 건축인가 하면 자연이다. 그리스도교 박해를 피해 들어온 기독교인들이 집단생활을 위해 동굴을 파서 만든 지하도시다. 깊이로 치면 지하 7층쯤으로, 산소 공급구, 외부의 침입을 막기 위한 문, 무엇보다 지도를 그릴 수 없을 만큼 복잡한 미로로 구성되었다.

카파도키아 지역 전체에 150~200개의 크고 작은 지하도시가 있다. 데린쿠유 마을 주변에만 30여 개의 지하도시가 있는 것으로 알려진다. 대표적인 지하 마을은 네브세힐Nevsehir, 오르타히살Ortahisar, 우치히살Uchisar, 데린쿠유Derinkuyu, 카이막리Kamakli, 외즐뤼제Ozluce, 마즈Mazi, 외즈코낙Ozkonak, 아지괼Acigol, 타틀라린Tatlarin, 귀젤리울트Guzelyurt 등이 첩첩을 이룬다.

카이막리의 위치는 네브세힐에서 남쪽으로 20km 떨어져 있다. 1964년에 일반에 공개되었으며, 현재는 환기 갱 주변으로 지하 4층까지만 발굴되었다. 지하도시는 방어의 성능을 극대화하기 위해 구역을 여럿으로 나누고, 각 구역마다 지름이 약 1.5m 정도 되는 맷돌 모양의 바위 문으로 막는다. 한 섹터의 피침으로 희생을 최소화하려는 의도로 보인다. 통로는 매우 좁고 급격한 각도로 구부러지거나 하강하

Kamaklı

며 지하 깊이에 이른다. 통로가 낮고 좁으며, 경사가 급한 지하 공간 구조는 의외로 생각되는데, 이는 자연과의 합작 혹은 방어의 목적인 것으로 보인다.

지하도시의 통로는 약 30km에 이르며, 환기 갱과 우물이 지하도시의 인프라-스트럭쳐다. 지하 1층은 축사지만 그 이외에도 더 많은 축사들이 있을 것이다. 지하 2층에는 교회가 이 거주자들의 정신적 공간이며, 그 옆으로 무덤이 있다. 지하 3층에는 창고, 포도주 양조장, 부엌 등이 있으며, 지하 4층에 있는 포도주 양조장에 토기 항아리 창고와 저장실이 많은 것으로 보아 이 지하도시가 경제적으로도 빈약했던 것 같지는 않다.

지중해, 고전의 전파傳播 시장

2002년 제작된 피터슨Wolfgang Petersen 감독의 영화 「트로이」는 당시 미케네-트로이 시대가 배경인데, 고증이라는 책임은 벗어놓기로 한다. 황당한 스케일의 과장이나 문화의 퓨전이 지나친 나머지 뒤죽박죽되어 버렸다. 트로이 황실을 묘사하는데, 미노아, 페르세폴리스까지 동원한 미술이 더욱 그러하다. 그러한 혼돈을 서슴지 않는 것이 지중해의 다중성이라는 큰 양해에서 넘어간다.

● 지중해의 통섭성通涉性

문화는 흐르게 마련이고 어떤 법칙의 메커니즘에 따른다. 그것은 강물이나 기압처럼 높거나 낮은 곳으로, 강한 것에서 여린 곳으로 전이하되, 사회적 외압이 작용한다. 강물이 그냥 휘어 흐르지 않듯이 물길은 약한 지질을 파고들거나 암초와 만나면 와류渦流하기도 한다. 그 결과 문화의 골谷이 생긴다.

그리스 고전 시기만 하더라도 그 흐름은 순수했다. 물론 크고 작은 부족 간의 세력다툼이 없던 것은 아니었지만, 그리스 예술에서 범접하지 못할 품위가 자연스럽게 스며들어간다. 그리스 본토에서 그리스 사람들이 에게 해를 건너가 지금의 터키 서안에 소아시아를 형성하고, 소위 이오니아 문화를 일구었다. 이오니아는 앞서 형성되었으며 좀더 우직한 도리안보다 세련되고 이지적이다. 이 이오닉 예술은 다시 본토로 건너가 그리스 고전의 3대 형식인 도릭Doric, 이오닉Ionic, 코린티안Corinthian을 보편화시킨다. 그리고 그것이 로마로 계승되고, 터스칸Tuscan, 복합Composit과 합쳐 로마의 5대 양식이 된다. 로마 이후 문화의 흐름은 문화 격조의 힘에 의한 것만은 아니다.

트로이 Troy Wolfgang Petersen 감독 | 2002

전쟁과 문화

알렉산드로스

마케도니아의 알렉산드로스는 BC 338년 그리스를 멸망시키고 발칸 진출에 진출하며, 아나톨리아를 건너 페르시아, 이집트, 인더스 유역에 이른다. 당시의 진군하는 전진 속도가 도보 속도를 넘지 못했음으로 그 장정은 계절과 몇 해의 시간성을 초월한다. 여하튼 알렉산드로스는 그 자신이 동방의 지역에서 아내를 얻으면서 씨를 뿌리고, 서쪽의 문화를 내렸다. 전쟁 기간이 길어지면서 고향으로 회귀하는 마케도니아 군인은 동방의 문화를 선물 혹은 전승물로 대량 싣고 돌아온다. 그 사이에 헬레니즘Hellenism이 형성된다.

로마의 건국 이후 이탈리아 반도와 시칠리아를 통합한 여세는 제국의 면모로 성장한다. 제국은 그냥 건설되는 것이 아니라 첨단의 무기체제와 전략적 군사력을 바탕으로 한다. 북방으로는 다뉴브 강까지, 남방으로는 북아프리카까지, 서방으로는 브리타니카까지, 동방으로는 페르시아까지 제국의 영역이 확대된다. 그 권역은 지중해를 가운데 두고 도넛처럼 생겼다. 당연히 여기에는 소아시아가 포함되고, 현재 터키의 몸체인 아나톨리아는 동-서간의 교통공간처럼 된다.

동서 교환

동·서로마가 분할 통치될 당시 동방을 맡고 있던 콘스탄티우스는 서방의 다뉴브 지역이 고트의 위협으로 위기에 처할 때, 군대를 이끌고 아나톨리아를 횡단한다. 또한 콘스탄티우스가 분할 통치를 청산하고 통일 로마를 이룰 때, 서방에 있던 군대를 이끌고 비잔티움에 들어온다. 국가적 규모의 군대가 이동하며 식민지를 건설하면, 군사력만이 아니라 문화가 같이 따라오게 마련이다. 이처럼 로마 제국 시절의 문화는 전차戰車를 타고 이동하였다.

십자군 전쟁도 그러하다. 많은 부작용과 수많은 피를 뿌렸지만, 십자군의 가치는 성도聖都의 탈환보다 문화교차에 있다고 할 수 있다.

● 지중해의 지정학地政學

지중해, 서쪽의 대서양에서부터 동쪽의 아시아까지 뻗어 있으며, 유럽과 아프리카를 분리시킨다. 북쪽으로는 아나톨리아, 남쪽으로는 북아프리카 사이의 '땅 안의 바다'이다. 지중해에는 연안 국가도 많다. 유럽(에스파냐, 프랑스, 모나코, 이탈리아, 몰타, 슬로베니아, 크로아티아, 보스니아 헤르체고비나, 세르비아 몬테네그로, 알바니아, 그리스, 터키, 키프로스), 아시아(터키, 시리아, 레바논, 이스라엘, 가자지구), 아프리카(이집트, 리비아, 튀니지, 알제리, 모로코)가 모두 지중해를 기반으로 살아가고 있다. 국가들

지중해는 다른 대양과 비교해 크기 면에서 그리 넓지 못하다. 다른 2개의 대양에 비하면 그야말로 도보권이다. 지브롤터 해협으로부터 터키의 남부 해안까지 동서 길이는 약 4000km이고, 발칸 반도 해안과 리비아 해안 사이의 남북 길이는 약 800km 정도다. 마르마라 해와 흑해를 포함해 면적이 296만 6000km²이고, 흑해를 제외하면 251만 1215km²다. 지중해는 서쪽 끝인 지브롤터 해협의 너비가 12.8km에 불과하고, 북동쪽으로 깊이가 69m에 불과한 다르다넬스 해협, 마르마라 해, 보스포루스 해협으로 흑해와 이어진다. 남동쪽으로도 갇힌 지리는 마찬가지여서 수에즈 운하로 통해야 홍해와 연결된다. 그야말로 '갇힌 바다'인 것이다. 지중해의 크기

갇힌 바다의 형국은 파도를 제어하고 바람을 타지 않는다. 중세까지 항해를 주요 수단으로 하는 상황에서 아주 안심되는 교통로이다. 바다의 성질인 조석潮汐은 수면 차 0.3~0.4m로 매우 얕다. 심층 수온은 400m 이하에서는 13~14도이지만, 표면수온은 여름에 25~26도이다.

지중해의 위도 북위 36도는 온화하다. 겨울의 추위가 그리 매섭지 않고 강우량도 적당하니 농사도 마땅하고, 남는 물자를 무역 거래로 지중해 연안 국가들을 풍족하게 하였다. 지중해의 밝은 빛은 사람을 긍정적이고 평화롭게 한다. 영화 「지중해」(가브리엘 살바토레 감독, 1991)를 보면 그 묘사가 뛰어나다. 기후

알렉산드로스의 동방 정벌 BC 336–323 | National Geography 1999.10.
그리스 물산의 확산 BC 750–500 | National Geography 1999.10.
지중해의 지리 세 대륙의 접경

하지만 아이러니컬하게도 이 근거리의 지정은 전쟁을 일삼게도 한다. 전쟁이 파괴만이 아니라 문화를 교환하는 수단이라는 것은 이미 말한 바 있다. 현대에 들어 지중해는 하나의 문제 단위로 재인식되고 있다. 예전에도 그랬지만 지중해는 현재 그 누구의 것도 아닌 공유의 가치이다.

● 교역과 문화

지중해 시대는 흔히 4대 문명 중에서 이집트, 메소포타미아가 쇠락한 후의 일이고, 유럽의 세계적 영향이 시작되는 시점이다. 이제 지중해는 그 권역의 크기에 비해 국가 민족의 밀도가 대단히 높다. 살기 좋은 곳에 사람들이 모이는 것이 당연하고, 물자가 많이 필요하고, 문물을 교환하는 데 공간적 밀도가 높다는 것이 장점이다.

지중해의 통섭성通涉性은 경제적인 실리에 따라 이루어지는데, 북아프리카의 농산, 그리스와 에스파냐의 포도주, 로마의 물산 등이 지중해를 시장으로 한다. 물산은 아주 구체적인 문화의 대상이고, 왕실은 물론이고 서민 문화에도 작용한다. 아마 지중해 바다 밑에는 수많은 보물선들이 가라앉아 있을 것이다. 무역은 물자만 오가는 것이 아니라 언어, 법제, 경영 등의 사회 시스템을 받아들일 기회가 된다.

● 신들의 전쟁

터키의 땅 위에 군림했던 신은 헤아릴 수가 없다. 물론 어느 신이 유일하는가, 절대적인가, 또는 좀더 지배적인가의 차이를 두지 않는다는 전제다.

선사先史 아나톨리아의 풍요와 생산을 위한 모성母性 신은 그 흔적이 모호하지만, 히타이트의 바람, 땅, 비, 뇌우 등 자연신은 확실히 코드화되어 있었다. 그리스-로마 시대에 이르러 모든 세계가 신적 존재로 영멸한다. 포세이돈, 아르테미스, 헤르메세 등 조금 더 형상성에서 인간적이며 묘사력이 강해지지만, 그들이 추구하는 풍요, 지식, 사랑 등의 코드는 원시신앙과 크게 다르지 않다. 고대 신

그리스 로마에서 많은 신들이 필요했던 것은 문학적 상상력 때문이기도 하다. 신은 아주 중요한 의사 결정인 신탁神託을 내리는 신성이 있지만, 그것은 상당한 만큼 연극적 이벤트로 보인다. 그 정도라면 마쯔리祭り도 있고, 페스티발 역시 크게 다르지 않다. 신화의 신

로마 후기부터 절대적인 어떤 신의 존재가 문화를 지배하는데, 바로 '기독교'이다. 아나톨리아에서 모세의 신적 존재가 그리 두드러지지 않는 것은 히타이트 시기였기 때문이다. 그러나 기독교를 공인하는 콘스탄티누스의 현장성이 여기에 있다. 물론 양성설이니 단성설이니 하면서 그 해석에 대해 많은 의견들이 있지만, 삼위일체를 어느 정도 정리하는 것도 여기이다.

예수 그리스도나 마호메트, 하느님이나 알라는 천국의 구원과 지옥의 징벌로 인간의 행복을 결정한다. 신은 더 이상 농사를 잘 짓게 해주거나, 비가 오게 하거나, 사랑을 맺어주거나, 바다를 지배하거나, 뿔피리를 불며 등장하지 않는다. 이제 신은 인간을 구체적으로 지배하는 행복권자이다. 그리고 모두들 유일신, 자신만이 할 수 있다고 한다. 아버지가 많으면 집안이 불안해진다. 종교의 신

그런데도 오스만 튀르크 시기에서 콘스탄티노플이 이슬람의 마호메트로 대체되어 갈 때 문화의 교차는 극적이다. 비록 주인은 또 다른 유일적 존재로 바뀌지만, 성원聖院은 기독교의 디자인을 차용한다. 여기에 그리스 정교회와 유대 교회장, 개신교의 회당을 더한다. 그리고 현대 터키 역시 이 모든 신들의 경험을 뒤로하며, 자본이라는 물질 신의 존재가 더 무거워지고 있다.

비잔틴 - 고전 양식의 전이

기술하려는 대상의 시대는 비잔틴과 오스만 터키의 접점인 4~15세기가 범위이다. 지역적 범위는 콘스탄티노플 또는 이스탄불과 그 주위로 국한한다. 물론 비잔틴 문화는 동유럽과 러시아로 확대되지만, 본론이 될 양식의 전이 과정을 위해서 현재의 터키로 한정해도 논의에는 무리가 없을 것이다.

동로마 콘스탄티노플의 지정학적 사정과 문화적 특질을 이해하기 위해서는 그 땅에서 일구어졌던 찬란한 그레코 로망의 문화가 먼저 이해되어야 한다. 비잔틴 건축의 양식적 특질은 단순히 건축미학적 구조에서 말하기 어렵다. 이 시기는 정치 · 종교 · 사회적 조건과 함께 건축이 성립되었기 때문이다.

비잔티움은 동쪽으로부터 이슬람의 압력을 견디지 못하고 붕괴하고, 아나톨리아는 셀축과 오스만 튀르크의 영향을 받는다. 두 양식의 원형질인 이슬람 문화를 살펴보고, 그 레이어가 비잔틴에서 어떻게 겹치는지를 이해하는 것이 기본이다.

[빛나는 지중해]

콘스탄티노플의 시대성

로마 제국의 영광이 혼미에 빠지기 시작하는 4세기 초, 기독교사에서 디오클레티아누스Diaclotianus(284~306)는 로마 말기에 마지막 기독교 박해자로 기억된다. 그러나 그의 철권통치는 파멸에 빠질 뻔했던 혼돈을 종식시키고, 정치 · 경제 개혁에도 어느 정도 성공한다. 이미 로마로부터 등을 돌린 디오클레티아누스는 동방 진출의 치적을 남기고 305년 스스로 퇴위한다. 그는 콘스탄티누스Constantinus(305~324~337)와 리시누스Licinus(305~324) 두 사람의 부제副帝에게 로마를 남긴다.

선왕이 후계를 복수로 남겨 경쟁관계가 되는 정치 시스템은 테오도시우스Theodosius 1세(379~395) 때까지 계속된다. 비록 절대권 이양의 혼돈을 타협으로 미봉했지만, 이러한 복수의 통치체제는 효율적이지 못하고, 개연적으로 양위 이후의 혼란을 피할 수 없게 한다. 로마의 혼돈

395년 테오도시우스 1세는 로마를 두 조각으로 결단하고 차남 오노리우스Honorius(395~423)에게 서로마를, 장남 아르카디우스Arcadius(395~408)에게 동로마를 나누어주는데, 동로마가 비잔티움 곧 콘스탄티노폴리스를 수도로 한다. 열 살에 즉위하는 오노리우스의 서로마는 곧 분열하고, 동로마가 비잔티움 제국이

되어 중세 시대로 넘어간다.

빛나는 지정학적 가치

콘스탄티누스Constantinus 황제가 로마의 수도를 콘스탄티노플로 천도하기 이전, 비잔티움은 BC 7세기경부터 부각되는 그리스의 작은 상업 항구였다.

보스포루스

콘스탄티노플을 안고 있는 보스포루스는 페르시아 이동의 아나톨리아 지역과 그리스, 불가리아 이서의 반도를 잇는 해협이다. 이 해협은 남쪽의 에게 해가 마르마라Marmara 해를 거쳐 흑해로 이어지는 길목이기도 하지만, 길이는 약 30km, 폭은 평균 1km를 넘지 않는다. 자연스럽게 이 해협은 고대부터 동 · 서 제국들의 동진 또는 서진의 진출목이 되며, 정복과 피정복의 역사가 점철되는 시련의 위치다. 물론 이 길목은 동 · 서의 문물교환과 문화의 교섭이 벌어지는 매개 공간이기도 하다.

비잔티움

비잔티움은 소아시아의 북단이 되며, 에게 해 연안을 중심으로 헬레니즘의 문화가 꽃피고 있었다. 에게 해는 지중해로 이어지며, 이 공간이 유럽 문명의 그릇이 된다. 지중해, 즉 땅 가운데의 이 바다는 외해와는 달리 아주 적당한 지역 간의 거리에서 교역이 활발하기 때문에 중세까지 문화의 시장터와 같다. 지중해는 유럽, 아나톨리아, 중동, 북아프리카를 걸친다. 파도는 잔잔하고 기후는 온난하며, 가히 문화가 교차하는 컨벤션 공간이다.

비잔티움은 BC 514년 페르시아 전쟁에서도 긴요한 전략였고, BC 478년 아테네에 의해 다시 탈취되지만 마케도니아의 통일전쟁 때인 BC 340년에는 알렉산더에게 정복된다. 로마제국 시대를 통해 대 소아시아의 전략상 주요 거점이 되며, 그레코 로만Greco-Roman 문화의 동대문東大門이었다.

복잡다단한 도시를 수도로 삼는 콘스탄티누스 황제에게도 종교적 · 전략적 · 상징적 의미가 있다. 타성에 찌든 로마 사회의 쇄신을 위한 새로운 동기를 찾으며, 동방으로의 기독교 보급을 위한 전진 위치가 된다. 그러나 콘스탄티노플 자신은 그

콘스탄티노플Constantinople, 도시원명으로는 Constantinopolis, 'Constantinus의 도시', 현재의 İstanbul
Bosphorus, Bosporus, 터키에서는 İstanbul Boğazi(이스탄불 해협)
지금은 이스탄불의 도시 중심을 가르고 있는 형상으로서, 해협을 경계로 동.서 이스탄불이 갈리지나, 양안은 다리를 놓고 왕래하는 정도의 거리이다.

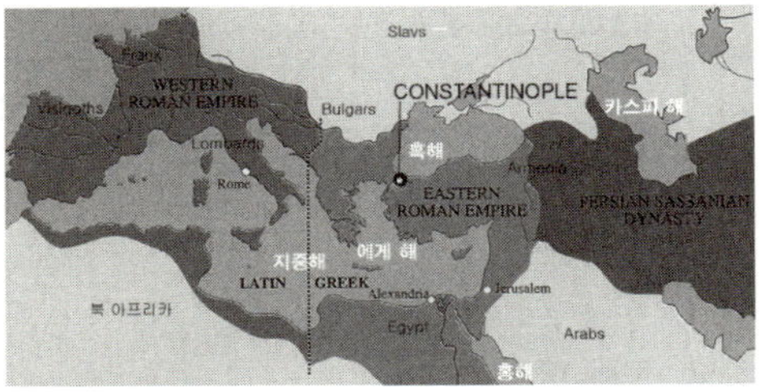

동.서 로마의 권역과 비잔틴의 위치 서.동로마와 페르시아왕조의 시기 | 유럽 대륙에서 아시아로 건너는 육로의 축과 흑해에서 에게 해 및 지중해 또는 아드리아 해에의 해로축이 교차하는 곳이다.

후에 줄곧 이웃 세력을 경계해야 했다. 4세기 후반에는 흉匈의 동진에서 유린되며, 곧 비잔티움의 목을 죄는 이슬람 세력과 대치해야 했다. 15세기 중엽 기독교 세계의 분열로 고립되는 콘스탄티노플은 이미 성곽도시에 지나지 않았다. 1453년 콘스탄티노플의 함락 때에는 오스만 튀르크를 저지할 수 있는 천혜의 지형에도 불구하고, 막강한 육군과 대포를 앞세워 총력을 투입하는 튀르크 군에 패멸한다.

비잔티움과 동.서유럽 상황

● 로마 동과 서로 분리하다.

로마가 콘스탄티누스와 리시누스Licinus의 2인 천하인 로마 시대, 콘스탄티누스는 313년에 밀라노 칙령을 선포하며 기독교가 공인된다. 황제가 기독교를 가까이 하는 이유에 대해서는 여러 설이 있지만, 왕비 헤레나Helena의 교화, 막대한 그리스도 교도의 정치적 흡수, 고트 족의 침범을 동화시켜 보려는 의도 등이 가장 설득력 있다.

아무튼 패권을 쥔 콘스탄티누스는 리시우스를 부제로 동방을 관할케 하며 자신은 대제大帝에 오른다. 그러나 독존적인 콘스탄티누스는 리시누스가 그리스도를 박해한다고 오해하고, 324년 리시누스를 패위시키고 로마를 다시 통합한다.

또한 그해 비잔티움Byzantium을 그의 이름으로 콘스탄티노폴리스라 하여 제국의 수도로 건설한다. 로마가 제국의 거점으로는 너무 서쪽에 치우쳐 있고, 동방으로는 영토를 넓히고자 하는 뜻에서 콘스탄티노플은 여러 가지 이점이 있다. 자신의 이름으로 도시를 가지고 싶었듯이 콘스탄티누스는 통치 기간 동안 여러 가지 자기 과시적인 행태를 보인다. 그 한 예로 330년 공식적으로 콘스탄티노폴리스가 동로마

완성되는 의식을 거행한다. 대제는 노예제도의 완화, 중세로서의 국부, 문무의 역할 분할, 화폐개혁, 직업제도와 산업의 진흥을 꾀한다. 그는 기독교 박해와 검투사들의 살상 현장인 콜로세움을 폐지시키기도 한다.

지중해의 분할

337년 콘스탄티누스는 페르시아 원정에서 사망하는데, 그는 로마 제국의 후계를 분할하여 맡긴다. 이후 로마는 아들 콘스탄티누스 2세, 콘스탄티우스, 콘스탄스 그리고 조카 달마티우스, 한니발리아누스에 의해 5분할된다. 그러나 달마티우스의 '트라키아, 그리스, 마케도니아'는 콘스탄티우스와 콘스탄스에게 빼앗기고, 콘스탄티누스 2세의 '갈리아, 히스파니아, 브리타니카'의 통치권과 함께 제국은 3형제가 분할한다. 그러나 혼돈은 계속되어 큰형인 콘스탄티우스 2세마저 막내 콘스탄스에게 빼앗기고, 로마는 두 황제의 패권 시대가 된다. 콘스탄티우스가 가진 '트라키아 이동, 시리아, 이집트'와 콘스탄스가 가진 '마케도니아, 그리스, 이탈리아, 갈리아, 에스파냐, 브리타니카'의 형국이다.

5세기 초 어린 왕 테오도시우스Theodosius 2세(408~450)는 섭정에 의존해야 했다. 그는 성년 후에도 골치 아픈 국제정치보다는 종교와 문예에만 몰두하는 유약한 황실이었다. 그 사이 반달Vandal의 초대 왕 가이세리쉬(Gaiserish, Geiserikh 428~477)에게 서로마령이었던 북아프리카, 튀니시아, 마우리타니아를 빼앗긴다. 결국 422~435년간에 사르디니아와 코르시카 등이 점령당할 때, 국가 경영이 부실해진 비잔티움은 동으로부터 이슬람, 서쪽으로부터는 반달에게 잠식당해가고 있었다. 한편 서유럽의 정황은 여러 이민족의 침입으로 극도의 혼돈과 암흑의 시기로 접어들어 그야말로 내우외환이다.

흉, 훈, 위구르

흉(훈Hun, 위구르)의 여러 부족들은 서로 복잡한 관계로 부침浮沈을 거듭하며 동·서로 확산되고 세 대륙에 걸친 왕조를 건설한다. 흉노, 훈, 돌궐의 인종적 맥락의 해석은 여러 가지지만, 터키 학계를 중심으로 흉노, 훈, 돌궐을 모두 튀르크계로 보는 언어학적·문헌학적 학설이 강하다. 이는 당시의 돌궐 족의 몇 가지 비문에서 튀르크 계 언어를 발견한 것으로 가능하나, 흉노나 훈 족에 관한 자료가 분명하지 않아 그 가능성 정도를 말할 수 있을 뿐이다.

● 로마 주변의 위협

흉 | 훈Hun

훈의 원류에 대해서는 여러 가지 학설이 있지만, 대체로 몽골, 퉁그스 및 기타 북방민족의 혼합이라고 본다. 다만 그들의 언어는 알타어 계이며, 종족 구성의 본체와 지배계층이 튀르크 족이었다고 보는 관점이 유력하다.

기원전 200년경 유목민인 흉노 족 중에서는 튀르크 족이 가장 강한 집단이었다. 흉노는 몽골계인 선비족에 의해 서부로 밀려나가다가, 5세기 즈음 유럽에서 다시 문화적 정체를 드러낸다. 이들이 바로 훈 족이다.

훈이 로마 침공을 본격화하는 것은 마침 동 · 서 로마가 분열하는 395년경이다. 훈의 또 다른 주력군은 아나톨리아로부터 동로마를 압박해간다. 훈의 정예는 에르주룸을 거쳐 비잔틴의 이북으로 선회한 훈은 아나톨리아의 카이세리, 앙카라, 카파도키아, 아제르바이잔으로 되돌아온 것이다. 동로마의 아르카디우스Arcadius 황제(395~408)는 속수무책이고, 훈의 아나톨리아 원정은 튀르크 족이 이 지역에 정착하는 계기가 된다. 로마의 위기

역사에서 그 당시 아나톨리아에 정착한 훈 족인 튀르크의 운명은 알려져 있지 않다. 그때까지 훈의 11세기 후손인 셀축 튀르크가 아나톨리아를 점령함으로써 오늘날 터키의 터전을 잡으며 오스만 튀르크에게 쇠멸된다. 당시 훈의 의도는 서로마와 우호관계를 맺고 비잔틴을 위협하며 동 · 서로마의 관계를 차단시키는 것이었다. 이미 노쇠한 서로마보다는 젊은 동로마의 견제가 더 큰 목표였다.

훈 족은 전율적인 아틸라Attila 왕의 통치 아래 다뉴브 강 유역에서 힘을 키우고, 계속 남하하면서 비잔티움과 충돌한다. 442년 제1차 공세와 447년의 제2차 대공세는 비잔티움이 초기에 겪는 큰 위기였다. 448년 비잔티움은 훈에게 배상을 조건으로 협상을 시도하나, 사절들의 변절로 역이용당한다. 아틸라 Attila

테오도시우스Theodosius는 엄청난 금액의 배상을 물고 강화에 성공하지만 제국의 권위는 땅에 떨어진다. 그 이듬해에 테오도시우스가 수렵 중 낙마하여 절명하는데 그의 나이 49세였다. 그 뒤를 이어 어린 왕 시절을 섭정하던 누이 풀체리아Pulcheria가 제국 최초의 여왕으로 등극한다. 여제는 국가의 기강을 되잡으며 국세를 키운다. 54세에 결혼하며 남편 마르시아누스Marcianus(450~457)에게 양

위한다.
이즈음 훈의 아틸라는 서고트를 갈리아 지방에서 에스파냐 반도로 몰아내고, 서로마로 진군한다. 아틸라는 라인 강, 넥케르 강을 건너 현재 부루셀을 경유하여 다시 남하해 세느 강을 건너고, 452년에는 오를레앙Orlean으로 진격한다. 이로써 유럽이 쑥대밭이 되는 것이다.
새로운 수도 라벤나Ravenna에서 서로마는 훈과 대응하기 위해 서고트, 프랑크와 연합하여 오를레앙을 회복하고, 카탈라우눔Catalaunum(파리 동쪽 150km 지점으로 현재의 샬롱–쉬르–마른느Chalons–sur–Marne) 전투에서 격돌한다. 처절한 전투에서 훈이 패하고, 아틸라는 동진하여 라에티아 지방을 거쳐 다시 남진하여 북이탈리아 아퀼레이아Aquileia, 밀라노Milano, 볼로냐Bologna 등을 초토화시킨다.
유럽의 역사가들은 19세기 이래 로마군이 궤멸하지 않고 훈이 퇴각한 이 전투를 로마의 승리로 묘사한다. 그러나 다른 역사적인 시각은 전쟁 당일 밤 로마군의 지휘 계통이 붕괴되어 아에티우스가 훈 진영으로 고립되었다가 겨우 탈출한 사실을 밝혀내고, 로마군에 소속되었던 프랑크 군과 테오도리크 왕이 전사한 서고트도 극심한 피해를 입고 퇴각했다고 주장한다. 어찌되었든 아틸라의 서로마 침공으로 로마 제국의 병참기지 역할을 했던 갈리아가 폐허화되어 로마의 후방 보급로가 차단되었다.
이러한 로마의 위기를 저지하고자 보낸 교황 레오Leo 1세의 탄원으로 로마의 정벌은 모면된다. 역사의 기록은 가끔 엿가락 같이 기록되기도 하는데, 특히 오리엔탈리즘이 그러하다. 기록에 따라서는 레오 1세가 요청하였다고도 하고 간청하였다고 하고, 웅변에 능한 그가 엄중히 꾸짖었다고 한다. 어떤 것이 사실이든 아틸라Attila는 자신의 서로마 통치를 기정 사실로 알고 있다.
비잔티움은 혹독한 배상을 거부하며 훙과 응전할 태세를 갖추나, 454년 아틸라의 급서急逝로 전쟁을 모면한다. 아틸라의 절명 후 훙의 후계는 비잔틴과의 전투에서 패한다. 그러나 2세기에 걸쳐 유럽을 유린한 몽골계의 훙은 헝가리, 현재의 불가리아 지방인 트라치아의 토착민과 혼혈된다. 'Hungria'의 'Hun'이란 훙 족Huni의 흔적이다. 그리고 미술, 공예를 비롯한 스텝 예술이 유럽으로 흘러든다.

● 서고트

374년 유럽에 훈 족이 등장하며 동쪽으로부터의 압력 때문에 유럽에는 민족 대이동이 시작된다. 당시 흑해 북부는 고트 족이 자리하고 있었는데, 돈 강과 드네프르 강 사이에는 동고트Ostrogoths가, 서쪽에는 서고트Visgoths가 할거하였다. 훈의 대장정으로 동고트는 374년 붕괴되지만, 서고트는 375년 잔존 세력과 함께 로마제국으로 흘러들어 지금의 불가리아 지방까지 진출하였다.

서진한 서고트는 이탈리아에 이르며 로마를 위협한다. 서고트는 397년 트라치아에서 그리스, 398년 달마티아, 408년에는 이탈리아 반도까지 스며든다. 당시 서고트의 왕 알라리크Alarich(395~410)는 408년 로마를 포위하고 로마인을 아사 상태에 몰아넣는다. 이 과정에서 로마의 자존심은 능멸당하고, 훈 족과 결합한 서고트는 더욱 큰 기세로 레기움Rhegium에 이른다. 북아프리카의 튀니시아로 건너가기 위해 메시나 해협에 이르러 알라리크가 병사하자 진격은 잠시 멈춘다. 고트의 서진

406년 로마와 훈의 연합이 이 위기를 구하며 훈의 서쪽 경영이 활발해진다. 그의 후계 아돌푸스Adolfus(410~419)는 다시 북상하여 410년 오스티아, 411년 피사Pisa와 제노아Genoa, 412년 남갈리아의 아를르Arles, 나르본느Narbonne를 거쳐 피레네 산맥에 다가가 툴루즈Toulouse에 이른다. 여기서 '국토는 없고 국력만 있던' 서고트가 왕국을 이루는 것이다. 서고트 왕국은 6세기에 프랑크에 밀리고, 에스파냐 반도에서 정체를 유지하다가 7세기부터 서진해온 이슬람의 우마이야Umayya 조에 패하여 소멸한다.

● 서로마의 멸망

5세기에 반달 족은 북아프리카에 이르고, 서고트 족은 에스파냐에 정착한다. 프랑크 족이 고올Gaul을 정복하며, 동고트는 이탈리아에 들어와 자신을 왕으로 칭한다. 브리테인Britain은 앵글로-색슨Anglo-Saxon 족에 넘겨졌다. 이제 제국 로마는 더 이상 존재하지 않는다.

5세기 후반 서로마는 황실의 분열과 방탕으로 환란을 거듭한다. 특히 비잔틴이 옹립한 안테미우스Anthemius(467~472)는 왕위를 노리는 게르만 계의 간략으로 왕실의 사위가 되지만, 몰래 밀라노 군을 키워 로마를 침공한다. 472년 성 안젤리

교 전투에서 로마는 패하며, 안테미우스도 처형당한다. 그 후 서고트 계의 그뤼세리우스Grycerius(473), 네포스Nepos(474~475) 황제의 짧은 통치 기간을 거치지만 국세는 현저히 저하된다.

훙의 아틸라 왕 휘하의 장군이었다가 서로마의 용병이 된 오레스테스(Orestes, Odoacer)는 네포스 황제의 로마군을 퇴치하고 그의 아들을 왕위로 승격시킨다. 그가 바로 로마가 종말하던 시기의 황제인 로마누스 아우구스툴루스Romalus Augustulus다.

아이러니컬하게도 로마의 창시인 로물루스Romulus와 제정의 초대황제인 아우구스투스Augustus, 그리고 마지막 황제의 이름은 같다. 실제 '작은(Augustus)'이라는 조롱 섞인 이름을 가진 아우구스툴루스는 자신을 보좌할 세력조차 갖지 못했다.

제국의 종언

오레스테스Orestes는 같은 훙 족인 오도아세르Odoacer의 반란으로 처형되고, 게르만의 혼성군은 476년 로마루스를 퇴위시킨다. 476년 서로마가 쇠멸하는데, 로마 건국 1230년 만에 한 제국의 반이 사라지는 것이다.

돌궐突厥

552년에 중국 변경 지역, 중앙아시아에 세워진 돌궐국은 아시아 흉노 제국에 이어 스텝 지역을 통일하고 튀르크 문화를 이룬다. 중국어로 돌궐Tu-Kiu은 오르혼 돌궐 비문에 의하면 괵 튀르크Gök-Türk로, 하늘Gök에 속하는 튀르크(Türk, 신성한)라는 의미이다. 이로써 튀르크가 정식 종족명이자 국명으로 사용되어 오늘날까지 지구상의 다양한 튀르크 종족과 그들이 세운 무수한 군소 국가들에게 역사적인 정통성을 부여할 수 있게 되었다.

돌궐의 서진

이후 동돌궐과 서돌궐로 분리된다. 돌궐은 7세기 중엽에는 당의 지배 아래로 들어가지만, 7세기 말경 동돌궐이 다시 부흥한다. 동돌궐은 바이칼 호수 근처에 자리를 잡고 외몽골 일대에서 세력을 키워나갔다. 이 왕조는 중국의 힘에 밀리고, 서동궐의 튀르크 족은 남으로 밀려 지금의 투르키스탄으로 들어간다. 한때 실크로드를 장악하고, 콘스탄티노플이 사산조 페르시아의 침공 때 돌궐에게 원조를 구하듯이 국제적인 힘을 갖기도 했다. 그러나 튀르크 족의 자체 내분과 당의 압력으로 쇠약

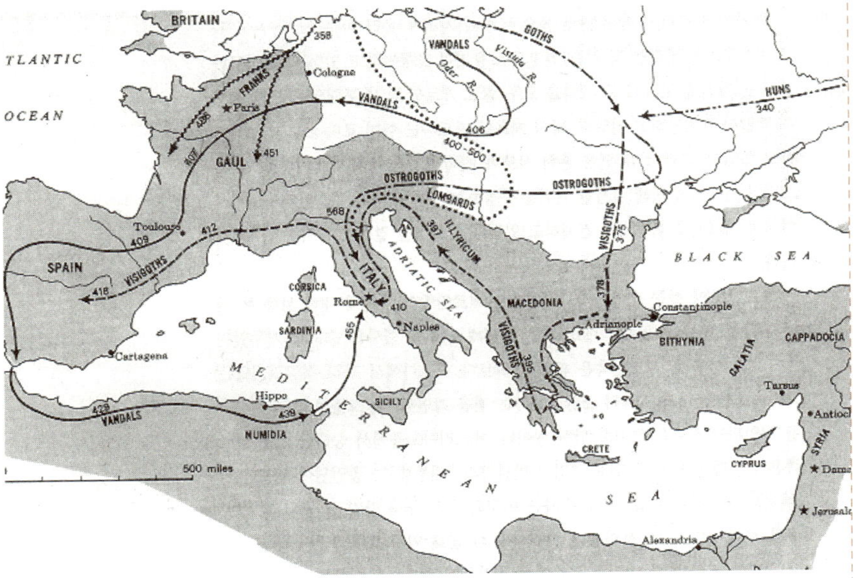

여러 부족의 유럽 침입 망점 부분이 5-6세기의 기독교 판도 | E.M.번즈, R.러너, S.미첨 저, 박상익 역 | 서양문명의 역사 -1 | 1998 | 소나무 출판 | p.271

- Huns | 340
- Vandals | 406 | 409 Toulouse, 에스파냐 종단 | 429 북아프리카 | 439 Numidia | 455 Roma
  Goth
- Visgoths | 375 | 378 Adrianople | 395 Macedonia | 397 이탈리아 반도 | 410 Roma | 412 남 프랑스 | 418 에스파냐
- Ostrogoth | 568 북부 이탈리아
- Franks | 486 Gaul | 451

해지며 같은 튀르크 계인 우이구르 족에 의해 745년 멸망한다.

● 비잔틴 제국

서로마 쇠망 후 동로마는 소아시아, 발칸 반도, 이집트, 시리아, 팔레스타인의 대부분을 장악해간다. 그러나 지역적 맥락에서는 외래문화인 비잔티움은 테오도시우스 이래로 밖으로는 주변 부족으로부터 압력과 안으로는 종교적 분쟁으로 시달린다. 그러나 이러한 곤란은 유스티니아누스에 이르러 상당히 기력을 회복한다.

11세기 중엽까지 제국은 기독교 문화의 중심이며, 고전 사상과 문학을 보존하였고, 새로운 예술을 발전시켰다. 제국은 외교나 전투로 주변의 이민족과 슬라브족들에게 기독교를 전파하였다. 세르비아Serbia 족, 불가리아Bulgaria 족, 러시아

Russia 족, 그리고 크로아트Croat 족까지도 국가의 형태를 갖추었다. 그들에게 종교와 제도를 전하는가 하면 국치의 방법도 가르쳤다. 무엇보다 문명의 실제 원리인 문자와 문학을 전파하였다.

서로마와 비잔틴은 같은 로마의 후계임에도 불구하고, 원초적으로 이질적인 원형질을 가지고 있다. 원형의 소질이 갖는 차이는 발전 도상에서 간극을 더욱 커졌다.

그리스도의 승리, 콘스탄티노플

기독교 공인 후 10여 년밖에 되지 않은 4세기 초, 로마의 종교는 여러 교리로 엇갈리며 내분에 이른다. 이러한 기독교의 분쟁과 분파는 건축 문화에도 큰 영향을 미친다. 뿐만 아니라 기독교 사회에서 정치와 종교의 관계는 중세까지 서양사를 핏빛으로 물들인 시작점이 되었다.

● 비잔티움의 기독교 문화

교리분쟁

313년 콘스탄티누스Constantinus의 그리스도교 공인 이후 기독교 사회는 단성론單性論과 양성론兩性論으로 교리가 갈라진다. 유혈을 끊이지 않았던 이 분쟁은 정치와 종교의 이해가 혼합된 복잡한 역학 관계였다.

아리우스Arius가 이끄는 단성설은 주지적 논리로서 그리스 철학의 영향이 크다. 그들은 그리스도가 신과 동일체라는 사상을 거부하고, 성자가 성부에 의해 창조되었으며, 성자는 성부와 같이 영존할 수도 없으며, 성부와 동일한 본질을 갖지도 않는다고 주장한다. 아리우스는 성부와 로고스logos를 본질적으로 구별하고 로고스에도 그의 고유한 위격이 있다고 했다. 로고스는 영원하지 않으며 존재하지 않을 때도 있으며, 또 성부의 본질에서 나온 것이 아니라 무無에서 창조된 것이며, 따라서 성부聖父의 한 창조물에 불과한 것이다. 다만 피조물 중에 최초의 것이며 가장 완전한 것이라 하였다. 즉 인성을 위한 로고스의 그리스도는 역시 참 신이 아니라는 것이다.

이에 비해 아타나시우스Athanasius(295~373)가 이끄는 양성론은 그리스도가 성자聖子이면서 동시에 곧 완전한 신이라고 주장한다. 성부, 성자, 성신의 모두가 하나의 본질이라는 것이다. 신의 독생자인 그리스도는 만들어진 것이 아니고 진정한 신에서 나온 진정한 신이라 주장하며, 정통적 신앙의 아타나시우스파 교리를 받아들여 현재 기독교의 삼위일체 교리로 정착된다.

삼위일체의 관념은 성부는 다른 자로부터 조성함을 받음이 없이(非被造性) 스스로 있으며, 성자는 성부로부터 나옴을 받으시고, 성신은 성부와 성자로부터 나옴으로서 신성을 가진다. 그러나 그리스 정교회는 '성자로부터'를 부인한다. 삼위일체

325년 제1회 종교의회가 소아시아의 니케아Nicaea(현재 터키 서부의 도시 이즈닉 İznik)에서 개최되었다. 아리우스파와 아타나시우스파의 논쟁 대립을 가리기 위해 소집한 것으로 교리의 통일을 기하고 제국의 안정을 위한 회의다. 이는 황실이 종교 문제에 깊이 관여하고 이끈다는 사실로, 서로마가 종교에 방관하던 바와 비교된다. 그러나 정치적 종교관은 세속적 우둔과 철학적 명석이 뒤섞이는 중세中世의 질곡桎梏으로 번져간다. 기독교를 공인하는 콘스탄티누스가 사실은 종교에 대해 애매한 태도를 보이며, 변덕이 심한 정책으로 분란은 사그라지지 않는다.

주교 300인이 모인 이 공의회에서 아리우스의 주장은 배척되고, 그는 파문당한다. 이로써 예수의 신성과 인성을 주장하는 양성론이 득세하지만, 2차 종교회의에서 니케아 신조
는 번복되어 아리우스 설이 승인된다. 곧 아타나시우스가 아리우스를 꺾고 재파문을 청원하여 승인을 받지만, 335년 제3회 튜르스 종교회의에서는 아타나시우스가 다시 파문당한다. 그러나 보통 니케아 신조라고 하면 아타니우스의 뜻을 말한다.

이러한 대제의 혼돈된 종교관은 일종의 프로퍼갠더처럼 작용한다. '신에 의한 천국 지배의 모습이 지상에 출현하게 된 것'으로서 대제는 '신에 의해 선임된 왕권의 신수'가 더 유력한 것이다. 콘스탄티누스는 '지상에 대한 신의 대리인'으로 단성파의 '교권 위의 제권'을 옹호 받는다. 이러한 해석은 그 후 끊임없는 왕권과 교권의 반목을 일으키고, 중세를 유혈의 분쟁으로 치닫게 했다.

451년 칼케돈 공의회는 단성론을 이단으로 단정하였으나, 동방 교회는 계속 단성을 지지한다. 현재도 이집트 곱트교, 에티오피아 교회, 아르마니아 교회 등은 단성 동방 교회
론을 지키고 있다. 이러한 분열은 갑자기 일어난 것이 아니라, 비잔티움 교회와 서방 교회가 진정으로 서로를 이해하지 않던 오래된 것이었다.

비잔틴 제국은 마지막 수년 동안을 제외하고는 인종적으로 동질적인 구성단위는

아니었다. 결과적으로 신학적 형태를 갖춘 다른 견해가 자주 드러났다. 비잔틴 교회가 현실적 고려를 중심으로 하는 데 비해, 로마는 이 같은 견해를 진정으로 이해하지 않았고, 로마의 조건을 해결하기 위해 제기한 로마의 중재는 비잔티움과의 관계에 빈번한 분열을 초래하였다. 그래서 5세기에는 그리스도의 신성에 관한 문제가 로마와 비잔티움 사이에 거의 40년 동안이나 계속된 분열로 이르게 되었다.

콘스탄티누스 Constantinus 재위 305-324-337

336년 다마스쿠스의 니케아 양성 신조파와 알렉산드리아의 아우리스파가 6년간 유혈 분규를 빚는다. 단성론에 치우친 발렌스Valens(364~378)는 양성파를 처형한다. 그 후대의 테오도시우스Theodosius 1세(379~395)는 그리스 로마의 경기장, 콜로세움 등을 교리에 반한다는 이유로 폐쇄하고, 폐자재를 새로 짓는 성당의 석재로 사용한다. 밀라노의 주교 암브로시우스Ambrosius(339~397)는 '교회에 대한 충성이 국가에 앞서야 한다'면서 발렌티니아누스Valentinianus 2세(375~392)를 파문한다.

암브로시우스 Ambrosius

초기 가톨릭의 뛰어난 신학자이며 주교인 암브로시우스Ambrosius는 미사 음악인 암브로시우스 창법唱法과 미사 제법을 정리한 사람이다. 한편 그는 무고한 양민을 학살한 테오도시우스 황제와 정면으로 충돌해 그를 회개시켰으며, 최초로 제왕을 굴복시킨 로마 주교이다. 그는 한때 발렌티니아누스Valentinianus 1세의 집정관이었는데 373년 밀라노 주교가 된다.

아우구스투스의 「신국론」은 모든 국가 권력도 신의 뜻임을 역설하는 것이다. 이 왕권에 대한 도전은 그리스도교의 발전과 막강한 정치적 영향을 발휘하며 정치와 종교 분쟁의 빌미가 된다. 즉 프랑스왕국 시대와 신성로마제국 시대에 교황이 주제하는 황제 제관식, 카노사Canossa의 굴욕(1077), 아나니Anagni의 굴욕(1303~1377), 아비뇽Avignon의 포수(1309~1377), 교황 배척의 장수령 등 중세를 정政-종宗의 분쟁사로 몰아넣는다.

이리하여 양성론의 니케아파는 로마에 중심을 잡고 로마 가톨릭이 된다. 반면 콘스탄티노플을 중심으로 동유럽으로 전파한 단성론은 그리스 정교회가 된다. 안티오쿠스Antioch(현재 시리아에 있는 도시, 예루살렘을 떠난 예수가 여기에 이르러 복음을 전한다. 한때 로마제국 제3의 도시로서 중요한 기독교 도시가 된다), 예루살렘, 알렉산드리아 등의 동방 기독교가 모두 단성론파이다. 이는 두 파의 교회 양식에도 큰 차이를 갖게 된다.

교회의 분리

예배의 행태도 정교회가 사제 중심의 집전 중심인 데 비해 가톨릭은 교도들이 보다 능동적으로 참여한다. 동방의 교회가 의식의 신비를 강조하는 데 비해 서방의 교회는 미사의 신비를 중요시한다. 동방교회는 장막, 즉 성상병풍iconostasis 뒤에 후진Apse을 구성하지만, 서방교회는 성직자를 위한 성단chancel과 평신도를 위한 신랑nave으로 나눈다. 예배자들과 제단을 분리하는 것은 기본적으로 동·서방이 마찬가지다. 다만 서방은 엷은 천으로 가리는 정도로 개방감이 더 크고, 세월이 흐르면서 제단 주변의 부속실들이 복잡해졌다. 종교개혁 이후 제단에 설치된 부속실을 모두 없애고 테이블을 하나 놓았는데, 이는 영구히 고정된 것도 아니며 칸막이도 제거하고 초기 교회의 모습으로 돌아간다.

예배 양식

장식 내용도 교리와 교파에 따라 달라지기 시작했다. 산타 마리아 마지오레 St.Maria Maggiore의 실내장식은 교황 식스투스Sixtus 3세에 의해 건축된 것인데, 성모 마리아의 존재를 중요하게 여기는 양성설에 의함이다. 그 후 그리스도보다는 성모의 이름으로 성당이 보편화된다. 로마를 비롯한 밀라노, 피렌체, 베네벤

카노사Canossa의 굴욕 | 11세기에 발생하는 중세 최대의 충돌인 황제의 사교 서임권 문제.
1075년, 교황 그레고리우스Gregorius 7세가 국왕과 제후가 갖는 성직자 서임권을 부인하고, 교황권의 지고성을 선전함으로 발단된다. 독일 하인리히Heinrich 4세(1050–1106)는 신이 직접 창설한 왕권을 주장하고, 그레고리우스 7세를 폐위하며, 교황은 황제를 파문한다. 이 충돌은 국왕 측이 밀리며 반전되고 결국 하인리히가 카노사 성에서 교황 알현을 모자도 없이 맨발로 거친 수도의만 입고 눈발 속에서 3일 동안 눈물로 애걸하는 사건이다.
1077년 1월 25일–27일

아나니Anagni의 굴욕屈辱 | **1303-1377**
보나파티우스Bonifatius 8세(1294–1303)는 13세기의 부패하고 무능한 교황 중에서 가장 능력 있는 인물이었다. 동시에 그는 정치적 유연성을 가지지 못하였다. 11세기말 영국과 프랑스의 긴 전쟁으로 국가재정이 궁핍하여지자, 과도한 僧侶課稅를 실시한다. 이때까지 사제의 부정과 축재는 사회적 문제이기도 하였다. 당연히 이에 교황측은 반발한다. 프랑스 필립Philip 4세(1268–1314)와 그의 탄탄한 법률자문단을 앞세워 보니파티우스 8세와 충돌하고 교황을 탄핵한다. 교황은 황제를 파문한다.
로마 교외 아나니Anagni에서 피서 중이던 교황을 필립 4세의 심복, 기욤 드 노가레Guilaume de Nogaret(1260,70–1313)가 습격, 포로 하여 퇴위를 강요한다. 교황은 강력히 항거한다. 아나니의 지도자들이 반프랑스 폭동을 일으켜 노가레는 도망한다. 풀려난 교황은 지병이 악화되어 1개월 만에 죽는다. 이후 교회권이 급격히 쇠퇴한다.

아비뇽Avignon의 포수捕囚 | **1309-1377**
아나니의 사건 이후, 1305년에 교황 클레멘스Clemens 5세(1264–1314)가 즉위하고, 론江가의 아비뇽Avignon으로 거처를 옮긴다. 이는 필립 4세의 策略과 협박에 의한 것으로 추정된다. 그 후 교황들은 1377년까지 아비뇽을 벗어나지 못하며 왕실에 굴종한다. 당연히 이 굴욕적 사태를 '바빌로니아 捕囚 즉 Babylonian Captivity of the Papacy; 바빌로니아王 네브카드넷자르 Nebuchadnezzar에 의해 BC.601–538년 까지 잡혀간 유대인들이 바빌론에 갇힌 사건에 비유 한다.

토 등 내륙의 사원은 시민과 농민에게 영합되는 것이고, 제노바, 나폴리, 바리, 베네치아 등은 선원과 어민에게 금포襟抱의 대상이 된다. 이 역시 교리적 분파와 연관된다.

성 비탈레 St. Vitale | 라벤나 Ravenna | 527 | 초기 비잔틴 건축

유스티니아 누스

유스티누스Justinus 1세(518~527)의 양자이며 후계가 되는 유스티니아누스Justinianus 1세(527~565)가 등극한다. 그는 대제Imperatus Magnus로 불린다. 여홍 무희이며 창기라고도 알려진 테오도라Theodora가 이 제왕의 마음을 사로잡아 왕비가 된다. 라벤나의 회복을 기념하기 위해 세운 성 비탈레St. Vitale(Ravenna, 527~)와 콘스탄티노플의 성 세르기우스 박쿠스 성당St. Sergius and Bacchus(Contantinople, 528~)을 세우는 것이 부제婦帝의 힘이다.

초기 비잔틴 양식

이들 건축은 초기 비잔틴 양식의 결정이다. 문예에도 큰 공적을 남겼는데, 바로 『신법령집Novellae Constitution』을 편찬한 것이다. 그러나 기독교의 단성론과 양성론의 차이는 여전해 사회는 혼란에 빠지고 피비린내 나는 충돌로 인해 도시 전쟁의 양상이 계속된다. 옛 소피아 성당도 이때 소실되었다. 결국 유스티아누스와 왕비 테오도라의 강권으로 양성론파를 격멸하고 비잔틴의 평온이 찾아온다.

하지만 콘스탄티노플의 또 다른 시련은 엉뚱하게도 천체에서 찾아온다. 532년 혜성의 출현은 '재임 예수가 최후의 심판'으로 다스릴 징조라는 공포로 제국을 휩쓸었다. 국민의 불안을 무마하기 위해 종교의 힘을 빌리며, 532년 폭동 때 소실된 소피아 성당의 재건을 시작한다. 548년 테오도라가 병으로 죽는데, 그녀의 결혼 전의 기억을 덮을 수많은 종교, 군사, 산업경제, 문화의 사업이 비잔틴 역사에 새겨진다. 유스티아누스 황제는 걸출한 치세와 문화를 꽃피우며 비잔틴의 황금기를 구가한다.

이슬람교의 창설

이즈음 아랍에서는 무함마드(570~632)의 이슬람교가 창설되고 있었는데, 동·서교회는 분규와 알력을 거듭한다.

● 중기 비잔틴 문화 그리고 십자군

비잔틴의 미카엘Michael 3세(842~861)의 충복이던 바질리우스 Basilius(867~886)가 암살이 거듭되는 암투 끝에 등극한다. 그는 제왕이 된 후 사라센 제국 치하에 있던 크레타를 탈환하고 카타브리아 지방을 확보하는 등 국세를 신장시킨다. 이때까지 단성론과 양성론의 결말 없는 대립이 계속되다가 1054년 그리스 오소독스교와 로만 가톨릭교가 완전히 분리된다. 동·서 교회의 영구적인 분열은 1009년 이후 일련의 사건들과 관련되어 있다.

1054년 비잔틴 교회가 관할권을 장악하고 있던 남부 이탈리아에서 교황의 행동을 경고하는 견해가 제기된다. 그 갈등을 해결하기 위해 교황사절단 움베르티우스A. Humbertius(Humbert) 추기경이 콘스탄티노플에 파견된다. 그런데 그의 완고한 언행과 오만이 문제를 더 힘들게 만든다. 로마의 옴베르티우스와 콘스탄티노플의 케루라리우스M.Cerularius는 서로 상대방을 파문했고, 교회 사이의 골은 더 깊어진다. 논쟁은 두 교회의 다른 예배 형식과 용어의 차이점이었으나 근본적인 쟁점은 교회의 우월권에 관한 문제였다. 이러한 두 교회 간의 반목은 후에 콘스탄티노플이 이슬람에 포위될 때, 서방의 원조가 냉정해지는 이유가 되기도 한다.

이즈음 기독교도에는 성지 예루살렘의 순례로 죄를 씻고 비로소 안식의 최후를 맞는다는 의식이 퍼져 있었다. 기독교 신자들은 성지로 가는데, 그 경로가 아나톨리아(현재의 터키 몸체 부분)를 통과하는 것이었다. 이제 튀르크의 콘스탄티노플의 압박은 위기적인 상황이 된다. 튀르크가 성지순례 교도를 박해하는 사건이 교황청의 십자군 파견을 결단케 한다. 이미 1071년에 셀축 튀르크가 아나톨리아에 이슬람을 전파시키며, 서쪽으로는 소아시아까지 진출하여 만치케르트Mantzikert 전투에서 비잔틴에 패배를 안긴다. 이 패배로 로마누스Romanus Diogenes 4세(1068~1071)가 퇴출되며, 사실상 소아시아의 거의 대부분을 셀축 튀르크가 장악한다. 십자군의 형성

만치케르트 패배 이후 교황 그레고리우스Gregorius 7세는 비잔틴을 구제하기 위해 앞장선다. 교황은 독일 황제 하인리히 4세에게 서한을 보내는데, 그리스 교회가 로마와 재연합을 원하며 예루살렘까지 진격할 것이라고 했다. 그의 설득은 실패하지만, 1095년 피아첸차에서 종교회의가 열리고, 교황 우르반Urban 2세가 다

시 동방원정을 역설한다. 그해 클레르몽Clermont 종교회의에서도 원정의 근본적인 목적을 예루살렘의 해방이라고 말함으로써 제1차 십자군이 결성된다.
십자군 전쟁이 곧 성전이었느냐 하는 것은 세계사에서 큰 의문이지만, 콘스탄티노플의 입장에서 보면 오욕과 영광이 뒤범벅된 역사임은 분명하다. 중세까지 화해할 줄 모르는 로마와 그리스 정교의 반목은 피비린내 나는 다툼으로 확대된다. 십자군 원정의 목적이 단순한 예루살렘의 해방과 기독교 전파는 아니었음에 대한 반문은 다음과 같다.

십자군의 가치

① 교황은 계속 성직임명권 투쟁에 매달리고 있는데 해결은 혼미한 상황이었다.
② 교회가 광범위하게 만연된 사적인 투쟁을 견제하기 위해 선언했던 신의 평화와 싸움의 금지가 아직 실효되지 않았다.
③ 교회는 이미 스페인과 시칠리아에서 무슬림에 대한 그리스도 교도의 전쟁을 재가하였다.
④ 이미 수많은 순례자들이 성지를 순례하고 있었다.
⑤ 서구의 전사들은 기회가 주어졌을 때 출세에 더 열망한다.

십자군의 세속화

실제로 십자군 전쟁은 여러 가지 세속적 방향으로 변질된다. 제1차 십자군 원정은 군사적 승리를 거둔다. 1096년 출정, 1097년 소아시아에 진출한 십자군은 1099년 예루살렘을 탈환한다. 콘스탄티노플도 참전해 알렉시우스 1세 콤네누스Alexius Comnenus(1081~1118)는 소아시아의 잃어버린 땅을 되찾고, 에게 해의 해상권도 셀축 튀르크로부터 회복한다. 1081년부터 황실은 콤네누스Comnenus 왕조로 계속되는데, 면세 자유무역과 함께 외국에 대한 개방을 넓힌다. 12세기 중엽에는 6만 명의 외국인이 콘스탄티노플에 살았다.
십자군의 문제는 제2차 원정 때부터다. 이슬람은 계속하여 예루살렘을 압박하고 있었으며, 내부적으로 취약한 예루살렘은 유럽으로부터 지원이 절실하였다. 이에 비잔틴은 시큰둥했다. 1085년까지 안티오키아는 비잔틴의 속국이었는데, 십자군이 정벌하고 나면 이를 되돌려주기로 하였다. 그런데 이 약속이 차일피일 미뤄지기만 한다. 오히려 안티오키아는 이탈리아로 귀속되는데, 비잔틴은 무력으로라도 되찾으려고 한다.

로마에서는 교황의 비호 아래 비잔티움에 대한 악의를 선전한다. 그동안 비잔티움은 십자군의 목표가 자신들임을 깨닫게 된다. 이에 대한 확신은 제2차 십자군 원정(1147~1149)에서 명백히 드러났다. 게르만, 프랑크, 고올, 브리타니의 십자군이 무력 활동에 참여한다. 그들은 튀르크와 싸워 팔레스타인을 탈환하고 성지를 수호해야 한다고 주장하지만, 사실은 비잔티움의 보물에 더 많은 관심을 갖고 있었다.

콘스탄티노플 학살

12세기에서 로마와 비잔틴 사이의 불신은 더욱 증폭되고 혐오는 유혈 폭력으로 이어진다. 1182년 콘스탄티노플에서의 대학살과 1185년 테살로니카Thessalonica의 약탈이 그것이다. 1180년 마지막으로 기억될 비잔틴의 마누엘Manuel 1세 이후는 반란과 폐위가 반복되는 혼란의 시기이다. 마누엘 황제가 죽으면서 유년의 아들 알렉시우스Alexius가 왕좌에 오르도록 유언했다. 그러나 실권은 마누엘의 조카인 알렉시우스 프로토세바스토스Alexius Protosebastos가 잡고 있었다. 그는 그때를 라틴 인을 숙청할 기회라고 생각한다. 1182년 비잔티움과 라틴의 알력이 첨예화되고, 안드로니쿠스Andronicus는 콘스탄티노플의 라틴 구역을 잿더미로 만든다. 거주지와 병원을 파괴하고 성직자들을 죽이며 교회를 유린한다. 심지어 도피자를 찾아 튀르크와 주변지역에 노예로 팔아 넘기기도 한다.

테살로니카의 오욕

1185년 남부 이탈리아의 노르만인들은 테살로니카를 점령하고, 도시는 폐허화되었으며 모든 주민들을 말살했다. 라틴인은 교회를 파괴하고 성화聖畵는 거리에 내버려져 짓밟힌다. 성단에 오줌이 갈겨지며 요리하는 장작으로 성물聖物을 사용했다.

1202~1204년의 제4차 십자군 전쟁은 라틴과 비잔티움을 더욱 이간질시킨다. 이미 세속화된 십자군은 이집트가 아닌 콘스탄티노플로 진군의 방향을 돌리는 것이다. 여기에는 그 앞서의 잊지 못할 기억과 음모가 뒤얽힌다.

콘스탄티노플은 이사키우스 안젤루스Isaac(1185~1195)의 황제 시기인데, 그의

살라딘

살라딘은 쿠르드족의 장군 가문에서 태어나 출세하여 한때 시리아, 이집트를 접수하고 이슬람의 명실상부한 통합을 이루었다. 1187년 하틴Hattin에서 십자군 사상 최대의 패배를 안기고 예루살렘을 점령한다.

그즈음의 극적인 상황이 영화에서 그려지고 있다. 살라딘의 상대가 예루살렘의 왕 보두앵 4세로서 문둥병과 허약한 몸으로 내부 분란 속에서 성지를 지키던 일이 비교된다.

아우 알렉시우스 안젤루스Alexius Angelus(1195~1203)가 황제를 포박하고 스스로 황제에 오른다. 새 황제는 선왕先王인 형의 눈을 뽑고, 선왕의 아들 알렉시우스와 함께 감옥에 가둔다. 선왕의 아들 알렉세우스는 우여곡절 끝에 탈출에 성공, 게르마니아의 필립Phillip 왕에게 도움을 청한다. 필립 왕의 왕비가 그의 누이이다. 그는 롬바르디아의 베로나Verona에 거처하며 많은 순례자와 탈환을 위한 원정대를 만난다.

한편 베네치아가 십자군 함대를 마련하여 출발하는데, 이 출정은 막대한 군비의 곤란을 겪고 있었다. 베네치아는 알렉시우스에게 콘스탄티노플의 탈환과 왕위를 약속하는 대신 부족한 군비의 지원을 협상하고 알렉시우스의 쾌락을 얻는다. 이집트로의 진군 계획은 방향을 크게 틀어 비잔틴을 침공한다.

1203년 콘스탄티노플에 들어간 십자군은 이삭 2세와 그의 아들 알렉시우스 4세에게 왕관을 씌워주는 데 성공한다. 그러나 그들의 사전 약속은 지켜지지 않고, 십자군은 무력으로 제압하여 콘스탄티노플의 라틴제국을 만든다(1204~61). 이때 십자군은 내륙을 차지하고, 베네치아는 당연히 에게-지중해 지역을 차지한다. 십자군은 약탈품을 배분하고 많은 성유체와 재보를 유럽으로 가져가 교황이 기뻐한다. 4차 십자군 원정은 중세 교회사의 치욕적인 기억이지만, 그리스를 귀일시키는 데에는 성공한다.

베네치아

베네치아가 비잔틴에서 차지하고 있던 상업의 특권을 되찾으려는 시도와 엇물린다. 특히 베네치아는 제노바와 무역에서 경쟁적인 상황에 있었는데, 피사와 제노바에 특혜를 주는 데 대해 큰 불쾌감을 갖는다. 또한 알렉시우스가 베네치아인의 재산을 몰수하고 적대감은 극에 달한다. 결국 베네치아의 총독 단도루Dandolu자 이끄는 십자군은 말머리를 콘스탄티노플로 돌리고 약탈전쟁이 시작된다. 현재 베네치아의 산 마르쿠스San Marcus 대성당의 정면을 장식하고 있는 청동마 상은 콘스탄티노플의 히포드롬Hippodrome에 있던 것으로 베네치아가 탈취하여 옮겨놓은 것이다.

비잔티움은 약 60년간 라틴 시대(1204~1261)가 된다. 비잔티움의 알렉시우스 Alexius 3세(1195~1203)는 튀르크와 연합하여 십자군에 대전하다가 순명한다. 알렉시우스 4세 안젤루스(1203~1204)가 후계이나 1년 만에 사망하고, 테오도루스Theodorus 1세(1204~1222)가 즉위한다. 그 희생의 대가로 콘스탄티노플은 거의 반쪽이 되고, 외곽의 도시들은 왕족에 의해 찢겨지는 형국이 되었다. 라틴 지배 시기 동안 비잔티움이란 콘스탄티노플의 망명자들이 모여 유지하는 니케아Nicaea뿐이었다.

4차 십자군의 회군이 우발적인 것이냐 또는 처음부터 고의적인 것이었느냐는 그 후 여러 역사가들의 이론으로 엇갈린다. 가장 믿을 만한 준거는 '왕위를 노리던 청년 알렉시우스가 이탈리아와 게르마니아에 성공적으로 도착한다. 그의 자형姉兄이며 동로마 제국의 정복에 대한 노르만의 계획을 막 수행하려던 차에 죽은 앙리 6세의 동생인 스바비아의 필립의 궁성에서 그 모습을 나타낸다. 십자군의 지휘자로 뽑힌 몽페라의 보니파스는 그 자신이 이루지 못했고 그의 두 형만이 차지했던 제국의 왕좌에 앉으려고 했는데, 그것은 스바비아 인을 미워하고 몽페라를 신임치 않았던 교황의 반대 때문이 아니라 베니스의 영리한 총독 때문이다'. 4차 십자군

매우 복잡한 이 십자군의 전환Diversion은 교황, 베네치아, 게르마니아 왕이 만드는 다양한 동기, 또한 비잔티움의 내외 조건에서 얽힌 힘의 결과이다. 그것이 십자군의 이중적인 가치이다.

● 후기 비잔티움 그리고 제국의 최후

제4차 십자군(1202~1204) 이후 유럽은 라틴제국 시대가 되며, 그동안 그리스에 익숙했던 정체는 혼란스러워진다. 이 시기에 비잔티움과 이슬람은 라틴에 대항하여 동맹을 이루기도 하였듯이 문화에서도 교환이 벌어졌다. 이슬람과 사라센 양식이 비잔틴 문예에 짙게 배어드는 것이다. 동시에 십자군 전쟁은 서유럽 사람들에게도 동방 문화를 접촉하는 경로가 되며 건축 문화의 전이가 활발해진다. 십자군의 문화교역

사라센의 축성 기술이 유럽의 성벽 건축에 응용되며, 유럽은 스퀸치 등 건축 기술의 단서를 이슬람 건축에서 얻었다. 이슬람교의 전파가 에스파냐에 이르며, 아라비아어의 쿠란Koran이 그리스어로 번역되고, 그리스 철학서가 아라비아어로 전역된다. 비잔티움의 요안네스Joannes 3세(1222~1254)는 아테네의 소 메트로폴 성당을 건축한다.

1261년 니케아의 미카엘 파라에오구스Michael Palaeologus 8세가 콘스탄티노

플에 입성한다. 60년간 라틴의 지배 아래 있던 콘스탄티노플은 베네치아로 기울어지고 라틴 세력은 위약해진다. 1300년대의 서유럽이 고딕 시기를 거쳐 르네상스로 새 시대의 문화를 열고 있을 때, 노쇠한 비잔티움은 마누엘Manuel 2세(1391~1425)가 튀르크의 베이야지드Bayazid 1세(1389~1403)에 포위당하는 위기에 처한다. 마누엘 2세는 서유럽에 원군을 간청하나 반응은 냉담하고, 오스만 튀르크와 굴욕적 강화조약(1424)을 맺는다. 마침 베이야지드 1세가 티무르Timur와의 앙카라Ankara 전투에서 전사하는 바람에 약 20년간 소강상태를 갖는다.

비잔티움의 위기

튀르크의 무라트Murat 2세(1421~1451)의 시기가 비잔티움에서는 절망적 국운의 요안네스 8세(1425~1448) 시대이다. 1453년 메흐메트 2세에 의해 콘스탄티누스 11세가 사력으로 지키던 콘스탄티노플이 함락되고, 비잔틴 제국의 1100년은 종언된다. 멸망은 1453년 5월 29일로, 날짜까지 명확하다. 콘스탄티노플의 마지막 성벽이 무너지는 장면이 시오노 나나미의 역사 소설 『콘스탄티노플의 함락』에 사실적으로 묘사되어 있다. 콘스탄티노플의 함락 당일을 묘사하는 다음의 부분은 처절하면서도 장엄하다.

멸망

> 실제로 살해당한 자는 4000명이 될락 말락 했다. 4만 명 가까운 사람이 있었음을 생각해보면, 대도시 함락치고는 당시로서는 그다지 심한 편이 아니었다. 게다가 살해된 사람들 대다수는 적의 돌입 직후에 죽었다. 투르크인들은 시내의 전투원이 8000명도 안 된다고는 믿을 수 없었기에 아직도 안에는 본대가 웅크리고 있을 거라는 생각을 하게 된다. 그래서 돌입 직후 눈에 띄는 사람들을 공포심에 가까운 감정으로 죽여버렸다. 성벽 수비병들 중에 전사자가 많은 것도 어느 정도는 이 때문이었다. 따라서 죽음을 당한 사람들의 피로 도시는 큰 비가 내린 뒤 같았다는 것도 성벽에 가까운 지역에서 펼쳐진 광경이었다.
>
> –『콘스탄티노플의 함락』, 시오노 나나미

더 안쪽으로 들어간 메메트 2세는 벽면을 채운 모자이크가 내뿜는 장엄한 색채의 홍수에 잠시 찬탄의 눈길을 보냈지만, 이내 대신들을 돌아보며 이 교회를 즉시 모스크로 개조하라고 했다. 모스크로 바꿀 때 제일 먼저 없어지는 것은 벽면의 모자이크이다.

> 그러는 동안 이슬람 고승 중 한 명이 설교단에 올라 알라 외에 다른 신은 없다고 외치기 시작했다. 메메트 2세도 제단에 올라가 이마를 바닥에 대고 승리를 가져다준 신에게 감사의 기도를 올렸다. 성 소피아 대성당을 나온 술탄은 근처에 있는 황폐해진 구 황궁에 들른 뒤 오랫동안 방치된 고대 로마식 경기장을 둘러보았다. 연후에 또 다른 큰 길을 따라 폐가에 문을 나서 자신의 천막으로 돌아왔다. 술탄의 순시가 이뤄지는 동안 저항의 총소리 하나 나지 않았고 정복된 사람들 중에 말 앞을 막아서는 사람 하나 없었다. 콘스탄티노플은 술탄 메메트 2세 앞에 완전히 굴복한 것이다.
>
> –『콘스탄티노플의 함락』, 시오노 나나미

그때가 유럽에서는 백년전쟁(1337~1453), 영국은 장미전쟁(1455~1485)에 휩쓸려 있을 때이다.

비잔틴 건축

비잔틴 양식은 6세기에서 16세기까지 거의 1000년에 걸쳐 숙성되지만, 후기의 양식은 시기적으로 로마네스크, 고딕, 그리고 르네상스까지 겹친다. 따라서 사실상 비잔틴의 고유성은 초기 유스티니아누스 시대에서 중기 베네치아의 산 마르쿠스를 이룰 때까지의 시기라고 할 수 있다.

비잔틴 전기 양식 | 4C-

콘스탄티누스는 324년 비잔티움으로 천도한 후, 구시가의 구조를 개조하는 사업에 착수한다. 그는 동원할 건축가가 부족할 정도로 도시 재개발에 열정을 다해 서두른다. 그러니까 콘스탄티노플의 프로그램은 326년에 시작해 4년 만인 330년에 완성하고, 제국의 수도로서 헌정된다. 여러 특혜가 주어지는 국립건축가양성소를 개설하여 건축가를 키우면

발렌스Valens의 수도교 콘스탄티노플Constantinople | 368-73 | 최고 높이 26.5m, 길이 971m의 규모, 1/1000 구배로 19,000m3/일의 수량을 콘스탄티노플의 상수로 공급하였다. 석회암 조적 구조에 2층 아치이다.

갈라타Galata 지구와 탑 Istanbul | 491-518-1341/1348 | 갈라타 탑을 중심으로 현재의 모습. 갈라타 지구는 골든 혼 이북의 구역으로 주로 제노바 인들의 거류특구였으며 현재는 이스탄불의 신시가지로 개발되었다.

서 건설하는 대사업이었다.

도시의 재개발로 도시의 규모는 기존보다 대략 네 곱절이 되었으며, 곧고 넓은 도로, 광장, 위생적인 하수도와 상수도 체계, 시장, 궁전, 포럼, 관아건축, 공중욕탕, 사원과 기념물, 그리고 전차 경주장을 건설하고 330년에 천도한다. 그의 기념비적 작업은 발렌스Valens 황제(364~378)로 계승되어 수도교水道橋를 포함하는 하부구조와 도시의 시스템을 완성한다. 테오도시우스Theodosius 1세(379~395)는 도시문화를 고양시키며 수도로서의 면모를 갖춘다.

테오도시우스의 도시건설

테오도시우스 2세(408~450)에 도시는 다시 확장이 필요해졌고, 골든 혼Golden Horn 건너의 갈라타Galata 지구가 개발된다. 갈라타 지구는 현재 골든 혼 건너 구시가의 맞은편에 있는 신시가 부분이다. 갈라타 탑을 주변으로 해운과 상업이 발달하며, 근대 이스탄불의 핵심이 되며, 후에 제노바 인의 거류지가 된다. 비잔티움은 도시의 성벽 건설로 방어를 든든히 하고, 성당, 극장, 욕장 그리고 항만의 확충과 함께 유입되는 도시인구를 수용하였다. 11세기까지 성벽과 토대를 지속적으로 강고히 하며, 5세기 말 구릉 위에 지어진 탑은 62m 높이의 전망대를 갖는다. 탑은 마르마르 해와 골든 혼의 해상로를 경계하는 전술적 목적에 있다. 콘스탄티노플의 오스만 튀르크 점령 후로는 기상관측소로 쓰이기도 하였다.

경이의 시대는 유스티니아누스Justinianus 1세 시기(527~565)이다. 사실상 그로

지하저수조 Yerebatan Sardyı
콘스탄티노플 | 532 | 콘스탄티노플 시대까지 도시의 상수도 공급원이었다.
테오도시우스Theodosius 성벽
İtanbul Surlri | 콘스탄티노플 | 비잔틴 석축 기술의 우수성은 오스만 튀르크 공격 이전까지 난공불락을 이루었다.

부터 9세기 중엽에 이르는 기간에 비잔틴 양식의 정체성이 완성된다. 그는 비잔틴 제국을 거의 아우구스투스 로마의 크기만큼 팽창시키며, 하기아 소피아Haghia Sophia라는 콘스탄티노플의 상징을 구축한다. 하기아 소피아는 당시 제국의 힘과 기독교 시대를 표현하는 상징이다.

Cistern

대규모의 지하저수조(Cistern, Yerebatan Sarayı)도 그의 시대에 만들어졌다. 길이 141m, 너비 73m, 높이 8m, 336개의 기둥이 이루는 지하저수조는 완전한 건축적 공간으로 꾸며졌다. 콘스탄티노플의 상수 공급원으로서, 동굴형 볼트에 비잔틴 엔지니어링의 우수성을 선보인다. 532년 유스티니아누스 때에 완공되나, 계속 증설되는 과정에서 헬레니즘의 신전 기둥이 재사용되고 있다.

성벽

콘스탄티노플의 동쪽은 보스포루스 해협으로 바다가 방어 역할을 하지만, 도시의 서쪽은 대륙으로 이어진다. 서쪽 방어를 위해 테오도시우스 2세는 테오도시우스 Theodosius 성벽이 세운다. 성곽은 7개의 성탑을 갖는 중세 비잔틴의 성곽은 오스만 튀르크에 함락될 때까지 최후의 방어선이었다. 테오도시우스 성벽의 남쪽 끝에서 주성문(主城門, Golden Gate)과 탑이 조형을 이룬다. 탑신의 내부는 중세의 여러 가지 참혹성이 행해지던 유치장이다. 콘스탄티노플 정복 후 메흐메트 Mehmet에 의해 3개의 원형 탑이 증설되었다.

성당 형식

성당의 형식에서 초기 그리스도교 형식은 성단을 향한 장축의 방향성이 강조되는 데 비해 초기 비잔틴 교회의 공간은 구심적이다. 일반적으로 다각형 평면을 채택

하기아 소피아 Hagia sophia
콘스탄티노플 Constatirople | 532-537 | 네 귀퉁이의 첨탑은 이슬람 시기에 첨가된 것이다.

하거나, 하기아 소피아와 같이 규모가 확대되는 경우에도 평면상 구심 초점이 분명하다.

이미 콘스탄티노플은 로마식 모델을 떠나 독자적인 성격을 만들어간다. 비잔티움의 공식 언어는 라틴어가 아닌 그리스어였다. 8세기에 교리는 교회의 성물이 우상숭배라는 해석으로 우상파괴론자(Iconoclast, Idolatry)가 득세하며 성화배척聖畵排斥이 일어난다.

비잔틴 문화

레오Leo 3세(730)는 교회와 가정에서 모든 성물과 성화를 제거할 것을 명한다. 이 중세 미술을 멸실의 위기로 몰아넣는 운동은 843년까지 멈추어지지 않았다. 하기아 소피아, 그리스 정교회에서 초기 비잔틴 양식의 중요한 요소인 아이콘Icon을 모두 제거해야 했다. 가정에서도 유일한 미술품이라 할 성화를 철거해야 했다. 이 성화 배척은 9세기 후반 들어 철회되며 교회는 다시 상징성을 장식한다. 대부분의 신도가 문맹인 시대에서 성화는 '보는 성경'으로의 성능과 장식 예술로 발전하며 서양미술의 영원한 테마가 된다.

● 하가야 소피아 Hagia Sophia | Ayasofia | Constantinople | 532-537

하가야 소피아는 비잔틴 제국 최고의 성당이다. 처음의 성당은 360년에 콘스탄티누스 대제에 의해 건립되나 소실되고, 537년 유스티니아누스Justinianus 대제가 다시 건립한다. 비잔틴의 양식을 완성하는 건축으로, 다음 시대의 대성당 건축의 교본이 된다.

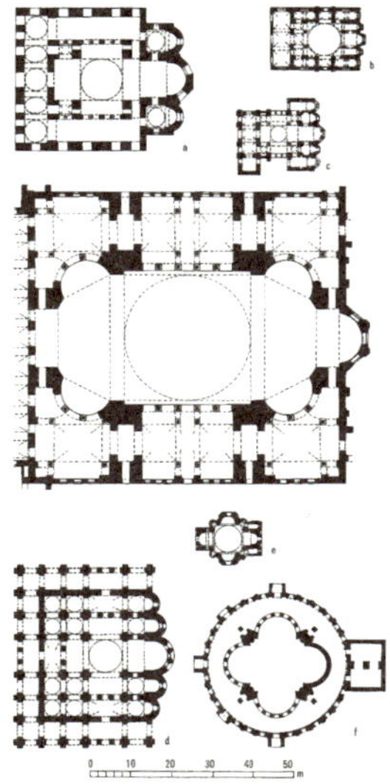

하기아 소피아 콘스탄티노플 평면과 비잔틴의 교회건축 크기의 비교
a_ Hagia Sophia | Thessaloniki,
b_ Daphni monastery church | Athene
c_ the original Theotokos church of Constantine Lips | Constantinople,
d_ Hagia Sophia | Kiev,
e_ Holly Cross | Aght'amar,
f_ palace chapel | Zaart'ots
평면 전체 스케일 1:1000
/ Rowland J.Mainstone | Hagia Sophia | p.240

스케일

대체로 비잔틴의 성당들은 아담한 공간과 형태와 상세로 조형된 데 비해, 하기아 소피아의 스케일은 대단히 크다. 따라서 하기아 소피아는 단순한 예배의 장소가 아니라 상징적 목적을 갖는다. 앞에서 비잔티움의 왕권신수王權神授, 교권敎權 위의 제권帝權임을 로마의 케토릭과 비교한 바 있다. 황제는 정치, 군사, 외교적 능력 이외에 종교적 주도권을 통괄하였다. 물론 중세의 도시국가들이 밀라노 대성당, 쾰른 성당, 세비야 성당, 피렌체 대성당처럼 거대 모뉴멘트의 스케일을 갖지만, 하기아 소피아는 그들보다 7~9세기 이전에 건축된 성당이다.

성당의 구성

원래 성당은 하이포드롬으로 연장되는 서쪽에 아트리움을 가지고, 그에 이어서 포르티코를 형성하였다. 이 정면은 테오도시안 성 소피아(Theodosian St.Sophia, 404~415)로 불리는 고전적인 포르티코였는데 현재는 멸실되고 없다.

성당의 규모에 걸 맞는 장대한 전랑(narthex)을 가지고 있으며, 여기에서 본랑과 이층의 갤러리로 통한다. 나르텍스에서만도 풍요로운 청동 부조와 벽화를 가지고 있으며 네이브의 종교적 상징성과 극적으로 만날 것을 예고한다. 본랑의 중앙 돔은 직경 31m이고, 높이가 46m라 약간 높다. 공간은 중앙의 돔을 기축으로 4방으로 확산되는 것이 바실리카와 다르다. 전랑-후진의 길이를 장축으로 하지만, 신

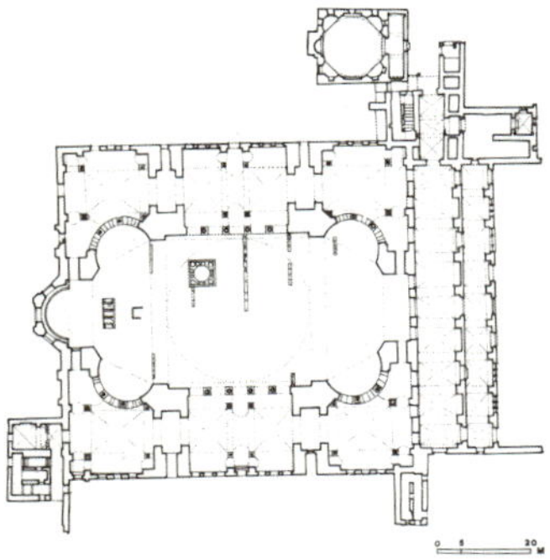

하기아 소피아 콘스탄티노플 | 평면, 내부 입면 | 3단계로 구성되는 입면에서 가벼움과 무거움의 위계를 본다.
하기아 소피아 신랑 남측벽의 구성

랑의 공간은 하나의 방대한 공간이다.

무엇보다 이 건축 조형의 수월성은 구조와 공간의 합일合一이다. 장대한 돔을 해결하기 위해서는 특별한 구조적 아이디어가 필요한데, 돔과 수직 구체가 깊은 관계로 연속된다. 위에서부터 집적되어 내려온 하중은 그 아래의 부벽扶壁을 타고 적절히 확산된다. 이때 이루어지는 기둥과 부축벽은 자연스럽게 공간을 가르는 역할을 한다. 내부 공간에서 힘의 거동을 펜덴티브 밑에서 벌어지는 내부 입면에서 읽을 수 있다. 즉 위에서부터 아래로 점차 가벼워지는 구성은 역학적이며 동시에 중량의 조형이기도 하다. 구조-공간

4각형 평면에서 4변에 구성되는 큰 아치 위에 주 돔을 얹는다. 이 중앙의 정원正圓 돔을 지탱하기 위한 앞뒤의 반원半圓 돔이 합쳐져 하나의 공간을 합창한다. 그것이 비잔틴 리듬이며 돔들은 주제와 변주처럼 들린다. 펜덴티브

하기아 소피아 콘스탄티노플 | 돔과 펜덴티브, 비잔틴 구조미학
하기아 소피아 내부 공간의 역동성 | 2층 갤러리에서 성단을 향한 전경
하기아 소피아 나르텍스 2층
하기아 소피아 측면의 갤러리 위로 큰 반원 아치가 돔을 받아내기 위해 펜덴티브가 구사된다.
하기아 소피아 2층 황실 전용의 2층 나르텍스. 성단을 정면으로 한한다.
하기아 소피아 2층에서 조망하는 부속 돔과 공간

빛은 소피아의 종교적 상징성을 위한 제2의 주제라고 할 만하다. 돔 아래에 구성된 64개의 천창으로부터 내리는 빛이 내부 공간의 종교적 주제를 부각시킨다. 재료는 로도스 산 경량벽돌과 여러 지역의 대리석이 사용되나, 많은 부분은 로마 시대의 하이포드롬 부근에서 채취한 기존 건물의 재료를 재사용하였다. 장식

콘스탄티노플 당시에는 전체 내부 공간이 모자이크와 성화로 장식되었으나, 모스크로 변조되는 과정에서 대부분이 훼손되었다. 나르텍스와 후진 부분, 2층 갤러리의 모자이크가 비잔틴 최고의 기법을 말하고 있다. 모자이크은 명도 차이로 입체감을 음영처럼 표현할 수 있었으며, 중요한 부분에는 금장金匠이 사용되었다. 모자이크의 주제는 주로 성서적 해석이지만, 왕과 왕비가 성모나 예수와 대등한 구도에서 그려진다. 청동부조의 문판과 철물 요소가 남아 있으며, 또 하나의 장식 요소는 대리석 판의 무늬를 이용하는 추상적 회화성이다.

하기야 소피아는 그 규모와 조형에서 황실이 기독교를 받아들이는 열정을 상징한다. 이 비잔티움의 상징은 1453년 콘스탄티노플이 함락되며, 오스만 튀르크 시기에 모스크가 되었다. 이 과정은 뒤에서 다시 설명하겠지만, 오스만 튀르크가 기독교 건축 양식을 모스크 양식으로 받아들이는 텍스트가 된다. 오스만 모스크의 텍스트

● 성 세르기우스 바쿠스 교회 Ss. Sergius and Bacchus's Church | Küçük Ayasofya Cami | Constantinople | 527

유스티니아누스Justinianus의 시기에 만들어진 초기 비잔틴 건축이다. 같은 비잔틴 초기 건축인 라벤나의 비탈레Vitlae 성당과 같이 다각형 평면의 구심적 공간이다. 대개 초기 비잔틴의 소규모 성당이 그렇듯 평면의 규칙성은 철저하지 못하나, 4각형 평면 안에 8개 기둥으로 8각형을 만들고 그 위로 돔을 얹는다. 다시 말해 4각→8각→원의 기하학적 전개이다. 2층에 갤러리를 두어서 홀에서 돔에 이르는 공간의 수직성이 훌쩍 높다. 모두 16개의 볼트로 구성되는 구조는 고졸古拙하나 주두의 장식성이 정교하다. 포르티코와 코트 야드 주변의 작은 방들은 오스만 시기에 증설된 것이다.

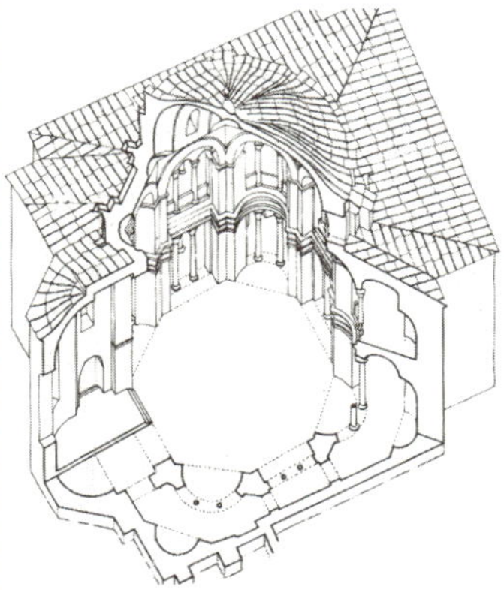

성 세르기우스와 박쿠스의 교회당 Ss. Sergius and Bacchus's Church
Constantinople | 527 | 앞 마당에서
성 세르기우스와 박쿠스의 교회당
내부는 2층 갤러리로 인해 수직적 비례가 증가되었다.
성 세르기우스와 박쿠스의 교회당
등축투상도에서 4각, 8각, 돔의 전환을 볼 수 있다.
성 세르기우스와 박쿠스의 교회당
주두 상세의 섬세한 투각

성 이레네 St. Irene 성당 | Aya İrini Kilisesi Eirene | Constantinople | 6C | 8C

이 작은 비잔틴 성당은 하기야 소피아 뒤에 위치하며 오스만 튀르크 시대의 궁실인 토프카프궁 사이에 있다. 황비 이레네의 신앙심이 만든 성당 중의 하나다. 그러나 화재 또는 지진으로 최소한 3번의 재개축이 있었던 것으로 알려졌다. 최후의 모습은 레온Isaiak Leon(717~741)에 의해 만들어졌다.

기본적으로는 바실리카 식 평면인데, 피어와 기둥으로 구분되는 3개의 네이브가 장방형 평면을 이룬다. 주 돔을 지성소 앞에 두고 후위에 작은 돔을 구성한다. 양

성 이레네 성당 St. Irene 성당 Aya İrini Kilisesi Eirene | Constantinople |
성 이레네 성당 신랑과 2층 갤러리 및 오른쪽의 후진 부분의 공간 구조
성 이레네 성당 단면 | 내부공간의 수직적 구도를 본다.

측랑의 상부가 갤러리를 이루며 평면은 십자형이다. 거대한 볼트들이 스프링 하여 펜덴티브와 함께 돔을 받는다. 그래서 전체적으로 내부 공간의 수직 비례가 높다. 비교적 큰 반원형 후진은 반 돔을 갖는다. 서쪽 수랑이 성당의 성화수난iconoclastic 시기에 휩쓸린 부분이다. 네이브 전위에 기둥들은 화강석으로서 메시브한 구조체의 볼륨과 대비되어 현저히 가늘다. 주 돔의 높이 비례는 이례적으로 운두가 높고 채광창을 거느린다. 여러 번의 개축으로 후대에 개축하며 많은 부분이 변질되어, 어떤 기둥은 주두로 쓰이던 엘리먼트를 주초로 사용하는 엉뚱한 모습도 볼 수 있다. 내부 마감은 회반죽 위의 프레스코로 장식되었으나, 오스만 튀르크 시대에 모두 벗겨져 내렸다. 공간 구조

● 수메라 수도원 Sumela Monastery / Meryemana Manastri | the virgin Mary | Sumela | 385

385년 꿈에 재임한 성모의 계시에 의해 사제 바르나바스Barnabas와 그의 사촌 흑해 도시 트라브존

수메라 수도원 Sumela Monastery 암벽 위에 배치된 건축
수메라 수도원 암벽 속의 건축
수메라 수도원 암벽 안의 공간에서 밖을 향한 전경
수메라 수도원 외벽 장식 성화

소프로니오스Sophronios가 암굴 교회를 짓기 시작한다. 트라브존의 수메라는 흑해 가까이에 있는 풍광이 뛰어나며 크리스탈 같은 공기를 가진 지역이다. 그 산림 중 지상 270m, 해발 1240m의 카라다아Karadağ 절벽 위에 이 수도원이 건축된다. 곧 건축이 자연의 부분이며, 자연이 건축의 부분이다.

중세 수도사들의 고행과 정진의 장소로서 이 고립된 건축은 자연과 건축의 경계가 없다. 고립된 지역에 수도원이 보편화되는 이유는 구원의 고뇌에 대한 사제의 종교적 행태라고 보인다. 극단적인 금욕과 은둔의 고행은 신앙을 위한 순교만큼 극적이지는 않지만, 그것을 대신할 만한 가치로 여겨진다. 수도원은 대개 집단으로 자급자족하는 생활이 종교의 사회실천을 외면하는 소승적小乘的 태도이다.

이 지역에 기독교가 활발해지며 비잔티움의 유스티니아누스Justinianus 1세(527~568)가 수도원을 증설하였다. 640년 비잔틴 찬탈에 의해 파괴되나 644년 재건한다. 트라브존의 알렉시오스Alexios 3세(1349~1390)가 제관 행사를 가지며, 72실의 수도사실과 도서관을 증설하였다.

산허리에 이르기까지 장대한 계단을 올라 접근하는 길은 쉽지가 않다. 수도원이 형성되는 지대에 올라서도 지형을 따라 구성된 복잡한 경로를 거쳐 안쪽 마당으로 든다. 바위 산 밑으로 이어지는 주 동굴 교회, 두 교회당, 주방, 필그림, 수도사실, 우물, 게스트 실, 상수도와 토관 등으로 이루어진다. 건축은 모두 수도사들 자신의 손으로 이루어져 어떤 계획성과 양식적 의도가 분명하지는 않다. 사색을 위한 공간의 폐색성과 자연의 부분임을 함께하는 의미가 중요하다. 다만 벽화에 대한 강한 집착이 이 공간을 특별한 장소로 꾸민다.

비잔틴 후기 양식

13세기까지 비잔틴 양식은 그리스, 마케도니아로 흘러들어 대륙에 이른다. 그러나 서유럽에서는 로마네스크가 왕성하던 시기다. 비잔틴 예술은 깊은 서유럽에 이르지 못하고 그리스 반도의 지역성과 합쳐 중기 양식을 이룬다. 호시우스 루카스 성당(Catholicon of Hossios Lukas, Phokis, Greece, 11세기 초) 등이 대표적인 예이다. 한편 동방으로는 안티오쿠스, 예루살렘, 알렉산드리아에 양식이 전파된다.

비잔틴 중기의 교회 평면은 현관Portico-전랑Narthex-신랑Nave-후진Apse의 방향성이 유지되나, 후진 좌우에 소예배실을 거느려 공간이 좌우 축으로도 확대된다. 자연히 나르텍스의 공간이 중요해지고, 동선의 얼개가 복잡해진다. 구심적인 평면에서는 4개의 평행 볼트의 축을 모으는 교차점에 돔(cross-domed)의 형식

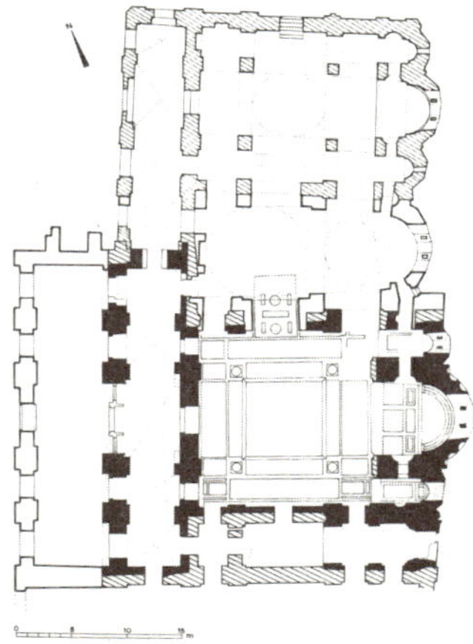

판토크레토 교회당 Church of the Pantocrator Zeyrek Cami | Constantinople | 12 C. | 후진 부분 외관
판토크레토 교회당 내부 돔과 펜덴티브
판토크레토 교회당 평면, 여러 번의 증축의 모습

이 개발되면서 공간의 새로운 개념을 얻는다. 네 기둥짜리 단칸의 소규모 교회가 많이 지어지며 지역 교구를 떠받치게 되었다. 이 시기의 판토크레토Pantocrator 교회(Constantinople) 등이 대표적인 예이다. 구조는 벽돌과 석조가 혼합된 조적조이나 외관이 소박함에 비해 내부는 대리석과 모자이크로 장식되는 화려함이 대비된다.

● 판토크레토 교회당 Church of the Pantocrator | Zeyrek Cami | Constantinople | 1118~1143

한때 도시의 가장 중요한 교회로서 수도원, 정신병원, 병원 및 빈민 구휼소救恤所를 포함하는 복합 건축의 규모였다. 콤네누스 왕조 시대의 건축으로 'Pantocrator'란 '전지전능한 예수'의 뜻이다. 교회당은 여러 왕조에 의해 증설을 거듭하여 평면이 복잡해졌다. 왕비 이레네Irene에 의해 이루어진 교회가 가장 높고, 1124년 이레네의 죽음 뒤에 John II는 추모예배실을 추가하고, 그 사이에 제3의 교회를 삽입한다. 이렇게 3개의 채플이 서로 상관되는 구조에서 공간의 구조가 산만해졌다. 이 교회당 역시 오스만 튀르크 시대에 도스크로 개조되며 내부가 심하게 훼손된 채 다시 수습되지 못하고 있다. 그중에서 다만 바닥의 모자이크 등이 옛날의 영광을 전하고자 애쓴다.

콘스탄티노플에서보다는 그리스와 러시아에서의 작풍이 더 왕성하던 시기이다. 하기아 소피아Hagia Sophia(Mistras, 1350), 성 데메트리우스St. Demetrrius 성당(Vladimir, 1193~97), 성 바질리쿠스St. Basilicus 성당(Moscow, 1555~60) 등이 대표적인 예이다. 이 시기에 비잔틴의 종교 문화는 이미 생활을 무겁게 지배하며 문화의 활력을 압박한다. 이는 같은 시기에 힘을 키우던 이탈리아의 르네상스 시기와 대비되는 것이다.

● 성 사비오우르 코라 Saint Saviour in Chora / Kalye Cami | Constantinople | 1315~121

'Chora'란 땅, 장소, 지역을 말한다. 이 아름다운 수도원 교회는 콘스탄티누스 1세의 4세기경에 지어졌으나, 558년 지진으로 파괴된 것을 유스티니아누스 Justinianus(527~565) 시대에 재축하였다. 성화배척 시기에 내부는 또 한번 시달림을 받는다. 현재의 건축은 알렉시우스 콤네누스Alexius Komnenus(1081~1118)의 장모 마리아 두카니아Maria Dukania에 의해 건축되고, 그 후에 부분적인 첨가를 계속하여 산만한 평면이 되었다. 1204년 십자군 전쟁에서는 화를 피할 수 있었으나 정교회의 손에 남겨졌다.

안드로니코스Andronikos 2세(1282~1328) 시대에 현자 메토치데스Theodore Methochides가 전 재산을 바쳐 전체를 재축(1315~21)하였다. 메토치데스는 팔레오로고스 Andronikos Paleologos 3세에 의해 추방되었고 교회와 그의 재산도 몰수당한다. 그 후에 추방에서 풀려 돌아온 메토치데스는 단순한 사제로서 봉직한다. 그의 시신은 이 교회당 내전랑內前廊의 문 앞에 묻혀 있다. 그때 외전랑(外前廊, exonarthex)과 예배소가 증축되었다.

많은 프레스코도 1305~20년에 이루어진 것이다. 이러한 이유에서 형성된 2겹의

성 사비오우르 코라 Saint Saviour in Chora | Kalye Cami | Constantinople | 1315-21 외관 | 낮은 돔이 나르텍스의 것이고, 중앙의 높은 돔이 신랑의 돔으로 주변의 것보다 좀 더 크다. 정면은 가지런한 질서를 가지나, 후면의 조형은 많은 구조 요소에 따라 복잡하여 진다.
성 사비오우르 코라 | Nave에서 반원형 Apse
성 사비오우르 코라 평면 | 겉의 나르텍스와 오른쪽 예배소는 13세기 초에 추가된 것이다.
성 사비오우르 코라 Narthex
성 사비오우르 코라 기도소의 천장과 돔

전랑Narthex를 거쳐 동향하는 후진Apse를 정면으로 정방형 네이브Nave가 구성된다. 이러한 전랑의 비대함은 본랑의 규모에 비해 정상적인 구성은 아니다. 원래 수도원의 교회이기 때문에 신랑은 크지가 않다. 단일 스팬의 정사각형 평면 위에 펜덴티브와 돔을 얹고 있다. 이에 비해 후진後陣의 깊이가 깊고 크다. 남쪽 예배소의 공간적 흡입력이 주제 공간 못지않게 강하다. 주변에 여러 공간이 덧대어졌지만, 돔 아래의 드럼에서부터 풍부한 빛이 들어 내부는 밝고 명랑하다.

이 건축은 성전으로서 가치뿐만이 아니라 비잔틴 모자이크와 프레스코화의 보고이다. 고졸한 구법에 대신하여 내부를 뒤덮는 모자이크와 프레스코화가 성서의 스토리텔링을 대신한다. 주제는 예수의 가계보, 성모의 생애, 예수의 유년 시대, 목자 등이다. 한때 오스만 튀르크 시대에는 모스크로 쓰이다가 현재는 박물관으로 보존되고 있다. 모자이크, 프레스코 화

● 하기아 소피아 Hagia Sophia | Trabzon | 1250~60 | 1238~63

트라브존은 터키의 북동부에서 흑해에 면해 있는 도시다. 소피아란 'holy wisdom'인데, 동유럽을 포함해 같은 이름의 성당이 여럿 있다. 흑해를 배경으로 하는 또 하나의 이 작은 '성스러운 지혜'는 여유 있는 오픈스페이스에서 편안한 풍경을 이룬다. 이러한 여유에서 외관은 각부의 요소가 겉으로 잘 드러난다. 흑해의 도시

성당은 정면과 양 측면의 세 방향으로 접근하도록 포치를 구성하는데 서쪽이 나르텍스이다. 현재의 주입구인 남쪽 정면과 북면의 접근(흑해 쪽)이 동서의 주축을 가로지르는 종축이 된다. 서쪽 나르텍스는 조악하지만 힘찬 프레스코로 덮인 공간인데, 적색과 흑색조가 강한 긴장을 일으킨다. 그 회화성은 중세의 세련미보다는 야성적이며 거침이 없다. 신랑은 4개 기둥에 의해 구성된 그리스 십자형이며 수직적 비례가 높다. 프레스코

교차 중심은 돔을 얹지 못하고 원추로 되어 있다. 후진의 프레스코 성모 마리아와 예수, 마지막 성찬, foot sweeping, struggling 장면이 비잔틴 예술의 특징을 말한다. 상징성이 짙은 석조 역시 우수하여 전체의 볼륨에서 작은 입체상을 만든다. 조각에는 셀축 튀르크의 석공들이 참여하는데, 아마 이슬람의 취향이 가미되었을 것이다.

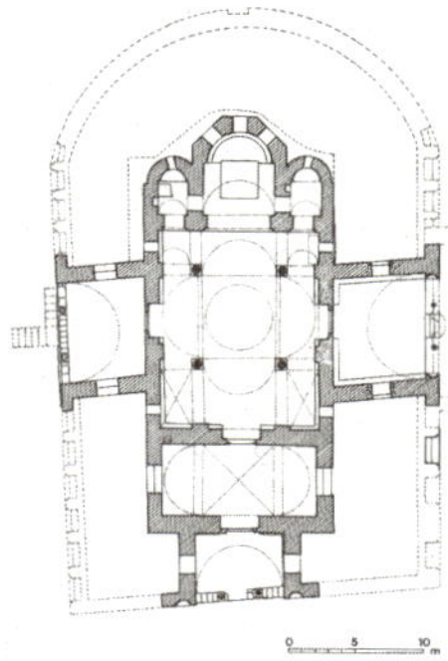

하기아 소피아 Trabzon | 1250-60/1238-63 | 외관 | 주변의 오픈스페이스를 갖고 독립적이다. 측랑으로의 진입, 중심 돔, 후진 등의 공간 요소들이 외관에 드러난다.
하기아 소피아 평면 | 교회는 바질리카식이나 남과 북에 측랑 진입을 두어 십자형 평면처럼 되었다.
하기아 소피아 내부 | 신랑의 중앙 돔과 펜덴티브
하기아 소피아 나르텍스 외부 천장화

● 콘스탄틴 립스 교회당 Monastery Church of Constantine Lips / Fenari Isa Cami | Constantinople | 10C

기념 성당

1261년 위기의 콘스탄티노플을 구한 비잔틴 함대사령관 콘스탄틴 립스 둔가리오스Constantine Lips Dungarios에 의해 건립된 교회다. 이름에서와 같이 이 교회는 수도원 부속 성당이었다. 테오도라Theodora 왕비는 두 번째의 교회를 첨가했고, 모두 4개의 작은 채플이 중앙 돔의 주변에 있다. 이러한 이유에서 공간 구성이 나란하게 커진다. 나르텍스가 덧대어져 두 겹이 되며, 좌우에 여러 개의 소예배실이 증설된다.

내부는 벽돌의 프리즈로 장식되어 수직적 공간에 수평적 리듬을 더한다. 'tour de force' 주두의 상세와 코니스의 장식을 눈여겨볼 필요가 있다. 실내에 비해 외

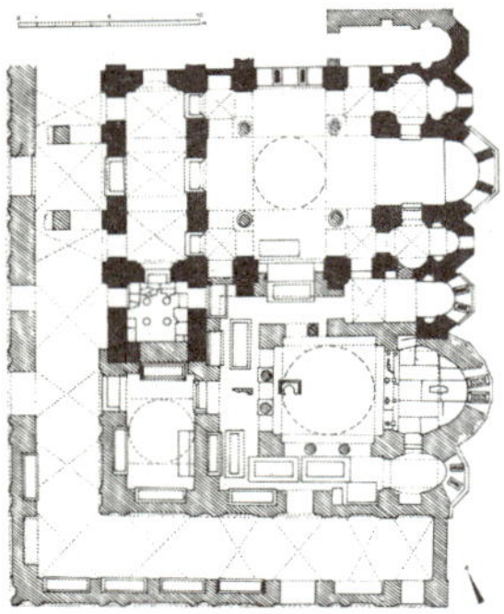

콘스탄틴 립스 교회당 Monastery Church of Constantine Lips Fenari İsa Cami | Constantinople | 10 C. | 왼쪽의 첨탑은 모스크로 개조되며 세워진 것이다.
콘스탄틴 립스 교회당 외부 부분 조적의 장식
콘스탄틴 립스 교회당 평면 | 여러 차례의 증개축으로 공간구조가 복잡하여졌다. 나르텍스가 두 겹이 되며 여러 개의 소예배실이 구성된다.
콘스탄틴 립스 교회당 내부 돔과 펜덴티브. 내부 마감재와 프레스코가 떨어져 나간 상태이다.

관은 대개의 비잔틴 성당과 같이 담백한데 벽돌 쌓기 기법이 중요한 표현이다.

● 팜마카리스토스 교회당 Monastery of Pammakaristos / Fethiye Cami | Constantinople | 14 C

그리스 정교회의 교구 교회로 만들어지나 16세기에 모스크로 개조된다. 3랑식이지만 2+1의 측랑을 만들고, 그 안에 작은 신랑을 이루는 공간 구조이다. 구법은 고졸하고 단순해 8각 기둥의 주두는 거의 생략되고 아치로 연장된다.

비잔틴의 르네상스라 할 만한 14세기의 예술로서 벽돌과 석재의 혼합 기교로 외

팜마카리토스 교회당 Church of Pammakaristos Fethiye Cami | Constantinople | 외관 부분 | 비잔틴 양식의 요소들이 뛰어난 예이다.
팜마카리토스 교회당 내부는 마감 장식이 모두 훼손된 채 현재 모스크로 쓰인다.

관을 만들며 대리석 조각 수법이 정교하다. 주 돔에는 구약의 예언자들에 둘러싸인 '전지전능한 그리스도Christ Patocrator'가 공간 아래를 응시하고 있다. 후진에 또 하나의 그리스도 상이 보석으로 장식된 옥좌에 앉아 강복降福한다. 이를 내려다보는 대천사와 그 양쪽의 초상이 성모와 요한이다. 측면의 후진들도 성화가 풍부하다.

● 포르피로겐티우스 Porphyrogenitus 궁전, Tekfur Sarayi, Yedicule | Constantinople | 10~13C

이스탄불에서 성당 건축이 오늘까지 전해지는 것은 오스만 튀르크 시절에 모스크로 전용될 수 있기 때문이다. 이 사정은 뒤에 좀더 자세히 설명한다. 이에 비해 콘스탄티노플의 궁전 건축은 후대에 제대로 그 모습이 전해지지 못한다. 성당 건축에 비해 궁실 건축은 철저히 파괴되었으며, 이스탄불에서도 아주 부분적으로 남아 있는 기억의 파편을 찾을 수 있을 뿐이다.
테오도시우스Theodosius 1세(379~395)가 세운 성벽과 왕실의 문이 장려한 장식으로 구축되었다. 이 궁실은 구 성곽에 이어지는 부분으로서 3개 층 구조이다.

포르피로겐티우스 Palace of the Porphyrogenitus Constantinople | 10-13C.
부코레온 궁전 Bucoleon Palace Constantinople | 비잔틴 제국의 유일한 궁전 흔적이다.

전형적인 비잔틴 파사드에 백색 대리석과 적갈색 벽돌을 혼용하여 얼룩 아치와 수평 줄눈을 만든다. 이러한 얼룩 아치는 10세기에 유행하던 기교이다. 기하학적 패턴이 선명한 조적의 상세 기법은 후에 오스만 터키로 전이된다.
3층 구조에 지반층은 개방감이 크고 아치는 가볍고, 상부 2개 층의 아치 창은 코트를 내려다보고 있다. 파사드는 지반으로부터 상부로 올라갈수록 점차 칸살이 많아지면서 창의 크기도 작아진다.

● 성십자 교회 The Church of Holy Cross | Akdamar | Van | 915~921

터키의 동쪽 끝, 이란 국경에 근처에는 큰 내륙 호수가 있다. 동부 터키는 건조한 황무지인데, 거대한 봔Van 호수는 주변을 녹색으로 물들인다. 이 호수 안에는 작은 섬이 있고, 그 안에 아름다운 교회당이 서 있다.
10세기 초 아르메니아의 독립국으로 이룬 바스푸라칸Vaspurakan의 가긱Gagik 왕이 세운 것이 아르메니안 교회이다. 교회는 봔 호수의 가운데 고립되어 있어 독특한 풍광을 이룬다. 성당에 가려면 배를 타고 가야 한다. 즉 이 성당은 일반 신도들을 위한 것이 아니라 순례를 위한 성당이다.
'성십자 교회'로 불리는 것처럼 십자형 평면으로 구심적이다. 중앙 돔이 훌쩍 높 구심적 평면

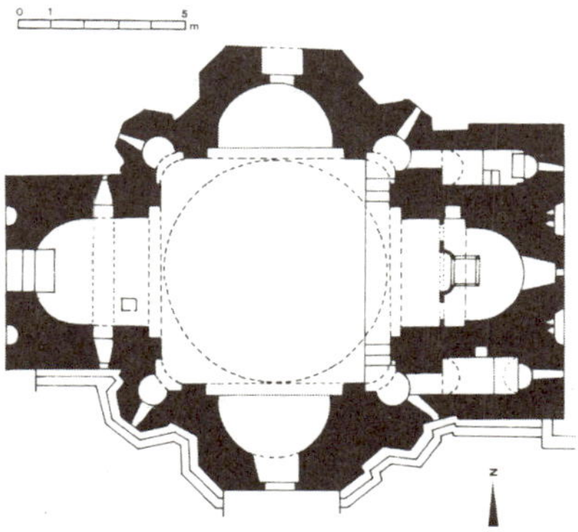

성십자교회 **The Church of Holy Cross** Akdamar(Aght'amar) | Van | 915-21 | Van호수 가운데의 섬에 지어진다.
성십자교회 외관 | 높은 비례와 중앙 돔의 강조가 보인다. 석조의 외피는 부조의 장식을 풍부히 갖는다.
성십자교회 평면 | 중앙의 4각형 평면에서 네 귀퉁이를 1/4 원으로 접고, 그 뒤에 작은 기도공간을 구성한다.
성십자교회 실내 | 높은 비례의 공간을 돔이 지배한다.
성십자교회 외관 부분 | 성서 설화의 부조

고, 주변의 네 귀에 소예배실이 구성된다. 구심적인 대칭성이나 후진 축이 강하다. 돔을 얹어 놓은 펜덴티브는 직각의 사각형이 아니라 귀가 둥글려진 평면 위에 구축된다. 그 모습은 평면도에서 네 귀퉁이에 원형 니치 공간을 만든 것에서 볼 수 있다. 구법적으로 이 귀퉁이의 니치와 그 위의 펜덴티브는 매우 뛰어난 기술이다. 좀더 중요한 건축적 기법은 직각에서 이루어지지 않고 작은 커브 위에서 이루어지는 펜덴티브이다. 좁은 평면에 비해 훤칠한 높이의 신랑 위의 돔을 얹는다. 보통 비잔틴의 소규모 성당이 벽돌 조적조인 데 비해 이 악다마르의 교회는 석조이다. 짓는 사람이 기울인 정성을 여러 군데에서 볼 수 있다. 외관은 구약의 내용을 설화적으로 새긴 부조로 특징짓는데, 요한John과 고래의 이야기, 귀와 치아를 가진 돼지, 아브라함Abraham과 이삭Isaac, 다비드David와 골리앗Goliath, 아담과 이브 등으로 풍부하다. 석회암 위의 부조는 깊고 뚜렷이 새겨져 강력한 태양 빛 아래 힘차다.

구약의 종교 미술

비잔틴 건축의 특질

구조와 조형의 합일

곡면의 정수리에서 흘러내리는 힘이 아래로 번지는 역학적 거동으로 이어지면서 돔이라는 장대한 원형 공간을 얻을 수 있었다. 이 돔은 매우 경제적인 단면적을 가지고 공간을 만들어 하이테크라 할 만하다. 돔을 지탱하는 하부의 피어와 내력벽은 단순한 구조적 역할뿐만 아니라, 주체 공간과 주변 공간을 가리는 역할도 함께 하고 있다. 수직하중을 분산시키기 위해서는 많은 피어들이 필요한데 이들이 곧 내부 공간의 조형 요소가 된다. 강-약, 크고-작음, 두껍거나 무거움-얇거나 가벼움의 합창이 벌어지는 것이다.

이와 같은 응력의 구조법은 강인한 내진耐震 구조의 성능을 가지며 경량 구조의 개념도 된다. 그것이 지진대에 걸려 있는 터키에서 하기아 소피아가 1500년 동안 버틸 수 있었던 이유다.

무엇보다 비잔틴 건축의 기술적 혁명은 펜덴티브pendentive이다. 원형의 돔을 사각형 평면 위에 얹는 기법은 서아시아 건축의 스퀸치squinch로 다듬어진 것이기도 하지만 기술적으로는 다르다. 스퀸치는 각형에서 원형으로의 전이轉移가 기하학적으로 명확하지 않은 채 현장에서 맞추어진다. 구조적으로도 몸체의 구조가 스퀸치로 연속하여 돔에 이르기까지 일체형이다. 이에 비해 펜덴티브는 구조적으로

스퀸치

인체 미나레 종교학교 İnce Minare Medresesi Konya | 1251 | 1265-67 | 셀축 시대의 돔을 받는 스퀸치
카라타이 박물관 Karatay Museum Konya | 엄격한 공간적 질서 속에서 중심부의 돔과 스퀸치
하기아 소피아 Constantinople | 532-537 | 비잔틴 건축의 pendentive와 dome
슐레이마니에 자미 Suleymaniye Cami | Istanbul | 1550-57 | 비잔틴 dome, half-dome, pendentive가 모스크 건축에 전이된다

는 몸체와 돔의 분리된 사이를 메운다. 그리고 이를 입체기하학로 명확하게 그려낸다. 스퀸치는 대개 4각형의 귀퉁이에 대각선으로 장대석을 얹어 8각형으로 전환시킨 다음 점차 8각→16각→32각 등의 각을 증가시켜 원에 가깝게 다듬어간다.

펜덴티브

초기 비잔틴에서 나타나는 펜덴티브의 원형은 돔이 4각형 위에 얹히지 않고 평면 자체의 네 귀퉁이를 4분의 1 원으로 하는 경우가 있다. St. George of Mangama(Constantinople)과 Church of Holy Cross(Akdamar, Van)이 그 대표적인 예이다. 다각형 평면에 돔을 얹는 방법은 St. Vitale 성당(Ravenna, 528), Ss. Sergius and Bacchus(Constantinople, 550) 등의 8각형 위의 돔이다. 돔의 하중은 4개의 큰 피어에서 스프링 된 대형 아치로 받아낸다.

아치가 받는 수직 하중은 피어와 그 뒤의 연속 아치로 부축되며 경감된다. 이때 아치 위에 얹힌 돔과 직방형 몸체 사이의 간극인 펜덴티브는 하중에서 벗어나 있어 주 구조가 완성된 후에 메워도 된다. 돔의 아래에는 천창을 가지는데, 이는 구조를

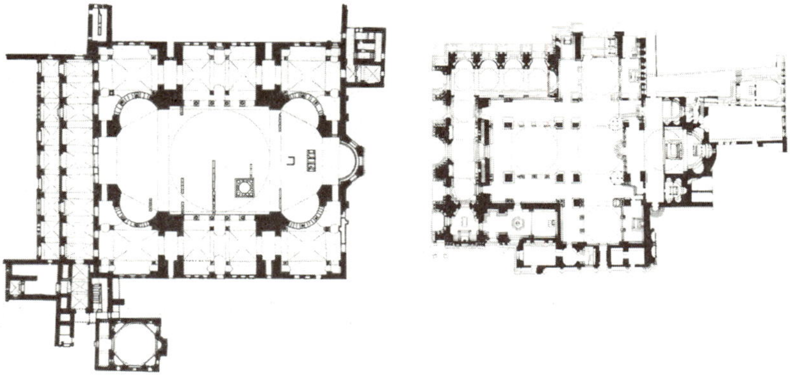

콘스탄티노플의 하기아 소피아와 베네치아의 성 마르쿠스 St.Marc의 평면 비교 하기아 소피아의 공간은 단일체로서 장·단축 평면 위에 있는데 비해 St.Marc는 5개의 정방형이 조합되어 十자를 이룬다.

가볍게 하기 위한 수단이기도 하다. 그리고 그 채광의 빛이 비잔틴 건축과 비슷한 느낌이다. 채광창은 초기에는 투명 대리석판을 끼웠으나, 후기에는 스테인드글라스로 장식된다. 셀축 튀르크의 건축은 13세기까지도 스퀸치를 사용하고 있었으며, 오스만 터키에 이르러 비잔틴의 펜덴티브를 익혀 표현에서도 중요한 주제로 받아들인다.

● 돔Dome과 강한 공간의 응집력

비잔틴 돔은 사각형 또는 다각형 평면 위의 조형으로 진보된다. 평면은 구심적으로 되며 돔이 3차원 상의 공간을 응집시키는 것이다. 이는 초기 그리스도교의 바실리카 식 장방형 평면과 구분된다.

평면에서 축성이 강하고 평면적 구도의 질서는 고전 건축과 다르지 않다. 다만 비잔틴이 특별한 것은 입체상으로서 공간을 구성하는 능력이다. 같은 비잔틴 건축에서도 하기아 소피아Hagia Sophia와 성 마르쿠스St. Marc의 공간 개념은 비교된다. 하기아 소피아가 주돔(정원)과 부돔(반구)이 연속해 하나의 연속된 공간적 표현을 이루는 데 비해 베네치아의 성 마르쿠스는 몇 개의 구체 돔이 집합되어 만든다.

쌍기둥 주두 하기아 소피아 | Constantinople
독수리 머리 주두 5C. 중반 | 이스탄불 고고학박물관
소쿠리 주두 7–8C. | 이스탄불 고고학박물관

주범柱範과 장식성

비잔틴 예술은 규범으로부터의 자유로움이 넓어진다. 주두의 규범은 거의 제한이 없다. 거기에는 사라센의 영향도 분명하며 후기에는 이슬람의 미적 요소도 받아들인다.

조각은 투각透刻과 총각籠刻으로 질량을 가볍게 하려는 의도가 있으니 석공의 기교가 넘친다. 건축가는 자신의 작업에서 상상력을 발휘하며 자신의 기법을 창안한다. 주두는 주제를 갖기도 하는데, 식물, 인물, 바스켓, 마스크, 양 머리, 독수리 머리 등의 형상화가 자유롭다. 이는 그리스-로마 규범에서 보였던 기하학적 구성과 추상적 주제에 비교된다. 규모가 있는 건축에는 복합적 주제를 쓰기도 한다. 식물과 동물, 사람과 동물 등 신화적 주제를 취하거나 단순한 조형의 의도로 여러 주제를 복합시킨다. 상상력과 이미지

투박한 질료와 상세

기둥의 비례가 현저히 가늘어진다. 보통 그리스 주신柱身과 직경直徑의 비례를 9~10:1로 보고, 로마의 것을 15~20:1로 볼 때, 비잔틴의 30:1은 매우 슬랜더한 감각이다. 이는 재료의 차이로서 그리스-로마가 석회암을 구조로 하는 것에 비해 비잔틴의 기둥은 양질의 대리석이거나 화강석의 경우도 많다. 비례

벽면 조적의 구성 Church of Constantine Lips | Constantinople
비잔틴 건축의 창호 상세 Church of St. Saviour in Chora | Constantinople | 투박한 조적의 질량에 가벼운 창호의 구성이 대비된다. 특히 쌍 아치를 만들 때 중간 지주의 가벼움

무엇보다 역학적 대응을 경제적으로 할 수 있었다. 표현적으로는 무거운 조적조에서 기둥 부분은 가능한 가벼움으로 대립시키려는 의도이다. 주두는 이중으로 형태를 만드는데, 주두판dosseret을 삽입하여 그 상부에서 벌어지는 연속 아치의 구성을 잘 받아들인다.

장식 상세 건축의 내외부 조형은 요소가 풍부해지며, 창호의 구성도 다양해진다. 주초를 생략하고 바닥에 직립시키는 것도 기둥의 전체 조형에서 차지하는 역할이 줄어들었기 때문으로 보인다. 돔을 얹기 위해서는 피어의 역할이 중요하며, 대개 벽돌이나 석괴의 조적조로서 묵중한 요소가 되고 그 피부를 마감재로 싼다.

재료 실내의 구조 요소는 재료의 선택이 중요하고, 특히 기둥은 신중하게 무늬의 결과 색조를 살핀다. 내부의 마감이 대리석과 모자이크, 플라스터, 프레스코로 화사함에 비해 외부는 보통 조적조이다. 자연히 조적의 기법이 중요해진다. 니치, 트레서리, 프리즈 등이 모두 석조의 디테일과 유사한 조형으로 조적된다. 조적의 기교로서 외벽면은 여러 가지 이형의 벽돌을 혼합하여 구성미를 갖는다.

● 아이콘과 회화적 장식

정통적인 프레스코는 로마네스크 이후 르네상스에 이르러 미술 장르로 정착된다.

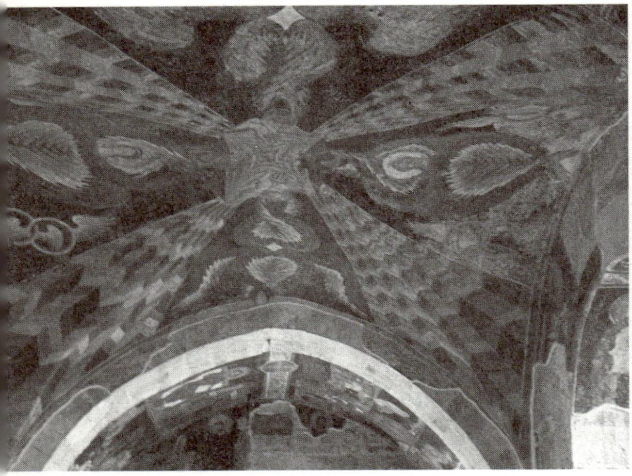 

하기아 소피아 Hagia Sophia / Ayasofya | Trabzon | 1250-60 / 1236-63 | 나르텍스 천장화
하기아 소피아 Trabzon | 1250-60 / 1236-63 | 포르티코 상부 아이콘

비잔틴 건축에서는 프레스코보다 모자이크의 화려함을 선호하였다. 제2차 니케아 공의회는 성화聖畵 논쟁을 종식시키고, 성화상의 숭경을 인정하였다. 제2차 니케아 공의회(제7차 회의)는 787년 비잔틴 황후 레이네 2세 섭정 때 총대주교 타라시우스(784~806)와 도모하여 개최하였다.

그로써 공공시설이나 개인의 주택을 장식하는 제일의 미술이 성화가 된다. 성화는 모두 성서의 주제를 설화적으로 전하는 구성인데, 비잔틴 모자이크는 왕권 신수의 제권을 과시하는 군왕과 황실이 성모와 그리스도와 사도들과 대등하게 등장한다. 비잔틴 모자이크는 이미 14세기부터 색채의 점증(漸增, Gradation) 효과를 표현할 수 있었으며, 중심 주제는 금장의 모자이크가 구사된다. 그것이 비잔틴 예술을 금색조로 인상짓게 하는 것이다. 구성은 대칭이 중요하며, 주제는 크게 그리고 부제는 보다 작게 그려 화상의 크기 차이가 그림의 의도를 대신한다. 성화, 종교미술

하기아 소피아의 모자이크 XI-C(Emperor Constantine IX, Monomachos Christ and Empress Zoe)에서 그리스도의 옷은 음영을 표현하는 모자이크 기법이고, 황제와 왕비의 의상은 장식이 풍부하다. 모자이크 XII-C(The Virgin Mary and St. John The Baptist interceding with Jesus Christ)은 가운데에 성모와 종교와 정치

하기아 소피아의 2층 갤러리 모자이크 Constantinople | 532-537 | John II, 성모와 어린 예수, Empress Irene의 장면, 황실의 종교 권위를 뜻한다.
하기아 소피아 모자이크 Constantinople Constantine IX와 Empress Zoe가 예수에게 공사비와 성당의 설계도를 바친다.

예수를 두고 요한(1118~1143) 2세와 이레네 왕녀가 대칭으로 자리하며, 그의 아들 알렉시오스Alexios가 한쪽에 있다. 여기에서 기독교 초기에 군주가 성모에 다가가는 정치적 의도를 읽을 수 있다.

오스만 튀르크의 문화 경계

터키 제국의 판도는 서아시아,

현재 터키의 몸통을 이루는 아나톨리아, 북아프리카, 지중해 이동, 그리고 동부 유럽에 걸치는 광대한 영역이었다. 그러나 고대 튀르크의 인류학적 권역의 방대함에 비하면 이는 한 부분일 뿐이다. 튀르크의 원조는 아시아 내륙과 유라시아, 그리고 동유럽으로 확산되는 훙Hun이며, 인도-유럽어 족으로서 인도와 고대 그리스로 진출하는 고대 국가를 범위로 본다.

중앙아시아에서 진흥하는 돌궐의 한 줄기가 서쪽으로 진출하며 정착된 것이 튀르크이며, 비잔티움의 근거를 퇴출시키고 자리잡아 셀축Selcuk과 오스만Osman 튀르크가 건립된 것이다.

중세 터키의 지정은 트라키아(Trakya, Thrace)로 유럽의 동남쪽이며, 아나톨리아(Anadolu, Anatolia)가 몸체이고, 해 뜨는 소아시아(Asia Minor)가 서쪽의 공간을 이루었다. 동쪽으로는 시리아, 이란, 이라크를 접한다. 지중해, 에게 해의 두 바다를 마르마라 해로 끌어들여 보스포루스 해협을 통해 흑해에 이르게 하는 긴 해상경로에 접한다. 이에 그리스, 아르메니아, 러시아 등이 그의 속주였거나 이해관계에 얽혀 있다.

국어는 터키어이지만, 아랍어, 그리스어, 아르메니아어, 라즈어, 유다어, 그루지아어, 카프카즈어, 불가리아어, 크로아시아어 등 소수 민족어가 사용되었다.

역사 시대의 터키는 대개 연대기로 4대 제국으로 말할 수 있다. 훈—괵튀르크 — 셀축 — 오스만의 4개 제국 연대기에서 셀축은 현재 터키의 중동부인 아나톨리아를 중심으로 하는 16세기 이슬람 문화권의 제국이었다. 이 셀축은 대개 로마 문명의 잔존 지역 위에 구축되기 때문에 유럽에서는 룸Rum 셀축이라고 한다. 오스만 터키는 콘스탄티노플 함락 이후의 터키 제국으로서 19세기 술탄의 절대군주제가 무너지기 전까지이다.

셀축 튀르크의 대두

셀축Selçuk 족은 크게 4개 부족으로 나누어진다.

① 이라크 및 이란 북동부 지방의 호라산 셀축

② 이란 중남부 지반의 키르만 셀축

③ 시리아 셀축

④ 아나톨리아 셀축

이중에서 아나톨리아 셀축이 이슬람의 정통 수니파를 장악한 큰 줄기를 만든다. 이슬람 세계에서 칼리프의 힘은 9세기경부터 분열되기 시작하여 11세기경에는 바그다드가 지배권을 상실한다. 이때 여러 셀축 무리들이 지금의 이란으로 들어갔다. 이들은 신비주의나 이단적 이슬람의 영향을 받으며 이단 시아파의 영향과 신비주의의 선동에 젖어든다. 그러나 그들은 자신의 전통과 종교 문화를 버리지 않으면서 혼화된 고유의 종교 문화를 만들게 된다.

이슬람의 분열

튀르크가 셀축의 투우룰Tuğrul과 술탄의 칭호를 받게 되면서, 투우룰 베이는 1055년 바그다드를 정복하고 칼리프를 도와 그의 위업을 회복시킨다. 이후 튀르크 족들은 이슬람을 더 깊이 받아들이면서 쇠락하는 수니파와 정통 이슬람을 구한다. 그리고 옛 이슬람 세계의 중요한 자리인 티그리스, 유프라티스와 이란의 통치자가 된다.

셀축의 부상

비잔티움과의 접촉

중동부를 근거로 하는 튀르크멘 족은 점차 서진하여 아나톨리아 지역으로 들어온다. 메소포타미아의 덥고 건조한 지역보다는 온화하고 기름진 아나톨리아 지역에 더 큰 매력을 느끼는 것이다. 이들은 이미 비잔틴 제국의 터전으로 넘어온 것으로 기독교와 충돌하는 것이 11세기이다.

기독교와 충돌

비잔티움과 구체적으로 접촉하면서, 튀르크는 기독교 세계의 내부 분열이 사정을 어렵게 하고 있다는 사실을 간파하였다. 셀축은 우선 비잔티움의 아르메니아 지역을 거두고, 11세기 중엽에는 현재 터키 영토의 반 이상을 통과하여 마침내 콘야Konya까지 진격하였다. 1071년에 동부 터키의 봔Van의 만지케르(Manziker 또는 말라즈기트르) 전투에서 로마누스 디오게네스Romanus Diogenes 4세(1068~1071)를 격퇴시킨다.

이 비잔티움 패퇴에 이어 셀축은 아나톨리아 반도로 서진하여 당시까지 헬레니즘 문화의 큰 시장터인 에게 해와 마르마라 해안에 이르는 경로를 장악한다. 이 지방에서의 패퇴는 비잔틴에게 물자 유통과 정보의 소통을 어둡게 하며 결국은 목줄을 죄었다. 여러 종교적 갈등과 높은 세금으로 비잔틴에 대해 반감을 갖고 있던 그리스 주민들은 차라리 튀르크의 지배가 반가웠다.

그러나 비잔티움으로의 서진과 영토 확장에도 불구하고 셀축은 하나의 통일된 국체로서 힘이 아니라, 여러 부족과 무리가 혼합된 느슨한 구조였다. 이중에서 가장 강력한 집체는 슐레이만Suleyman이 이끄는 셀축이다. 그들은 1075년 콘스탄티노플에서 그리 멀지 않은 이즈닉 İznik(옛 Nicaea)을 수도로 삼고 국가의 체제를 이루었다.

11세기 말에 튀르크와 비잔틴과의 관계는 일시 소강상태에 들어 대결과 화친이 번복되는 미묘한 관계였다. 1081년 비잔티움의 알렉시우스Alexius Comnenos(1081~1118)는 셀축과 평화협정을 맺고 아시아 쪽의 보스포루스 지역을 양도하며 아나톨리아 전역의 통치를 인정받았다. 1082년부터 클르츠 아르슬란Kılıch Arslan 4세(1259~1266)가 술탄이 되는 1092년까지 아나톨리아에는 투르크 계, 아르마니아 계 공국들이 난립하고 있었다. 클르츠 아르슬란은 이 작은 집단을 분쇄해나가던 중 십자군에 부딪친다.

십자군과 충돌

부니얀 술탄 대상 숙소 Bunyan Sultan Han Caravaseri 카이세리Kayseri | 여름용 숙소
부니얀 술탄 대상 숙소 겨울의 숙소, 천장

1097년 제1차 십자군은 이즈닉을 점령하며 알렉시우스에게 돌려주었고, 아나톨리아의 3분의 1을 다시 회복하며 어느 정도 기독교의 평정이 이루어지는 듯했다. 그러나 1147년 제2차 십자군이 에스키세히르Eskisehir, 데니즐리Denizli에서 술탄 마스드Masud 1세(1116~1156)에게 격퇴된다. 셀축은 아르메니아를 다시 복속시키고, 십자군 침공 이전의 상당 부분을 다시 찾았다.

룸 술탄국

룸 술탄국은 이 일시적인 안정기에 터키의 중남부에 있는 콘야Konya를 수도로 하고 이슬람 문화를 뿌리 내린다. 콘야와 중부 아나톨리아는 실크로드에 걸려 있는 요충이었다. 대상숙소Caravansary, 모스크Cami, 신학교Medrese와 성곽을 건축하고 사회문화를 이룬다. 비교秘教주의 젤라레딘 루미Celaleddin Rumi가 메블레비 교단Mevlevi Dervish을 창시하는 곳이 바로 콘야다.

셀축의 위기

13세기 아나톨리아의 튀르크에게는 또 다른 위기가 온다. 아랍을 통과한 몽골의 침입이 한동안의 큰 시련이었다. 1242년 몽골 족이 에르주룸Erzrum을 점령하고 7만 명의 주민을 학살한다. 당시 셀축은 내분으로 제대로 저항도 못하고, 1243년 터키의 중남부인 쾨세다으Kösedağı 고원에서 맞부딪쳤다. 술탄은 무모한 정면대결을 고집하지만, 막강한 전력에도 불구하고 셀축의 참패로 끝난다. 몽골군은 파죽지세다. 몽골은 시바스Sivas, 카이세리Kayseri, 에르진잔Erzinzan 등 중부의 주요 도시를 초토화시키고 돌아갔다.

셀축은 막대한 조공으로 몽골과 화해하나, 이미 내분 상태에 있던 국체는 분열되고 말았다. 적당한 선에서 타협하고 몽골이 돌아가는 것은 터키보다 페르시아에 목표가 있었던 것이다. 몽골의 회군으로 셀축 튀르크는 1308년까지 왕조를 계속할 수 있었다. 그러나 몽고의 내정간섭이 심하여 셀축의 정통 왕조를 인정하지 않았다. 몽고가 임명하는 술탄으로 셀축의 권위와 힘은 현저히 쇠락해간다.

몽골에 밀리는 셀축의 존재는 지역의 정치적 판도를 흔들었다. 쾨세다으 전투 이후 셀축의 통치권을 벗어난 작은 공국과 영주들의 도전이 만만치 않았다. 술탄 케이후스라브 2세는 1246년 아르메니아 공격에서 사망하고, 셀축은 더욱 견강해져 몽고의 내정간섭에 시달린다. 그의 아들 케이카부스 2세가 내분을 평정하고 술탄이 되었다. 마침 몽골제국에서도 뒤육 한이 등극하는데, 셀축은 술탄의 동생 클루츠 아르슬란 4세를 사절로 파견한다(1246). 그러나 이 사절단에 대한 몽골의 대응은 아주 차갑다. 클로츠 아르슬란이 귀국할 때 몽골 한은 술탄 케이카부스 2세를 폐위시키라는 명을 함께 가지고 돌아온다(1248).

셀축의 분열

이 문제를 해결하기 위한 방법으로 3명의 술탄이 분할 통치하는 중재안이 채택된다. 그래서 터키 셀축 조 역사상 처음으로 케이부스 2세, 케이쿠바트 2세, 클루츠 아르슬란 4세가 통치하는 '합동 술탄 시기' 가 계속되었다. 권력의 야망 앞에서 1249년부터 약 6년간 공동 통치의 체제도 수월하지는 못했다. 1254년 술탄 케이쿠바트가 몽고 사절로 가다가 사망하고, 나머지 두 술탄이 대결한다. 통일 술탄의 욕심으로 양 진영은 카이세르와 키르세히르 사이에서 충돌하였다. 이 대결에서 클르추 아르슬란 4세가 패하여 유배되고, 케이카부스 2세가 통일 셀축의 술탄이 되었다.

이때 이란 지역에 일한제국이 수립되는데, 몽골은 그동안의 거점인 무간을 버리고 아나톨리아에 새로운 정복 본부를 구축한다. 이에 압박감을 느낀 셀축이 도전하나, 1256년에 몽골에 패배하고 말았다. 이 사건 이후 몽골 조정이 클루츠 아르슬란을 술탄으로 복귀시키자, 셀축 조는 크즐 강을 경계로 또다시 두 술탄의 통치 체제로 1261년까지 계속된다. 수년 후 클루츠 아르슬란이 몽골의 도움으로 술탄 케이후스라브를 격퇴하며, 1261~66년까지 클로츠 아르슬란 4세가 다시 셀축 권역

셀축 튀르크 Selcuk Türk의 서진과 권역
오스만 튀르크 Osman Türk의 권역 (Maurice Griffe, | LES CHRONOLOGIES DE, ASIA MINOR MESOPOTAMIA | 1999 | T.S.H.)

을 통치하였다.

이러한 혼란 속에 무인 재상 알-딘 파르와나가 클루츠 아르슬란을 살해하고, 1266년 그의 세 살 난 아들 키야세틴 케이후스라브 Giyaseddin Keyhusraw 3세를 등극시켜 권력을 전횡하였다. 케이후스라브 3세 통치기에도 반몽反蒙 반란은 그치지 않는다. 골치가 아파진 파르와나 몽골군이 여러 차례 평정을 시도하였으나 여의치가 않다.

셀축의 위기 탈출

이때 셀축에게 몽골로부터 해방의 기회가 찾아왔다. 더욱이 1277년 이집트 맘루크 조의 술탄 바이바르Baybar가 셀축의 몽골로부터 해방을 목적으로 시리아를 거쳐 셀축으로 진격해 들어왔다. 이에 고무된 메흐메트 베이 반란군은 콘야로 진격해, 1277년 이를 점령하고 케이쿠바트 2세의 아들 기야세딘 시야부스Giyaseddin Siyabus를 술탄으로 옹립한다. 맘루크군은 몽골군을 격퇴하고 카이세리에 진입하였다. 그러나 셀축이 약속하였던 보급을 중단하며 맘루크군은 셀축 조와의 협력을 포기하고 이집트로 돌아가버린다.

암루크의 침공을 안 몽골이 가만 있을 리 없었다. 일한의 아바카 한Abaka Han은 즉시 대규모 군대로 아나톨리아로 진격하여 메흐메트 베이의 반란군을 진압한다. 그 후 술탄으로 옹립된 시야부스도 체포되어 처형되었다. 메흐메트 베이 세력의 콘야 통치는 37일 만에 막을 내렸다. 또한 맘루크의 아나톨리아 출현에 파르와나와의 내통을 확인한 몽골군은 1279년 그도 살해했다. 이후 셀축 술탄은 일한제국의 한이 바뀔 때마다 변덕스러운 지시를 받으며 명목을 유지해갔다.

1336년 마지막 일한인 아부 사이드Abu Said가 사망하자, 수많은 튀르크 부족이 할거하는 해체 시대를 맞았고, 이것이 셀축의 마지막 모습이다. 그러나 역설적으

후다벤드 하툰 묘당 Hudavend Hatun Turbesi 니데Nigde | 8각돔 장제묘
사하주한 하툰 묘당 Sahcuhan Hatun Turbesi(Doner Kumbe) 카이세리Kayseri | 튀르크의 묘당 형식

로 몽골의 침입은 다른 측면에서 아나톨리아의 튀르크화를 가속화시킨다. 그것은 튀르크 족속들이 몽골에게 쫓기거나 혼입되며 중앙아시아로부터 아나톨리아로 들어오는 이유가 된다. 아나톨리아 셀축 술탄의 집중력 약화가 소부족들의 유입을 자연스럽게 하는 것이다. 그러나 이 과정에서 중앙아시아의 문화와 튀르크의 이슬람 문화가 혼화된다.

셀축의 건축

셀축의 건축은 비잔틴 양식이 개입되는 오스만 튀르크의 것과는 확실히 구분된다. 사실상 셀축의 건축은 공간 구조의 짜임새가 세련되지 못하고, 구법은 남루하다. 그러나 셀축의 모스크는 그 이후 시기의 어떤 양식적 성취보다도 정신적인 깊이가 짙다.

셀축의 건축은 아나톨리아 전방에 걸쳐 있지만, 시간의 흐름을 다 넘지 못하고, 주로 당시의 대도시인 부르사Bursa, 사프란보루Safranbolu, 악사리Aksary, 에디르네Edirne, 카이세리Kayseri, 니데Niğde, 에르주룸Erzurum, 그리고 셀축의 수도였던 콘야Konya 등에서 만날 수 있다.

콘야 Konya

비잔틴 시대에 이 도시는 주교좌가 있는 중심적인 그리스도교 도시였다. 1087년 셀축 투르크 족이 이 지역을 점령한 다음 룸Rum 왕국을 건설했는데, 당시 이 왕국의 수도가 바로 콘야이다. 룸이라는 표현은 '옛 로마'라는 뜻으로 에르주름 등의 도시 이름에서도 나타난다. Rum

1190년 십자군은 화해를 원하는 셀축 인들의 의사와 관계없이 콘야를 점령하고 약탈했다. 1220년경 룸 왕국의 술탄 알레딘 카이코바드 1세는 체계적으로 성을 정비하고 왕궁에 페르시아의 학자들을 초빙하여 학문을 비롯한 예술을 발전시킴으로써 셀축 문화를 꽃피웠다. 특히 콘냐와 카이세리 사이 약 600km에는 모두 24개에 달하는 카라반세라이가 있어서 정기적인 무역이 가능했다.

1228년 메브라나라는 아프리카니스탄 출신의 이슬람 신학자가 콘야에 정착하면서 이 도시는 이슬람의 중심지가 되었다. 1250년부터 이 지역은 몽골의 지배를 받기 시작했다. 1320년대부터 셀축 튀르크 민족은 콘야를 중심으로 카라만 왕국을 건설했다.

메브라나 Mebland

콘야 중심에 있는 메브라나 사원은 13세기 이슬람의 신비주의자 메브라나의 무덤이 있다. 이슬람교의 안식일인 매주 금요일 아침, 사원 내부에서는 유명한 데르뷔쉬Dervish 춤의 의식이 벌어진다. 비교주의

데르뷔쉬 무용수들은 갈색 고깔모자에 흰 스커트를 입고 원을 돌며 점증하는 템포로 춤을 춘다. 그것은 춤이 아니라 차라리 종교적 카타르시스를 향한 도취의 경지이다. 이는 이집트의 수피 신비주의와 유사하다. 다만 수피의 종교 전례가 보다 화려한 의식성에 있다면, 메브라나는 훨씬 담백하고도 정신적이다. 그러나 음악과 힘찬 육체의 움직임을 정신적 몰입과 일치시키는 것은 비슷하다. 마치 최면상태에 이르며 종교적 카타르시스에 이른다. 물론 상당한 수련을 거쳐야 가능한 데르뷔쉬 춤은 폐쇄성에서 점차 관광사업이 되어가고 있다.

콘야Konya 메브라나 박물관 Mevlana Museum | 이 메브리나의 본거지는 현재 박물관으로 되어 셀축 종교의 문화를 전한다.
콘야 메브라나 박물관 내부

● 종교학교 Medrese

엄격한 공간

이슬람의 메드레세는 보통 종교학교 또는 신학교로 불리지만, 단순한 교리만을 배우는 것이 아니라 사회학 · 법학 · 의학 · 공학 등의 폭넓은 교육이 이루어진 것으로 보인다. 철저히 도제식 교육으로서 소수 정예의 이슬람 엘리트를 키웠다.

셀축 튀르크의 건축이 정신적이라는 것은 아주 엄정한 공간적 구조에서 긴장이 강한 관계의 구도를 가진 메드레세에서 잘 나타난다. 어찌 보면 메데레세는 우리나라의 서원書院과 같다. 신학적 교습은 엄한 규율, 개인의 절제와 강한 학습에의 집중을 필요로 하였을 것이다. 대칭의 공간적 구조에서 이루는 구심적 공간의 힘은 긴장한다. 더욱이 안뜰을 이루는 2개 층의 주변 높이는 안뜰의 공간적 긴장력을 더한다. 다만 이 메데레세는 콘야나 다른 아나톨리아의 것이 실내 교당을 갖는 것에 비해 하늘이 열려 있어 가끔 하늘을 볼 수 있어 긴장이 덜하다.

종합적 종교 교육

이슬람의 최고 교육기관인 메드레세는 단순한 종교 교육만이 아니라 의학 · 기술 · 문예를 교육하는 종합학교의 성격을 띤다. 학교의 공간은 그리 크지 않으나, 앞마당을 중심으로 회랑을 두르며 그 주위의 관계를 이루는 방들로 구성된다. 탑이 버티고 선 대문을 들어서면 그 직선축 가운데 마당이 드러난다.

이 비움은 밀도가 높게 에워싸는 주변 건축으로 완강하다. 마당은 비교적 수직비

무자페르 종교학교 Muzaffer Buruliye Medresesi 시바스Sivas | 이 엄격한 정문 안에 교육공간을 담는다.
'쌍탑 미나레를 가진' 종교학교 Cifte Minare Medresesi 시바스

가 높은 공간의 비례를 가져 폐쇄감이 짙고 장방형의 하늘이 푸르다. 건너편에는 교육 강단이 버티고 있다. 아마 이 공간도 학습의 긴장감이 맴돌던 장소였을 것이다. 공간 프로그램도 그러하거니와 공간 구도가 극도의 긴장감을 만든다. 그 공간에서 극히 금욕적이며 절대적인 개념인 이슬람 문화의 엘리트 교육이 전수되고 있었다.

● 에르주름 종교학교 Medrese | Erzurum

에르주름은 도시 자체가 해발 2000m에 있다. 도시는 비잔틴 시기의 테오도시오폴리스Theodosiopolis로 세워졌으나, 그 흔적이 분명하지 않은 것은 기독교화에 실패하고 셀축 시기에 들어 이슬람 문화에 도시가 변질되기 시작했기 때문이다. 1049년 셀축 투르크는 점령에 들며 Arz el Rum이라 바꿨다. 이것이 지금의 에르주름Erzurum으로 불려진다. 그만큼 도시민의 뿌리는 오래되고 깊은 이슬람 문화에 젖어 있었고, 중요한 셀축 시대의 문화재가 이 도시에 있다.

학교공간의 구조

1층의 아케이드와 2층 갤러리를 이루는 작은 방들은 교수나 조교들의 방이다. 이 방들은 채광이 극히 제한되며 장식이 없는 백색의 단조로운 공간이다. 셀축 튀르크의 모스크는 기본적으로 미나레의 평면에서 중정을 실내로 채운 것과 같은 구조다.

모듈

공간의 스케일은 다음 시기인 오스만 튀르크에 비해 현저히 작지만, 공간의 규범성은 지나쳐 보일 만큼 엄격하다. 평면은 직방형의 모듈이 반복되면서 크기를 키워나가는데, 방형 모듈이 돔의 크기와 동조한다. 초기의 구조 기술적인 문제 때문

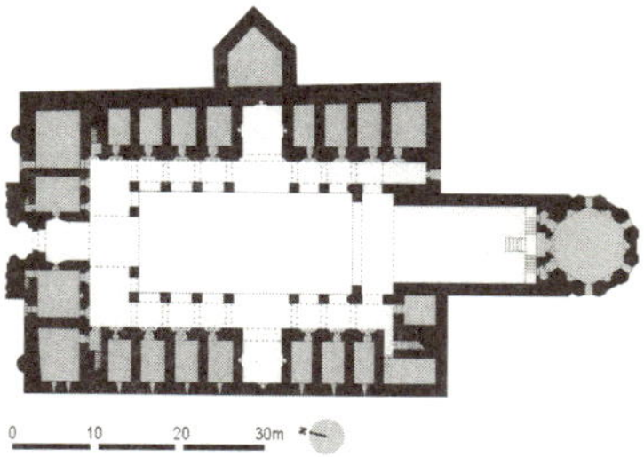

'두 개의 미나레를 가진' 종교학교 Cifte Minare Medresesi 에르즈룸Erzurum | 1253 | 긴박한 공간적 밀도에서 교육공간
'쌍 미나레의' 종교학교 에르주름 | 외관
'쌍 미나레의' 종교학교 에르주름 | 평면, 왼쪽이 입구를 들어서 주랑이 있는 마당에 이르고 그 정면이 강단이다.
인제 미나레 종교학교 Ince Minarae Medresse 콘야Konya
인제 미나레 종교학교 콘야 | 정면
인제 미나레 종교학교 콘야 | 주 돔

에 이 단위 공간의 크기는 제한되지만, 후에 오스만 튀르크 건축의 핵심이 되는 돔의 초기 형태가 여기에서 구체화된다. 특히 사각형 평면 위에 돔을 얹기 위한 스퀸치의 해법이 주목된다. 이 스퀸치는 비잔틴과 오스만 건축의 펜덴티브의 초기 형식이라고 할 수 있다.

스퀸치

모스크의 기본 구성인 미나레(Minaret, 탑), 샤드르반 (Şadrivan, 洗淨泉), 미흐랍(Mihrab, 指聖所), 민바(Minbar, 頌讚臺) 등이 기본 원칙으로 구성된다.

터키의 사원은 자미Cami라 하여 보편적인 아랍의 용어로서 모스크Mosque와는 구분된다. 따라서 이 글에서는 일반용어로서는 모스크라고 쓰고, 고유명사로서는 자미로 쓴다. 또한 이 글에서는 구성되는 프로그램에 따라 여러 가지 기능이 복합된 콤플렉스 Kulliye(Complex)와 단순 사원 형식인 자미Cami를 구분하여 쓴다. 모스크를 굳이 우리말로 한다면 회교 사원으로 말하기도 하지만, 타 종교의 시설과 구분하기 위해 한국 이슬람에서는 성원聖院이라고 한다.

● 예쉴 자미 Yeşil Cami, Green Mosque | Bursa | 1419

튀르크 모스크의 초기 양식인 예쉴 자미는 셀축의 양식과 상당히 겹쳐 보인다. 예실Yeşil은 '푸른'의 뜻이다. 평면을 보면 정방형의 조합으로 평면을 짜고 이에 돔을 얹는 단순한 구성이다. 비교적 기하학적 해석이 단순한 만큼 역학적 해결도 용이하다. 물론 펜덴티브의 기술과 미적구성 능력이 절대로 필요하지만, 공간적 상상력이 확장되는 오스만 튀르크의 건축과는 구분된다.

현관 다음의 전랑은 개방적인 홀이 아니라 곧바로 신랑에 들여보내듯이 조밀한 공간이다. 신랑은 중앙의 정방형 2개가 대칭을 이루는데, 여성과 예배자의 구분을 위한 것이다. 후진의 규모가 신랑 못지않으며 여기에서도 좌우에 작은 방을 대칭으로 거느리고 있다. 평면의 전체적인 구도만이 아니라 세부까지 대칭성이 엄격하다.

● 알라딘 자미 Alaedin Keykubad Cami | Konya

셀축 모스크 양식의 전형성을 볼 수 있는 모스크지만, 세대가 흐르면서 확장을 거듭하는 동안 원형이 많이 변질되었다. 증축된 부분에서는 웬일인지 치수, 모듈, 접합, 요소 디자인들이 부적확하다. 구조 재료를 여러 곳에서 공출한 구재舊材를 재사용하기 때문에 구조적으로 졸렬하고 하자瑕疵도 많게 마련이다. 그리스 고전 이오닉에서 정체 모를 낭만주의 기둥 양식까지 혼재되어 있다. 아치는 한 방향으로만 구성되어 직교 방향으로는 현저히 취약해진다. 무엇보다도 공간의 구조가 의도적이기 보다는 무작위적인 구축으로 보인다.

특별히 이 건축을 소개하는 것은 건축가의 개념-공간 구성-구조적 해결-요소 디자인에 이르는 전 과정에서 일관성이 얼마나 중요한가를 알기 위함이다.

● 셀축의 퇴락과 오스만 튀르크의 등장

몽골에 패한 아나톨리아 셀축은 이란 지방의 몽골계 일한국의 변방이 된다. 1308

터키의 사원은 자미Cami라 하여 보편적인 아랍의 용어로서 모스크Mosque와는 구분된다. 따라서 이 글에서는 일반용어로서는 모스크라고 쓰고, 고유명사로서는 자미로 쓴다. 또한 이 글에서는 구성되는 프로그램에 따라 여러 가지 기능이 복합된 콤플렉스 Kulliye(Complex)와 단순 사원 형식인 자미Cami를 구분하여 쓴다. 모스크를 굳이 우리말로 한다면 회교 사원으로 말하기도 하지만, 타 종교의 시설과 구분하기 위해 한국 이슬람에서는 성원聖院이라고 한다.

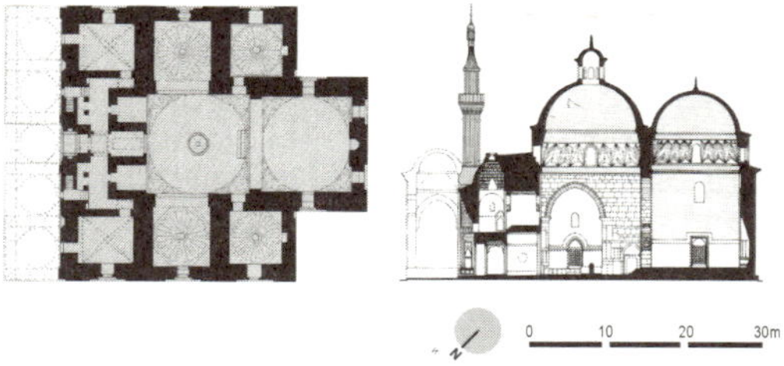

푸른 자미 Yeşil Cami (Green Mosque) 부르사Bursa | 1419 | 간결한 방형의 조합으로 구성되는 평면과 돔
단면 | 첨탑이 있는 왼쪽으로부터 입구, 기도 홀, 맨 오른쪽에 단이 높은 성단으로 구성된다.
푸른 자미 부르사 | 내부 정면으로 미흐랍이 중심 중에 있다.

년 마지막 술탄 마수드Masud 2세가 카이세르에서 병으로 죽은 뒤 새로운 술탄을 임명받지 못하고, 아나톨리아 셀축은 사라진다. 이로써 셀축 조는 공식적으로 소멸되어버렸다. 일한의 총독이 통치하는 한 주로 격하되는 것이다.

이즈음 비잔티움의 지도는 엉망이 되었다. 비잔틴 문화를 유지하는 것은 콘스탄티

알라딘 자미 Alaedin Keykubad Cami 콘야Konya | 외관은 시간의 덧칠로서 변질된 부분이 많다.
알라딘 자미 콘야 | Mihrap와 목조 Minbar

쌍탑 미나레 종교학교 Cifte Minare Medresesi 시바스Sivas | 이슬람의 문양은 종교적 이유에서 식물이나 기하학적 패턴으로 제한된다.

노플과 터키 흑해 연안의 트라브존Trabzon 정도이다. 4세기 말부터 동로마에 귀속된 트라브존은 이후 로마와 아랍 간의 전쟁에 휘말리지만, 흑해의 지정학적 위치에서 비교적 오래 비잔틴 문화를 향유한다.

오스만 튀르크 제국

룸 술탄국 중의 다른 한 세력이 있었으니, 아나톨리아 북서부의 에스키세히르 Eskişehir 근처의 쇠위트Söğüt에 자리 잡은 오스만이다. 이 부족의 초기 규모는 그리 대단하지는 않지만, 건국 초기의 뛰어난 술탄의 영도로 15세기에는 세계사적인 대제국으로 성장하게 된다.

오스만 튀르크의 아나톨리아 제패

오스만 군주국이 주변 부족을 군사적, 정치적으로 제압할 수 있는 것은 종교적 힘이다. 그들은 정화된 이슬람으로서 정통 신학을 정립시킬 수 있었으며, 동시에 종교 문화와 데르비쉬 교단을 끌어들일 수 있었기 때문이다.

오스만의 동진

비교적 비잔틴에 가까운 위치에서 일어나는 이 군주국은 반세기 만에 유럽까지 뻗어나갈 행정과 군사적 조직을 완성한다. 초기의 지속적인 확장은 이즈닉 İznik(1331, 비잔틴의 Nicaea), 이즈미트 İzmit(1337, 비잔틴의 Nicomedia), 위스크다르Üsküdar(1338, 보스포루스 동편)가 오스만 군주국에 편입되었다. 1324년 오르한Orhan(1324~1360)은 1324, 26년 비잔티움의 주요 도시인 부루사Bursa를 차지하여 수도로 삼는다.

술탄은 비잔티움의 요아네스 쿤타쿠제스Contacuzenus 6세(1347~1354)가 요아네스 5세 팔레오로구스Palaelogus로부터 황제권을 빼앗는 데 협력한다. 그 후 술탄은 요아네스 쿤타쿠제스 6세의 딸 테오도라Theodora와 정략 결혼한다. 이처럼 비잔티움의 내분에 개입한 오스만은 비잔티움의 약화된 실체를 아주 가까이에서 목격한다. 그리고 마르마라 해안에 이른 후에는 유럽으로 진출하는 교두보를 구축한다.

오스만은 1354년 다다넬즈Dardanelles 해협을 거쳐 겔리폴리Gellipoli에 요새를 축성하였다. 같은 해에는 앙카라Ankara를 장악하는데, 이는 오스만 터키의 확장이 서방으로만이 아니라 동방을 포함한 아나톨리아 전역에 걸친다는 사실이다. 이슬람 세력의 서진으로 위기를 느낀 발칸에서는 헝가리, 불가리아, 세르비아가 십자군을 구성하고 공격을 준비하나, 1355년 스테판 황제의 사망으로 무산되고 말았다. 비잔틴의 요아네스 5세(1341~1376)도 로마 교회의 힘을 얻어 오스만에 대항하기 위한 지원을 요청하지만 반응을 얻지 못한다. 무라트 1세(1362~1389 통치)는 발칸 반도로 확장하며 불가리아 소피아 함락(1385), 마케도니아의 테살로니카 함락(1387), 알바니아와 아드리아 해까지 확장한다. 1389년 코소보Kosobo 전투에서 세르비아가 이끄는 발칸 연합군을 격퇴하고 이슬람의 뿌리를 내린다. 20세기 말에 유고슬라비아 코소보와 세르비아의 종교 분쟁의 비극은 이때 잉태된 것이다. 당시 유일한 저항 세력은 헝가리 정도만 남아 있다.

오스만, 아나톨리아

이렇게 발칸의 비잔틴 지역은 오스만의 지배를 받기 시작했다. 콘스탄티노플은 고립되고 십자군 파견을 위한 교황의 호소와 헝가리군의 무장 항거는 무위로 돌아간다. 이때 무라트의 속내에 있던 서쪽 정벌의 의지를 알아채도록 하는 방법은 수도를 부르사에서 보스포러스 넘어 유럽 쪽의 에디르네Edirne로 천도하는 것이다. 에디르네는 Adrianople, 비잔틴에서는 Adrianopolis, 즉 아드리아누스의 도시라 하였다. 현재 이스탄불의 서쪽, 불가리아와 그리스 국경에 가깝다. 튀르크의 아드리아노폴리스 천도로 콘스탄티노플은 사면초가의 형국이 된다.

오스만, 발칸

두 대륙에 걸친 영토를 갖게 된 오스만의 힘은 그 자신이 키운 부국강병에도 있지만, 유럽과 비잔틴의 분열 상황이 더 큰 이유가 된다. 오히려 서로가 견제하기에 더 급급한 불가리아, 세르비아, 비잔티움은 오스만 튀르크를 자신들의 편으로 끌

오스만, 두 대륙

어들이려 했다. 프랑스와 영국은 백년전쟁(1337~1453) 중이었고, 베네치아와 제네바는 해상무역권을 두고 서로 치열하게 경쟁하고 있었으며, 로마 교회는 종교분쟁으로 가장 취약한 정황이었다. 1347년 흑사병이 크름에서 콘스탄티노플을 휩쓸고 있었으며, 5년 동안 유럽 전역으로 확산된다. 그동안 비잔티움의 극심한 식민지 찬탈은 발칸 지역에서와 같이, 오스만의 통치를 견디기 쉬운 것으로 여기는 정황이다. 초기에 유럽 지배에 들어간 오스만은 이슬람 개종을 강압하였으나, 기독교의 종교 의식을 강제로 막지도 않았다.

예니체리Yeniceri 외래인들로 조직된 공포의 무적 군사력이었다.
현재 터키 육군의 군악대가 이 패션을 차용한다.

부국강병

오스만의 왕가는 오랜 동안 능력 있는 통치자를 배출하였다. 계속적인 주변 튀르크 족을 흡수하며 셀축 인들을 받아들여 그들의 행정 능력과 예술 문화를 흡수하였다. 가장 효율적인 것은 군사 조직으로서 기병과 보병의 막강한 군비를 갖출 수 있었다. 특히 특무 보병 부대인 예니체리Yeniceri와 같은 특수한 조직이 큰 힘이 된다. 예니체리는 '새로운 군대'라는 뜻이다. 초기에는 전쟁 포로, 군사 노예, 용병으로 구성된 막강한 전진 군세였다. 대부분 이탈리아와 동유럽의 외래 인종들이 자신의 생존을 걸고 복속하는 특성상 최강의 능력을 유지했지만, 지속적인 승전에 힘입어 점차 술탄의 친위대 성격이 된다. 그러나 후대에는 군사 비리의 원천, 항명의 주체가 되기도 한다.

이민족의 포섭

정복지로부터 대량의 노예가 생기고, 자연스러운 이민족의 유입이 이루어지며, 튀르크 사회는 다인종 다문화를 형성한다. 무라트 1세의 유럽 정복으로 그리스인, 불가리아인, 세르비아인들은 오스만 제국 지배계층의 튀르크 인과 결혼으로 인종적 혼합이 촉진되었다.

오스만 제국의 팽창은 비잔틴과 셀축이 동시에 붕괴하고 발칸 반도가 분열하는 국제 정치의 환경에 큰 이유가 있지만, 아나톨리아 안에서도 소군주국의 할거가 통일 오스만 제국을 만드는 데에 유리하게 작용한다.

콘스탄티노플의 위협

무라트의 후계자 바예지드Bayezid 1세(1389~1402)는 동부 아나톨리아와 투르크멘 공국을 복속시켜 평정한 다음 즉시 유럽으로 출병하였다. 다뉴브 강을 건너 헝가리로 침략하며, 1390년대에 몇 차례 콘스탄티노플을 포위하였다. 동쪽으로는 삼순Samsun과 시바스Sivas에 있는 소군주국들을 흡수하였다.

이즈음 오스만으로서도 몇 차례의 정치적 위기가 있다. 100년 전쟁이 잠시 멈춘 사이 군사력을 비축할 수 있었던 서유럽의 프랑크가 1396년에 헝가리와 연합하여 오스만을 향해 원정에 오른다. 그러나 십자군의 자만으로 이 공격은 오스만에게 참패당하는 결과로 끝난다. 그리고 이것이 마지막 십자군 원정이다. 튀르크의 포위로 절명의 위기에 있던 콘스탄티노플의 마누엘 2세는 그 위협이 갑자기 사라졌음에 놀란다.

몽골의 서진

유럽에서 승승장구할 때 동쪽으로부터 황색의 위협이 다가오고 있었다. 몽골 제국의 후예인 티무르(Timur, Tamerlane, 1336~1405)의 침공이었다. 오스만에게 추방당한 여러 소군주들의 청원을 안고 티무르는 1402년 앙카라 전투에서 바예지트를 격퇴하고 술탄을 포로로 잡았다. 술탄은 그 이듬해 사망하고 아나톨리아에서 소군주들이 회생하는 동안 오스만의 영역은 반세기 이전의 상태로 돌아간다. 티무르의 공격이 중부 아나톨리아로 확대되지 않는 것은 그들의 원래 목표였던 인도 정벌에 착수하며 아나톨리아의 위기는 풀렸다. 그러나 오스만의 내부에서는 갑작스런 베야지드의 죽음으로 후계 지정이 혼란되고 정국은 내란 상태에 빠져든다.

결국 1413년 메흐메트Mehmet 1세(1413~1421)의 패권으로 오스만 튀르크의 기운이 수습된다. 무라트 2세(1421~1451)는 세르비아, 헝가리, 마지막 십자군의 위협을 평정하고 비잔틴의 종언을 부른다.

베네치아와 충돌

무라트는 베네치아와의 일전을 불가피하게 생각한다. 베네치아는 그때까지 흑해와 오스만 지배하의 중요한 무역로를 활용하며 비교적 우호적 관계를 유지하고 있었다. 그러나 베네치아가 비잔틴으로부터 살로니카(Salonica, Thesalonica)를 확보하고, 오스만이 마케도니아를 지나 베네치아의 앞마당과 같은 아드리아 해로 진출하는 것을 저지하려면 양국의 충돌은 피할 수 없는 일이다. 1423년 시작된 전쟁은 7년간 장기화되는데, 아직 해전에 익숙하지 못한 무라트의 해군력 보강이 필

콘스탄티노플의 함락

요하였고, 헝가리의 준동으로 오스만-헝가리 전을 피할 수 없었다. 1430년 베네치아를 격파하고, 1432년 평화조약을 체결하며 오스만이 아드리아의 제해권을 잡는다.

콘스탄티노플의 위축

이즈음 콘스탄티노플의 영역은 오스만 튀르크에 공물을 바치는 작은 주변 영주를 포함한다 하더라도, 사실상 도시 자체가 그 전부였다. 1422년 무라트가 포위공격을 시도하나 실패하고, 오스만 해군의 열세가 해상 공급로를 차단하지 못해 콘스탄티노플은 생명을 부지할 수 있었다. 무라트는 1434년 헝가리와의 대결을 다시 시작하고 세르비아를 완전히 장악한다. 1444년 에디르네 협정을 통해 헝가리는 왈라치와와 벨그라드를 차지한다. 그리고 무라트 2세는 술탄 자리를 그의 어린 아들에게 양위하고 전원생활로 돌아간다.

어린 메흐메트Mehmet 2세(1451~1481)에게 양위가 결정되자, 유럽에서는 또 다른 전쟁을 계획한다. 보다 못한 무라트가 술탄에 복귀하며, 유럽 십자군을 괴멸시키는 데 그것이 최후의 십자군 전쟁이다. 1451년 무라트 2세는 별리하고, 메흐메트 2세가 다시 정식 술탄에 오르는데 그는 이제 청년 술탄이 되어 있다.

메흐메트 2세는 술탄에 오르면서 콘스탄티노플의 정복을 숙명의 목표로 삼는다. 술탄은 보스포루스 해협의 유럽 쪽에, 해협의 아시아 쪽의 성곽과 함께 전진 기지를 갖춘다. 술탄은 콘스탄티노플 공략을 위해 보스포루스 동쪽의 아나돌루 성 Anadolu Hisarı을 연대하는 전략으로 해협 서쪽에 루멜리 성 Rumeli Hisarı을 축성한다. 아나돌루 성은 동쪽 대륙Anadolu의 성Hisarı이고, 루멜리 성은 유럽 Rumelı의 성Hisarı이라는 뜻으로 보스포루스를 끼고 콘스탄티노플의 공략을 위한 2개 거점이 구축되는 것이다. 두 성은 보스포루스를 끼고 서로 건너다보고 있게 된다. 이는 에게 해로부터 들어오는 비잔틴 군수 경로를 차단하는 기능이며, 자신들의 군수 거점이다.

공략 준비

1452년에 시작된 축성은 5개월 만에 완성된다. 성벽은 전장 250m, 높이 평균 15m, 폭 3m이고, 성곽은 13개 요새, 3개의 큰 탑과 9개의 작은 탑을 가지고 있다.

루메리 성 Rumeli Hisarı 1452 | Mehmet II the Conqueror가 건설, 콘스탄티노플 공략을 위해 아시아 쪽 Andolu Hisari와 연대하는 전략적 성곽이다. 보스포루스의 주된 비잔틴의 군수 경로를 차단하는 거점으로서 많은 성탑과 포대를 갖고 있다. 사진의 왼쪽 윗부분이 보스포루스 해협. 오스만 시기에는 군사기지 및 감옥으로 사용하였다. 13개 요새, 3개 주탑 망루, 모두 13개 망루를 갖고 있다.
콘스탄티노플의 입성, 메흐메드2세 | 1453.5.29. | JJ뱅자맹 콩스탕 | 1876 | 오귀스탱박물관

해군의 증강과 중세 최강의 포대를 완성하고, 1453년 콘스탄티노플에의 포격이 시작되었다. 당시 콘스탄티노플은 이미 주민들이 거의 빠져나가고 10여만 명의 인구, 황제와 외국인 용병을 포함하며 7~8000인의 군대가 25만 명의 회교 군에 맞서 성을 지키고 있었다. 성은 견고하며, 세 면이 바다에 면해 비교적 저항이 쉬운 구조였다. 공격 시작

고대하던 유럽의 지원군은 오지 않고 믿었던 베네치아마저 주저하고 있었다. 마지막 제노바의 지원이 있었지만, 중과 부족, 콘스탄티누스 11세는 장엄한 괴멸을 선택한다. 1453년 5월 29일 성벽은 함락되고 콘스탄티노플의 마지막 황제 콘스탄티누스Constantinus Paleologus 11세(1449~1453 재위, 비잔틴 83대)의 시신도 찾지 못한다. 330년에서 1453년 동안 1123년의 비잔틴 제국이 멸망하게 된다. 비잔티움의 멸실

비잔틴과 튀르크 문화의 만남

1453년 콘스탄티노플이 함락되고 난 후 도시에 들어선 메흐메트 2세(1451~81, Fatih)는 장려한 비잔틴 문화에 압도되어 문화의 기저가 될 수 있다는 믿음을 갖게 된다. 콘스탄티노플 접수

패자에 대한 약탈은 정복자에게 관례적인 것이었으나, 비교적 유럽의 십자군에 의한 약탈처럼 황폐화되지는 않는다. 왜냐하면 메흐메트에게 콘스탄티노플 정복이란 오스만 제국의 중심으로 정착하려는 의도이기 때문이다. 도시의 이름은 이스탄불로 바뀌고, 술탄은 도시의 회복과 도시 자산의 보존을 힘쓴다.
그것은 일찍이 아랍의 유미적인 감각과는 다른 차원의 건축적 질량을 가지고 있으며, 특히 공간의 종교적 호소력은 셀축 건축에서도 갖지 못하던 것이다. 더욱이 고도의 건축적 심미의 세계는 세련된 구조와 기술의 사실로서 오스만의 건축가들을 매료시켰다.

정복자

콘스탄티노플의 점령 후 메흐메트 파티흐Fatih(정복자, 승리자)는 베야지트 Beyazit 광장을 새롭게 건설하면서 이스탄불의 도시 재개발에 착수한다. 토프카프 궁전(Topkapı Sarayı, 1465)이 술탄의 궁실로 지어지며 파티흐 모스크(Fatih Cami, 1470) 등 190개의 모스크가 건설되었다. 그 중에는 하기아 소피아를 포함하여 18개의 성당이 모스크로 개조되는 작업이 포함된다. 이러한 개조 작업은 곧 오스만 이슬람 건축이 비잔틴 영향을 수용하는 방법이 되기도 한다.

이스탄불 풍경

콘스탄티노플이 이스탄불로 되자, 이슬람 도시로서 면모를 갖추기 시작한다. 이스탄불은 옅은 구릉을 여럿 가진 지형으로 마치 로마의 지세와 비슷하다. 이 언덕 정상에는 모스크가 건축되며 도시의 풍경이 결정된다. 정신적 장소이기도 한 모스크를 항상 일상의 시선에 두는 의도일 것이다. 둥근 구릉의 큰 리듬을 따라 모스크의 돔들이 작은 리듬을 첨가하며 가는 첨탑Minaret의 수직선은 피치카토를 이룬다. 모스크 건축에 대한 열정에 비하면 일반 건축은 졸렬하게 보인다. 심지어 왕궁의 건축적 면모도 모스크에 비해 현저하게 미약한 것이 특징이다. 이는 세계의 모든 봉건 국가에서 최고의 건축을 왕궁으로 이루고자 하는 권위성에 비해 비교되는 점이다.
오스만 튀르크는 그동안 위축되었던 지방 도시와 근교를 재건하기 시작한다. 튀르크, 아르메니아, 그리스의 예술가들이 들어왔다는 사실은 이스탄불의 다국적 다원주의적 조형의 조건이 될 것이다. 많은 사원과 목욕탕, 시장을 세우며, 발칸 반도, 흑해 연안, 에게 해의 정복지 주민들을 이주시켜 살게 했기에 도시 문화 자체가 다양했을 것이다.

14세기 초 모로코에서 태어난 이븐 바투타는 1325년부터 세계 여행에 나선다. 그가 상세하게 기록한 여행기가 전해지는데, 그 여행기를 읽어보면 14세기 전반 이슬람 사회의 현장을 볼 수 있다. 그 기록은 그동안 서양인의 시선에 의존하여 왔던 역사의 현장을 다른 시선으로 보여준다. 다시 말해 서양인들이 그를 타자의 시선이라고 여기며 보여주는 것이 흥미롭다.

> 콘스탄티노플은 대단히 큰 도시로서 두 부분으로 나뉘는데, 가운데를 밀물과 썰물이 심한 강이 흐르고 있다(이 부분이 골든 혼일 것인데 강으로 표현하고 있다. 그만큼 해협은 좁고 흐름이 빠르다). 원래 강 위에는 다리가 하나 있었으나 이미 파괴되어 지금은 배를 타고 건너다닌다. 강의 이름은 아부쑤미Abusumi이다. 시의 두 부분 중 한 부분을 아스퇀불 Asṭanbul이라고 하는데, 강 동안東岸에 있으며, 여기에는 쑬퇀과 정부 관헌들, 기타 서민들의 주택이 있다. 시장과 거리는 석판을 깔고 널찍하며, 직종별로 구획되어 있어 서로가 뒤섞이지 않는다. 시장마다 문이 있어 밤이 되면 잠그고, 공장工匠과 매점상은 대부분 여성들이다. 도시는 바다 쪽으로 9마일쯤 뻗어 들어간 산기슭에 있다. 산꼭대기에는 작은 보루와 궁전이 있다. 산에는 든든한 성벽이 둘러싸여 있어 바다로부터는 누구도 잠입할 수 없다. 산중에는 약 13개의 촌락이 있다. 가장 큰 성당이 이 부분 중앙에 있다(이 성당이 하기야 소피아다).
>
> — 『이븐 바투타 여행기』, 이븐 바투타

> 도시의 두 번째 부분은 갈라퇴al-Galaṭah라고 하는데, 강 서안西岸에 있다. 이 부분에는 유럽 al-Ifranj인들만이 살고 있다. 유럽인들이란 여러 인종인데, 그중에는 자우윤들, 베네치아인들 al-Banādiqah, 룸인들Rnūmiyah, 프랑스인들 Ifransah이 있다. 그들은 콘스탄티노플 왕의 치하에 있기는 하나 인종마다 그들이 원하는 사람을 수령으로 모시고 있다. 그러한 수령을 대사제(大司祭, qummus)라고 한다. 그들은 해마다 콘스탄티노플 왕에게 세공歲貢을 바치지만, 때로는 왕에게 반기를 들어 전쟁이 일어나기도 한다. 그러면 교황al-Bābā이 나서서 화해시키곤 한다. 모두가 상인들이다. 항구가 대단히 큰데, 대형 선박만도

100척이나 있으며, 기타 소형 선박은 부지기수다. 이 부분에 있는 시장들은 번화하지만, 지저분하기 짝이 없으며, 더럽고 자그마한 강이 관류하고 있다. 성당이란 별 볼 것이 없다.

–같은 책

대성당에 관해서는 안에 들어가보지 못했으므로 외형만 이야기할 수밖에 없다. 현지인들은 아야쑤피야Ayāsūfiyā라고 부른다. 전하는 바에 의하면, 이 성당은 쑬라이만—그에게 평화를—의 이모 아들인 아쉬프븐 바르하야가 지은 것이라고 한다. (이븐 바투타는 이 성당이 오스만 튀르크 함락 이후 이스탄불 시대에 만들어진 것으로 착각하고 있다.) 룸인들의 가장 큰 성당으로 사방에는 벽이 둘러 있어 마치 하나의 도시를 방불케 한다. 성당에는 모두 13개의 문이 있으며 누구나 들어갈 수 있다. 나는 방금 이야기한 왕(쑬탄)의 아버지와 이 문에 들어섰다. 말이 문일 뿐 흡사 대리석을 깔아둔 응접전과 같다. 성당에서 나오는 도랑이 이 문을 지나가고 있다. 1완척 높이의 도랑벽은 대단히 섬교하게 다듬은 무늬 대리석으로 쌓고 도랑 양측에는 나무를 일렬로 심었다. 성당 문으로부터 이 정원 문에 이르는 사이에는 나무 받침대가 높이 서 있는데, 그 위로는 포도넝쿨이 줄줄이 뻗어 있고, 밑에는 재스민과 여러 가지 향초가 자라고 있다.

–같은 책

바예지트

메흐메트의 후계자 바예지트Bayazid 2세(1481~1512)는 통상에 힘쓰며 국가재정을 든든히 하며, 영토는 계속 확장되어 결국 베네치아를 복속시킨다. 잠시 샤 이스마일 Şah İsmail에 의해 부활한 페르시아가 오스만 동부를 위협하지만, 바예지드의 후계인 셀림Selim(1512~1520)이 격파한다. 이후 1517년에는 이집트가 함락된다. 이 정복은 마침 이집트의 통치 아래 있던 시리아를 포함하는 것이다.

대체로 이때까지 오스만의 영토는 주로 비잔틴 권역에 힘을 기울이던 것이었는데, 이제 아나톨리아의 동남쪽 중동으로 확대된다. 이는 아랍 문화와의 보다 넓은 접촉을 의미하기도 한다. 곧 2개의 역사적 도시인 다마스쿠스와 카이로이며, 이슬람의 메카와 메디나, 예루살렘이 이스탄불에 종속된다. 1512년 베오그라드, 1513년

로도스가 정벌된다.

비교적 오랜 통치 기간을 가지는 슐레이만Suleyman(1520~1566)은 전대의 과제이던 1526년 오스트리아를 평정하기 위해 진격하나 여의치 않아 철수한다. 그러나 헝가리와 루마니아 중부의 트란실바니아Transylvania가 오스만 제국에 떨어진다. 지중해 남쪽으로는 북아프리카 해안을 따라 튀니지와 알제리까지 확장되었다. 다시 동쪽으로의 진격에서 슐레이만은 이라크를 차지하고 바그다드를 합병한다. 이제 오스만 제국은 페르시아 만에 이르렀다. 홍해 남단의 아덴Aden과 예멘Yemen을 정복하고 홍해를 내해內海로 삼는다. 17세기까지 계속되는 확장은 오히려 너무 긴 해안선으로 인하여 방어와 내부 관리에 어려움을 겪게 한다.

슐레이만

오스만 튀르크 건축

비잔틴 시기에서 돔은 건축 형태와 공간에 지배적인 요소이다. 하기아 소피아(532~37)에서 중앙 돔과 2개의 반 돔을 거느리는 네이브는 주변의 볼트와 함께 공간을 합창한다. 돔의 횡력 해결이 역학적 난제이기도 하였지만, 시공의 적확도가 더 중요한 입체기하학의 문제이기도 하였다.

음악적 조형

비잔틴과 튀르크의 돔은 건축을 구성하는 데 있어서 독립적이지 않다. 구조로서, 공간으로서, 형태에서도 여러 돔은 주변 요소와 함께 합일되어야 한다. 최상의 위계에 있는 중앙 돔에서부터 주변부를 이루는 작은 돔에 이르기까지 하나의 음악을 합창한다. 이 크고 작은, 높고 낮은 돔의 리듬은 음악적 폭포와 같다. 매스의 실체와 오픈된 허체가 뚜렷한 음영으로 구조화된다. 전체의 윤곽이 주제를 이끌어가면서 수직적 요소인 첨탑과 굴뚝이 스타카토를 넣는다. 이 모든 것은 정방형의 집합과 수열적 조합으로 이루어지기 때문에 아주 명료한 인상을 만든다.

코트

모스크에서 코트의 공간이 중요한 것은, 초기 기독교 건축과 마찬가지로 정신적 전이의 성능 때문이다. 모스크에서 샤드르반Şadirvan은 기도에 앞서 몸을 씻는 행위로 곧 정신적 준비를 시작하는 설비이다. 모스크의 코트는 열주랑으로 완벽하게 위요되는데, 주랑은 풍부한 공간적 스케일을 차지하며 코트의 중심과 모스크의 입구를 응시하도록 구조화되어 있다.

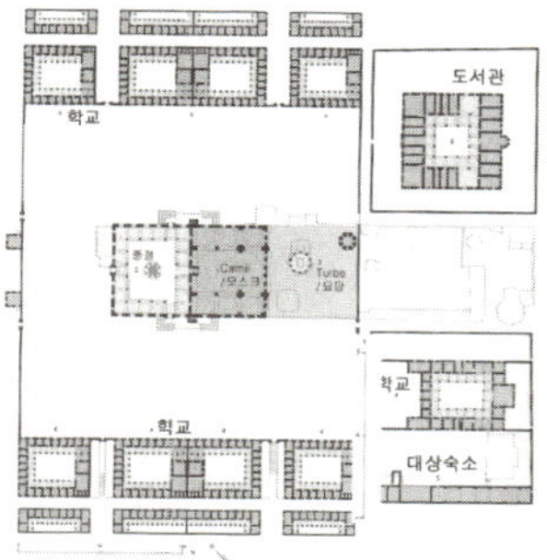

파티흐 콤플렉스 반 돔 및 중앙 돔
파티흐 콤플렉스 Fatih Kulliye Istanbul | 1471 | 배치도, 중앙의 성원을 두고 오른쪽에 이어 묘당이 있다. 도서관과 학교를 묘당 뒤에 두는데 길가에 대상숙소가 배치된다. 그밖에 병원과 구휼소가 큰 블록을 차지한다.
파티흐 콤플렉스 코트와 주랑은 항상 주변을 경계 짓고, 마당으로 기운을 모은다. 여기에서 주랑은 그늘을 만들면 묵상의 공간이 된다.
파티흐 콤플렉스 지성소, 민바

돔

돔의 구법은 오스만 시기에 이르러 현저하게 진화되며 튀르크의 건축을 '돔의 건축' 으로 말할 정도다. 특히 돔의 폭포를 이루는 풍경은 구조적인 원숙함과 형태의 위계적 구성력이 진보한 결과다.

오스만 튀르크 시기부터 단일 돔, 복수 돔, 복합 돔 등의 발달로 모스크뿐만이 아니라 학교Medrese, 욕장Hanam, 궁실, 시장 등에 적용되어 갔다. 맑은 샘물을 공급하는 천정泉亭은 도시의 공공장소에서 시민들에게 휴식 공간과 식수를 공급한다. 이 유럽의 분수대가 조각적인 것에 비해 투르크의 천정은 건축적이다. 규모가 있는 것은 형태와 상세 장식에서 건축 이상으로 공을 들인다.

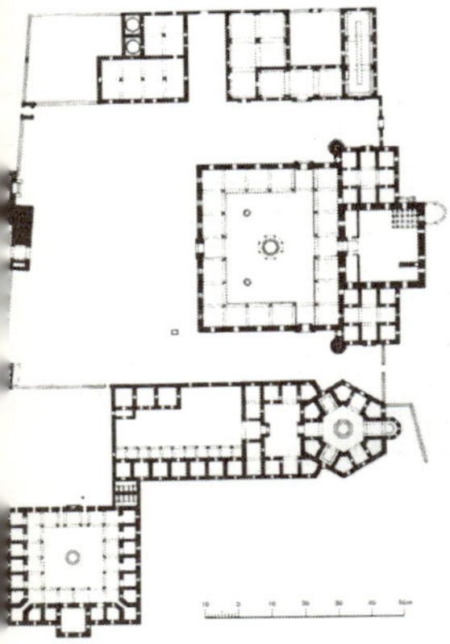

베야지트 자미 Beyazit Cami | Istanbul | 1506 | 배치
베야지트 자미 정면 코트에서
베야지트 자미 코트의 주랑 | 코트에서 내부공간으로의 전이성이 부드러우며 조형의 일관성을 갖는다.
베야지트 자미 내부 기도 홀

복합적 종교 기능

오스만 튀르크의 모스크는 단순한 기도 공간만이 아니라, 일종의 복합단지인 퀴리예Külliye이다. 여기에는 학교, 구휼소救恤所, 공중식당, 병원, 정신병원, 도서관, 묘당廟堂, 카라반 숙소 등의 여러 가지 사회적 기능을 포함한다. 소규모의 모스크는 단독 건물로 지어지지만, 도시의 대규모 모스크는 대개 이러한 복합적 사회기능이 프로그램으로 되어 있다. 오스만 튀르크 초기의 모스크 건축은 다음과 같은 모습들이다.

● 파띠흐 콤플렉스 Fatih Külliye | Istanbul | 1463–71

1453년 콘스탄티노플을 함락하고 들어온 메흐메트 2세(Mehmet II, 1451~81)는 이스탄불에 기념적 규모의 모스크를 짓는데, 그 건축의 텍스트가 비잔틴 성당이다. 그리고 성원聖院의 이름인 파티흐는 '정복자, 승리자' 라는 뜻이다.

1471년에 건축된 프로그램은 단순한 사원이 아니라 사회복지를 포함함 단지 형식이었다. 이 복합 시설은 1000명의 학생을 수용할 학교, 대상 숙소, 병원, 몇 개의 터키 욕탕, 공공 주방 그리고 시장을 포함하는 거대한 프로그램으로 되었다. 파띠

술탄 아흐메트 자미 Sultan Ahmet Cami Blue Mosque | Istanbul | 1609–17 | Mehmet Ağa | 평면, 정방형 안의 반원과 정원의 수열로 서 반 돔과 정 돔, 외부 회랑의 수열적 구성
술탄 아흐메트 자미 주 기도 홀 주 돔과 주변의 부속 돔이 점증적인 조형을 이룬다.

흐 콤플렉스는 크고 작은 스케일과 정원, 반원의 조합이 어우러지는 모습을 볼 수 있다. 이 건축은 1776년 지진으로 자진된 것을 현장의 자재들을 다시 모아 재건한 것이다.

● 베이야지트 자미 Beyazit II Cami | Edirne | 1488

전체의 배치는 대칭성을 벗어나지 않지만, 본랑만은 엄정한 규제 구성이다. 비교적 큰 전저에 비해 본랑은 규모가 아담하다. 베이야지트 자미의 본랑은 20m 크기의 단일 돔으로 구성된다.

작은 평면임에도 불구하고 건물 높이가 높아야 하는 이유는 앞마당에서 정면이 잘 드러나도록 하기 위한 시각적 고려이다. 즉 중앙 돔이 회랑의 막은 돔들 보다 훌쩍 높아야 하며, 앞마당에서 돔의 정수리까지 시각 사선이 유지되어야 하기 때문이다.

● 술탄 아흐메트 자미 Sultan Ahmet Cami, Blue Mosque | Istanbul | 1609–17

로마 시대에 하기아 소피아 앞에는 전차 경기장인 하이포드롬Hippodrome이 있었다. 이 로마의 공간에 아흐메트 1세(1603~17)는 자신의 이름으로 국가적 규모의 모스크를 건축한다. 메흐메트 아아Mehmet Ağa의 설계 감독으로 이루어지는 이 역사는 오스만 중기의 기운을 부흥시키려는 의지이기도 하다. 건물은 길이 100m, 폭 64m에 기도 홀의 크기만 해도 52m에 이른다. 기도 홀 위에 얹힌 중앙 돔은 23m 직경으로서 부축벽에 의지하지 않고 4개의 독립된 원주 위에 구축된다. 벽체에서 떨어져 기둥 위에 돔을 얹는 구조법은 내부의 기분을 훨씬 가볍게 한다. 규모가 큰 만치 돔의 구성도 여럿이다. 외관은 주변 돔에서 중앙 돔으로 점증되는 질서가 분명하며 기도 홀의 4개와 코트 끝단의 2개 미나렛이 수직성을 이룬다. 약 250년에 걸친 오스만 튀르크 건축의 영화는 K. 시난이라는 건축가에 의해 다시 한 번 양식적 진화를 이룬다. 이 시기가 서구에서는 르네상스에 해당한다. 건축가 Mehmet A ga

건축가 K. 시난의 역할

슐레이만 1세는 공병 장교였던 시난Koca Mimar Sinan(1491~1588)을 왕실 건축가로 등용한다. 그리고 그가 오스만 튀르크 건축을 아랍 건축과는 다른 독자적인 양식으로 끌어올린다. 터키에서 미마르Mimar란 건축가를 뜻한다. 이 이름 앞의 미마르 칭호는 마치 작위처럼 받아들인다. 아직도 터키 사람들에게 직업이 '미마르' 라고 하면 보는 눈빛이 달라진다. 터키의 현대 문화에서 영웅적 건축가가 보이지 않음에도 불구하고 나타나는 그러한 반응은 전적으로 16세기 K. 시난의 덕택이다.

K. 시난은 카이세리Kayseri 근처의 지방 도시에서 크리스천의 소생으로 태어났다. 그가 언제 태어났는지에 대해서는 정확히 알려져 있지 않지만 대충 1494~99년경으로 짐작된다.

그는 1512(1513)년에 야니체리 군단에 입대하는데, 당시 그의 나이 14세(혹은 18세) 정도였을 것이다. 그는 야니체리에서 집중적인 군사학과 종교학을 배우며 황실에 충성하는 엘리트 군인으로 키워졌다. 야니체리의 교육을 거쳐 그는 아체미 오차으Acemi Ocağı 궁실 학교에서 다시 건축과 토목을 배웠다. 바그다드, 이란, 독일 등의 외국 전쟁에 참전하는데, 이때 외국문화를 접촉하는 것이 그에게는 전세계적인 문화를 접하고 익히는 계기가 되었다. 이후 그는 비교적 빠른 출세로 술 공병장교 Sinan

탄 슐레이만에 의해 발탁된다.

술탄 슐레이만 Suleyman

황실 건축가

건축가의 조직 중에는 국가적 사업을 설계하는 황실 건축가가 있었다. 시난은 앞서의 황실 건축가 아첸 아리시Acem Alisi가 사망하자, 1538년 그의 뒤를 이어 제1 황실 건축가가 된다. 시난은 건축가로서 두 가지 덕목인 원숙한 기술적 지혜와 심미적 감성을 갖추고 있었으며, 전쟁 동안 익힌 동-서 문화의 이해가 넓었을 것이다. 또한 그의 군대에서 경험이 건축의 매니지먼트 능력과 짧은 기간에 공사를 해결하는 운영 능력을 키웠을 것이다.

비잔틴 문화의 텍스트

시난이 이스탄불에 들어 목도하는 비잔틴 건축의 경이로움은 그의 건축적 상상력을 불러일으킨다. 그가 가진 두 가지의 선험, 즉 셀축 튀르크의 정신성과 공병 장교 시절부터 단단히 훈련된 기술 능력이 비잔틴 문화 위에 꽃피우는 것이다. 기술자인 K. 시난은 축성술에서 토목 구조를 터득하며, 교량 건축에서 역학적 지혜를 발휘한다. 무엇보다 그는 비잔틴 건축의 구법을 보습함으로써 장대한 오스만 튀르크의 모스크를 구현한다. 지붕의 돔을 얹는 공법에서 셀축 시대의 스퀸치에 비잔틴 돔의 펜덴티브를 받아들여 역학적 해결을 한 단계 더 진화시키는 것이다.

그의 나이 40대 초반, 건축가로서 그는 처음으로 모스크를 설계한다. 하세키 자미Haseki Cami(1539)와 위스퀴다르 미흐리마Üsküdar Mihrimah(1540~48)는 그의 초기 작품으로서 이미 오스만 양식의 완성미를 보인다.

● 세헤자드 콤플렉스 Sehezade Külliye | Istanbul | 1543–48 | K.Sinan

세헤자드 콤플렉스는 정방형의 엄정한 도형성을 기반으로 하며 규제에 철저하다. 코트와 기도 홀의 스케일이 대등한데, 배치에서 보이듯이 2개의 윤곽이 정방형으로 규정되고, 그를 다시 작은 정방형으로 분할하여 세부를 조직한다.

기도 홀은 중앙에서 정방형 위의 큰 돔과 4변을 부축하는 반 돔으로 구축된다. 다시 4귀에 정방형이 채워져 또다시 전체가 정방형의 윤곽으로 환원된다. 3개의 출입구와 미흐랍Mihrab이 대칭인 것도 당연하다. 코트 역시 세정천洗淨泉을 중심에

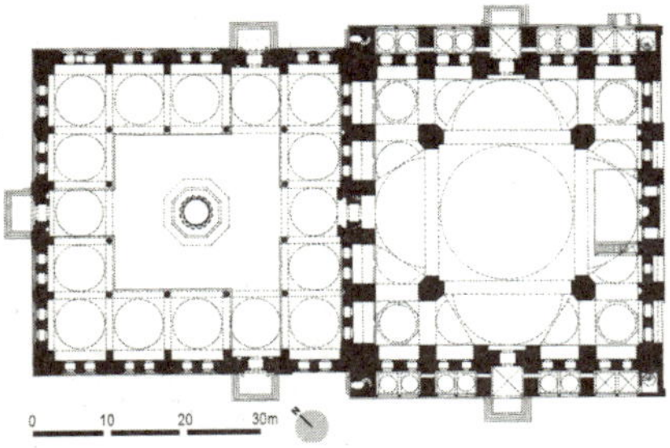

세흐자드 자미 Sehzade Cami Istanbul | 1543-48 | K.Sinan | 평면
세흐자드 자미 내부

두고 작은 방형들이 4변을 채운다. 이와 같은 도형적 속성과 엄정함은 프로그램이 커지더라도 전체 구도를 이루는 항성恒性으로 작용한다.

● 루스탐 파사 자미 Rustem Pasa Cami | Istanbul | 1561 | K.Sinan

K. 시난은 양식적 규범에 대해 매우 엄격하지만, 조건과 상황에 따라 신중한 변용을 구사한다. 그 대표적인 것이 헥사곤 시스템이다. 보통 펜덴티브가 정방형 위에 얹히는 원형圓形인데 비해 몇 개의 모스크는 정육각형 또는 팔각형 위에 돔을 얹는 보다 복잡한 기하학적 해결을 보인다.

● 셀리미예 콤플렉스 Selimiye Külliye | Edirne | 1569-75

에디르네는 이스탄불에서 유럽 쪽의 관문 도시와 같은 지리이며 기독교 역사에서도 그러했지만, 투르크에서도 중요한 무역의 거점 도시이며 짙은 종교의 도시이다. 비록 시점은 훨씬 뒤이지만, 르 코르뷔지에가 동방을 여행하면서 들어간 에디르네(아드리아노플)는 우리를 더 가까이 인도할 것이다.

> 아드리아노플이 반짝이는 오후의 강한 햇살 속에 서서히 모습을 드러냈다. 마치 거대한 고원이 솟아오르듯 하나의 멋진 돔의 모습으로 도시가 눈앞에 나타났다. 멀리서 보면 늪지에 핀 쇠뜨기 같은, 길고 아름다운 모스크의 첨탑들이 높고 곧게 뻗어 있었다. 3개의 서로 다른 모스크들이 웅장하게 어우러져 아래위로 아름

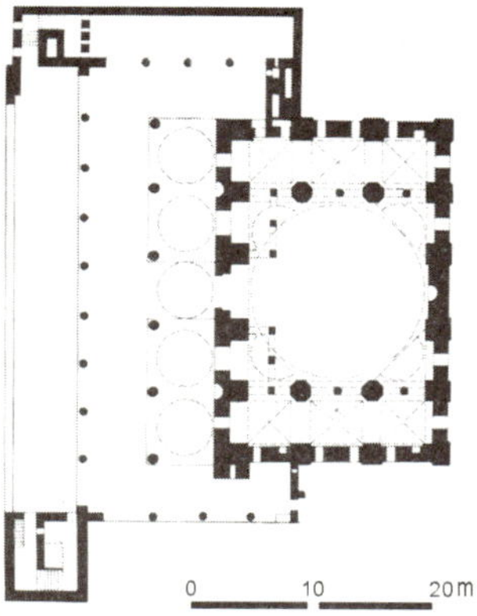

루스탐 파사 자미 Rustem Pasa Cami Istanbul | 1561 | K.Sinan | 평면의 사각형이 상부로 올라가서는 팔각형으로 전이된다.
루스탐 파사 자미ï 8각형 드럼 위의 원형의 돔을 얹는다.

> 다움을 더했다. 그 가운데 술탄 셀림 사원은 매우 화려한 왕관처럼 이 도시를 장식하고 있었다. 터키의 옛 수도는 아직 그 귀족적 위용을 잃지 않았고, 동양적 풍습을 간직한 채 살아가는 선량한 터키 노인들도 우리 눈에는 성인聖人들처럼 보였다. 친절한 노인들은 늘 먼저 인사를 했고, 정중했으며 언제나 호의 섞인 눈길로 우리를 바라보았다.
>
> –『동방 여행』, 르 코르뷔지에

직방형 평면의 코트는 가는 기둥 위의 아치들이 적당한 비례로 리듬을 이룬다. 이 적요의 공간을 지나 내부에 이르는 기도 홀은 수직적 비례가 큰 압도적 공간이다. 이 콤플렉스는 앞의 작품에 비해 훨씬 풍부한 형태 요소를 가지지만 시난의 항성은 여기에서도 분명하다.

8각 평면

헥사곤이나 옥타곤의 구법이 비교적 작은 공간에 적용되던 바에 비해 셀리미예 콤플렉스의 모스크는 장대한 규모의 돔을 옥타곤의 구법으로 해결한다. 8각형 평면의 기도 홀은 정면 66m, 측면 50m이다. 이를 여러 버트레스와 4개 미나레을 조합하여 구성한다. 돔을 얹기 위한 팀파나tympana는 스퀸치들로 대안된다. 돔은 31.5m 직경으로 바닥으로부터 45m 높이에 있으며, 내부 공간은 빛으로 넘친다.

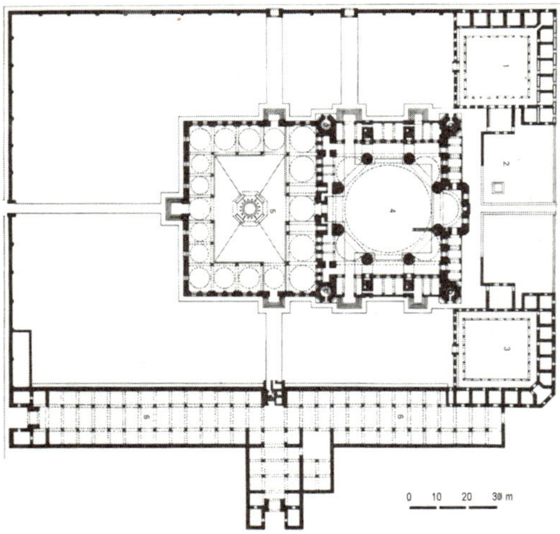

셀리미에 콤플렉스 Selimiye Külliye Edirne | 1569–75 | K.Sinan | 배치 평면, 본랑의 내부 구성이 4각형에서 8각형으로 전이되는 모양을 본다.
셀리미에 콤플렉스 남쪽 측면 | 비교적 복잡한 구성을 보인다.
셀리미에 콤플렉스 내부 동, 8각형 위에 구축되는 돔과 펜덴티브가 복잡한 입체기하의 조형으로 완성된다.

이 높이는 사람이 고개를 들어 의식적으로 쳐다봐야 할 각도이다.

● 쉴레이마니예 콤플렉스 Suleymaniye Külliye | Istanbul | 1550~57 | K. Sinan

시난은 1550년 술탄 슐레이만의 요청에 의해 제국에서 가장 빛나는 건축 예술에 착수한다. 보통 관광객들에게는 불루 모스크로 알려진 아흐메트 자미가 경탄의 경험이나 건축적 질량에서는 슐레이만 모스크에 미치지 못한다. 불루 모스크는 하기야 소피아에 가깝기 때문에 자연스럽게 관광 코스가 되지만, 쉴리에만 모스크는 좀더 구시가 중심에 떨어져 있다. 수도 없는 터키의 건축 중에서 필자는 주저 없이 모스크 최고의 건축은 슐레이만 모스크라고 말한다.

쉴레이마니예는 시난의 최대 작품이며 술탄 슐레이만의 지원으로 만들어진 투르크 최고의 황실 모스크이다. 그러나 정작 이 공사는 긴 시공 기간과 막대한 비용을 최고의 건축

제국의 제정조차 감당하기에 힘겨웠다. 완공되기까지 시난은 조급한 술탄과 그 주변으로부터 여러 각도에서 시달렸다.

대단위의 복합 프로그램을 갖는 건축은 규모도 크지만, 배치도 단지를 이룰 만한 구성이다. 슐레이만 콤플렉스는 도시의 언덕 위에 배치되었다. 이러한 높은 대지의 위치에서 이스탄불의 수많은 모스크의 숲에서도 빼어난 랜드마크가 된다. 건축의 규모를 돔의 연속으로 통해 각 공간마다 심미적 질량이 다른 격조를 갖는다. 공간의 크기는 지각적으로 밀도감을 높이거나 위계적인 규모를 가져 이완과 긴장을 높인다.

이미 하기아 소피아의 영향이 분명하며, 잘 정리된 비례와 완벽한 기술성으로 이후 오스칸 튀르크 모스크의 텍스트가 된다. 모스크의 평면은 역시 정방형이며 중앙 돔을 얹기 위해 4변에 4개의 반半돔을 거느린다. 이들 반돔은 다시 각부角部를 반돔으로 접는 아주 복잡한 입체 기하학적 구조이다. 이 위계적 구성은 할아버지-아버지-아들이 돔의 족보를 만드는 것 같다. 터키의 근대 문학가인 오르한 파묵의 소설 『내 이름은 빨강』를 보면, 슐레이만 모스크의 동네가 묘사되는 장면이 있다.

> 나 역시 그렇게 해서 대장간들이 모여 있는 거리를 빠져나와 언덕 위, 슐레이만 사원 옆에서 할리치 만에 내리는 눈을 바라보고 있었다. 북향의 지붕들 위와 삭풍이 부는 사원 돔 구석에는 벌써 눈이 얼어붙어 있었다. 이스탄불로 들어오는 배들의 돛이 마치 나에게 인사를 보내듯 나부끼고 있었다. 돛들은 할리치 만의 바다처럼 회색 안개 빛을 띠고 있었다. 플라타너스와 삼나무들, 마을의 지붕들, 가슴을 저미는 황혼, 아랫동네에서 들려오는 상인들의 호객소리와 사원 뜰에서 노는 아이들의 고함소리가 내 머릿속에서 한데 엉겼다. 그것들은 내가 다시는 이 도시가 아닌 다른 곳에서 살지 못할 거라고 말하고 있었다. 한순간, 수년 동안 나를 떠나버렸던 연인의 얼굴이 성큼 눈앞으로 다가들 것만 같은 생각이 들었다.
>
> — 『내 이름은 빨강』, 오르한 파묵

양식적 엄정성

오스만 터키의 모스크 양식은 시행 프로그램에 따라 술탄의 왕실 모스크와 시민사회의 소규모 모스크로 구분된다. 물론 지방 소도시의 검약한 모스크도 있고, 주택

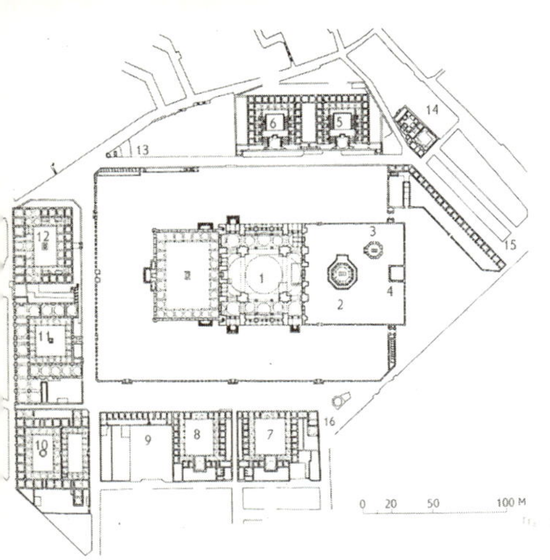

쉴레이마니에 콤플렉스 Suleymaniye Külliye Istanbul | 1550–57 | K.Sinan | 평면 | 1 모스크 | 2 쉴레이만의 묘당 | 3 술탄 묘당 | 4.5.6.7.8.9 학교 | 10 병원 | 11 주방 | 12 게스트하우스 | 13 시난의 묘 | 14 공중욕장 | 15.16 학교

쉴레이마니에 콤플렉스 전경, 가운데의 본당을 두고 그 주위에 사회복지 시설이 엮어져 있다.

쉴레이마니에 콤플렉스 코트의 주랑

쉴레이마니에 콤플렉스 기도홀 내부

가에도 일상에 있고, 시장 안에도 역할이 따로 있다. 황실 모스크는 과시적인 규모와 상징성을 갖는 데 비해 지방과 시민 모스크는 공공장소에 근접된 곳에서 소박한 규모로 이루어진다. 일반적으로 시민 모스크는 건축적 격식이 간략화 되거나 질량이 부족하기 쉽다. 그러나 시난은 아주 소규모의 시민 모스크라도 중앙의 돔, 전정前庭의 격식, 내외의 장식적 품위를 유지하려고 애쓴다.

실제 규모에 있어서는 대형 모스크의 10분의 1 정도밖에 되지 않는 셀림 1세의 자미도 건축적 격조는 그대로 지켜진다. 규모가 작다고 요소를 생략하거나 간소하게 조형하지 않는 것이다. 그래서 비록 규모는 약소하지만 압축된 조형의 밀도를 느낄 수 있다. 시난이 그의 생애 중에 남긴 작품은 메드레세, 모스크, 묘당廟堂 등의 종교 건축과 궁실과 공공 건축은 물론 성곽과 교량 등의 토목 설계까지 매우 다채롭다.

수도교 Maglova Aqueduct 1563 | K.Sinan | 이중 수도교의 규모로서 역학적 해석이 곧 조형을 이룬다.
황실 욕장 Ayasofya Haseki Hurrem Sultan Hamam Istanbul | 1556 | K.Sinan
K.시난의 묘당 쉴레이마니에 콤플렉스의 가각에 소박한 공간으로 자리하고 있다.
K.시난 동상 Edrne | Selimiye 콤플렉스 앞

K.시난의 업적

1588년 시난은 사망하고 그의 최대의 걸작인 쉴레이마니에 콤플렉스 옆에 묻힌다. 그는 비교적 일찍 건축에 입문하였고, 장수한 건축가로서 약 50년에 걸쳐 다양한 프로젝트를 수행할 수 있었다. 기록에 의하면 그에 의해 진행된 것은 400개의 건물로 추산된다. 그는 97세에 사망 때까지 50년 동안 131개의 모스크와 200개의 건물을 지었다. 사실상 19세기까지 터키의 건축은 K. 시난의 텍스트를 바탕으로 하는 것이다.

그는 운도 좋은 편인지 가장 강력한 제국의 힘을 발휘하던 시기에 국가 건설을 위해 일했다. 그는 투르크 예술사상 가장 많은 일을 실천하지만, 무엇보다 중요한 것은 터키의 건축을 이슬람의 것과 변별시키는 역할을 담당다.

후기 오스만 튀르크의 건축문화

서구에서의 바로크 시대인 18세기 즈음 오스만 튀르크의 건축도 매너리즘의 시기

를 맞는다. 오스만 튀르크에서의 이즈음이란 제국의 위용이 약해지는 시기이다. 위약萎弱한 술탄의 통치로서 국제 사회에서 수세에 몰리고 내치內治는 혼돈을 거듭한다.

튀르크 바로크

오스만 튀르크는 비록 불평등한 조건에서조차 서구와의 외교적 통상적 교류를 유지해야 할 만큼 제국의 말기를 감당하지 못한다. 역설적으로 이러한 타협적 국제성이 문화의 서양화를 가속시켰다. 이와 같은 18세기 후반은 형태의 규범을 깨고 장식은 서구화되면서 유려해진다. 무엇보다 건축의 태도가 매너리즘을 닮는다. 특히 지붕 레벨에서 표현이 다채로워진다. 돔은 운두가 높아지고 거대한 아치 위에서 내부의 채광이 현저히 증대되었다.

라레리 자미 Laleli Cami | Istanbul | 1759

라레리 자미의 코트는 모스크 내부 공간의 약 2배 정도로서 일반적인 스케일에 비해서는 위축된 스케일이다. 이 코트의 구성은 자연히 코트 안에서 공간의 밀도를 높이고 건축의 요소를 가까이 두었다.

코트는 전형적인 열주랑에 둘러싸이고, 주랑의 기둥머리(柱頭)가 이오닉 양식으로 되어 있다. 그리스-로마 양식의 규범인 이오닉 양식을 차용하는 일은 이전에는 없던 일이다. 이러한 표현은 서양 고전과 이슬람 종교 문화의 혼합이라기보다는 이슬람이 서구 문화를 답습하는 현상이다. 양식의 혼돈

본당은 중심과 좌우 2개의 각기 다른 계단을 따라 코트에 접근하는데 남동쪽의 계단은 램프로 잘려 있다. 이 램프는 술탄의 전용 입구로서 왕실 로우즈 loge(Hunkar mahfili)에 직결된다. 내부의 왕실 로우즈는 오픈 아케이드이며 시각적으로 트여 있다. 모스크의 내부 공간 역시 스케일은 위축되어 있다. 15m 변의 방형 평면 위에 8각 베이스를 얹고, 그 위에 원형 드럼과 돔이 구축된다. 다시 말해 4각형-8각형-원형을 쌓아놓은 효과다. 8각 베이스와 돔을 얹고 있는 드럼의 높이가 높아져 지면에서도 건축 상부에서 벌어지는 표현들을 잘 알아볼 수 있다.

평면은 방형으로 단순하나 한 칸의 전랑과 반 칸 깊이의 후진을 갖는데, 이 역시 밝아지는 내부

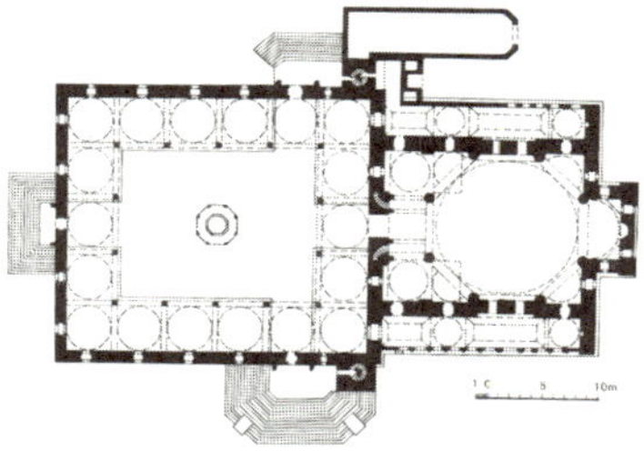

라레리 자미 Laleli Cami Istanbul | 1759 | 평면 | 3군데에서 접근하여 들어오는 코트와 그 오른쪽의 본당

라레리 자미 내부 | 옥타곤 위에 8개의 아치를 짜고 그 위에 돔을 얹었다. 이러한 구성이 내부 요소를 다채롭게 한다. 입구의 두개 독립된 기둥은 들어 온 사람을 후진과 직면케 한다.

기독교 건축의 영향이다. 8각형의 주 수직 구체 중에서 다른 6개의 기둥은 내력벽과 힘을 합쳐져 있다. 8각형 위의 돔은 자연히 네 귀퉁이에 반원 돔을 거느리게 되는데, 3층으로 높아진 공간 높이에서 8면에 모두 창을 내어 내부의 빛이 훨씬 밝아졌다. 비잔틴과 오스만 초기 시기의 모스크가 갖는 공간적 내밀성은 빛의 표현에서도 비슷하다. 조금 부족한 채광으로 어둡고 흐려진 시야에서 벌어지는 종교적 내밀성을 강조한다. 이에 비해 후기 오스만 모스크의 공간은 밝아지고 맑아지는 대신에 은밀함을 포기한다.

● 뉴루오스마니에 콤플렉스 Nuruosmaniye Külliye | Istanbul | 1755

뉴루오스마니에 콤플렉스는 마흐무트 1세Mahmut Ⅰ(1730~54)에 의해 시작되어 오스만 3세Osman Ⅲ(1754~57)가 완성하였다. 18세기의 이 모스크는 그랜드 바자르에 근접해 있어 주변이 매우 부산하다.

시장 옆 모스크

모스크는 5개의 돔으로 구성된 포티코를 앞에 두며, 그 앞에 9개의 돔이 이루는 반원형의 코트를 갖는다. 이 독특한 주랑은 사각형을 기본으로 하는 전형典型에 비해 아주 파격적이다. 모두 말발굽형horseshoe의 아치인데 스페인 이슬람의 영향이다. 커브 위에 구성되는 5개의 칸 사이에 삼각면을 끼워 넣어야 한다. 다소 억지스럽게 성된 기하학처럼 보이는데, 이러한 성질도 질서와 명료성을 중시하는 오스만 양식이 변질된 모양이다. 그 결과 보다 복잡한 시각적 효과가 돔 사이에서 벌어진다.

본당은 단순한 4각형 평면 위에 원형 돔을 얹기 위해서 장대한 4개의 아치가 필요하다. 모스크 평면의 한 변을 그대로 직경으로 받는 이 아치는 상당한 높이를 허공에 그리게 된다. 4개의 아치 면을 채우면 벽창 면적이 훨씬 넓어진다. 또한 돔 밑의 드럼을 가능한 높게 만드는데, 이 역시 내부를 밝게 하는 결정적인 역할을 담당한다. 큰 사각형 위의 큰 돔은 자연히 펜덴티브의 스케일을 장대하게 한다. 이 전체가 4각형과 원형의 교합에서 벌어지는 3차원의 다이너미즘이다. 이 공간 구조를 만들기 위해서는 훨씬 진보된 기술이 필요하다.

미흐랍의 확장

대체로 18세기 아흐메트 3세Ahmet III와 마흐무트 1세Mahmet I 시기에 이렇듯 풍성한 장식이 채용된다. 지성소Mihrab는 작은 후진Apse의 모습을 갖는데, 이는 오스만 튀르크 시기의 지성소가 직방형이거나 다각형이었던 소극성과 비교된다.

뉴루오스마니예 콤플렉스 Nuruosmaniye Külliye Istanbul | 1755 | 평면, 반원형의 구도에서 그려지는 독특한 코트를 가지며 5칸의 포르티코 안에 신랑이 있다. 신랑은 무주공간으로서 거대한 돔이 평면위에 얹힌다.

뉴루오스마니예 콤플렉스 내부공간, 미흐랍mihrab이 니치의 형식에서 후진의 형식으로 바뀌고 있다.

뉴루오스마니예 콤플렉스 외관 상부 | 장대한 4각형을 가르는 4개의 아치 위에 돔과 드럼이 직접 구축된다.

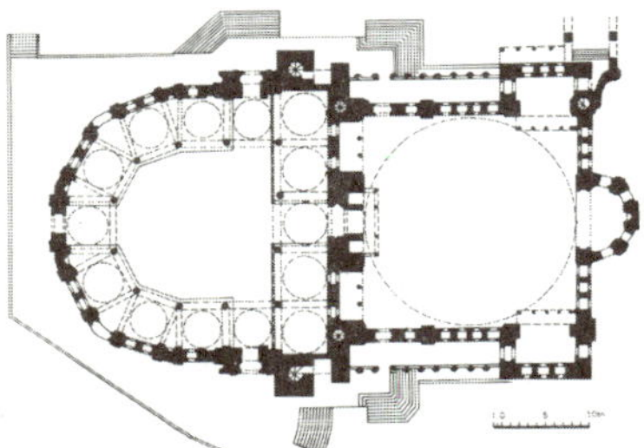

이 모스크에서도 창의 그릴을 브론즈로 구성했는데, 이는 보다 섬세한 장식성을 갖게 하였다. 내부의 장식이 풍부해지는 것만이 아니라 착색유리를 채택하며, 돔 하부와 코니스 등은 짙은 아라베스크 문양으로 채워졌다.

● 셀림 III세 콤플렉스 Selim III Külliye | Istanbul | 1804

변화의 저항

우리나라의 구한말 시절 구 군대와 신식 군대가 알력을 일으키던 것과 비슷한 상황이 19세기 터키에도 있었다. 그동안 오스만 튀르크 정국에서 중요한 위상에 있던 구군대 예니체리가 서양화 추세에 밀리기 시작하고 황실에 반감을 드러낸다. 이미 서양화에 기울어진 술탄은 그것이 못마땅하고, 신군부 장소에 황실 모스크를 짓는 것이다.

1804년 셀림 3세는 자신의 황실 모스크를 하이다르파샤Haydarpaşa의 신군부 근처에 짓는다. 그래서 이 프로젝트가 이미 황실과 알력을 일으키기 시작하는 구군대인 예니체리에 대한 정치적 제스처라는 것이다.

셀림 3세 콤플렉스는 대형의 중앙 돔이 여러 갤러리를 거느리고 있는 구성으로 복잡하다. 앞서의 예와 같이 지성소Mihrab가 깊은 니치로 구성되는 것이 후기 오스만 건축의 변화이다. 이것도 바실리카 식의 영향이다. 높은 반원 아치는 방형 후진Apse의 깊이를 깊게 하며 하나의 공간으로서 위계를 차지한다. 실내에서 창호의 면적이 현저하게 증대되면서 내부에 풍부한 빛을 충진시킨다. 이미 조각적 장식과 함께 벽화와 평면 문양이 활발해지는 것도 바로크의 영향일 것이다.

● 뉴스레티예 콤플렉스 Nusretiye Külliye | Istanbul | 1823–26 | Kirkor Balyan

뉴스레티예 콤플렉스는 이스탄불 마라마라의 해변에 위치한다. 모스크는 바다와 함께 풍경을 만들며, 도심과는 다른 신선한 바다 공기가 있다. 그 장면이 풍경화의 소재가 되는데, 현재는 이스탄불의 대중교통권에서 소외되며, 모스크의 기능도 정지되었다.

프랑스적 모스크

메흐메트 3세(1808~39)에 의해 건축되는 뉴스레티예 콤플렉스는 다분히 프랑스 루이 스타일에서 차용된 요소가 많다. 이러한 바로크의 영향은 내부 공간에서도 매너리즘의 힘을 느끼게 한다. 특히 외부 요소와 별동의 파빌리온에서 파동 치는

셀림 콤플렉스 Selim III 19세기 판화
셀림 콤플렉스 중정 안 정면, 정면 아치의 폭이 현저하게 증대되었다.

각질殼質이 황실 모스크의 격조를 말한다. 하부에 허리가 부푼 구근형bulbous 베이스로부터 치솟는 귀퉁이 튜렛turret은 셀림 3세Selim III 모스크에서 연유된 것으로 보인다. 첨탑은 훨씬 가냘픈 비례로 구성되었다. 여전히 기술의 조형으로서 돔과 그를 받드는 4개의 볼트는 보다 유려한 장식을 갖는다.

빈약한 공법

유려한 장식에도 불구하고 이 건축은 구조와 재료공학적인 면에서 취약하다. 물론 관리가 허술한 문제도 있겠지만, 기본적으로는 장식을 위해 과다한 몰탈과 플라스터의 구법으로 훼손되고 있다.

● 퀘축 에펜디 Küçük Efendi (Fevziye Cami) | Istanbul | 1825

자유평면

퀘축 에펜디는 이스탄불 구도심 중심부에 있다. 그만큼 건물 주변의 도시 구조도 복잡하다. 마치 건축의 프리 스타일처럼, 형태 조형에서의 바로크 특성만이 아니라 배치 형식에서부터 이전의 양식적 규범을 깨뜨린다. 비교적 풍부한 정원과 묘지를 끼고 있는 이곳의 배치는 매우 자유로운 축과 구성상의 관계를 갖는다.

포치로부터 미흐랍의 축은 직선이지만, 그 사이의 본랑semahane은 옆으로 긴 타원이다. 여기에서 대각선으로 접속되는 도서실이 파격적인 위치이다. 이 도서관 축은 전체 구성에서 강한 역할을 부여받는데, 2개의 문을 통하는 도서관의 외부 출입구는 다시 이 콤플렉스의 담장 구성과 연관된다. 담장은 평탄하게 흐르다가

누스레티예 콤플렉스 Nusretiye Kulliye | Istanbul | 1823-26 | Kirkor Balyan | 그림
누스레티예 콤플렉스 | 바로끄의 파동치는 벽면 장식
누스레티예 콤플렉스 | 건물을 반드는 구법의 혼용으로 내구성이 약해지고 구조적 파손이 일찍 온다.

벽 분수가 구성되는 위치에서 3번 파동치는데, 이 벽분수의 중심이 도서관 입구와 축을 맞춘다. 이에 비해 텍케Tekke(dervish lodge)와 그 밖의 랜드스케입 요소들의 각도 구성은 자의적이다.

● 오르타퀘이 자미 Ortaköy Cami | Istanbul

서양의 르네상스 시기는 터키의 근세에서 존재하지 않는다. 이 시간 동안 터키는 오스만 제국 시대를 지냈으며, 제국의 후기에 들어서서 서양이 이미 바로크 시대에 들어서 있음을 알게 된다. 서양화의 경로로 바로크가 오스만 튀

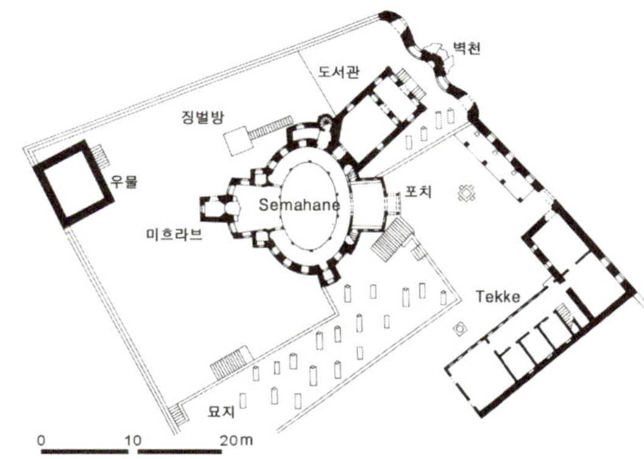

퀘축 에펜디 Kucuk Efendi Cami Istanbul | 복잡하고도 다채로운 배치의 기법이 파격적이다.

르크 후기를 장식한다. 물론 이것은 황실 문화에서 시작되지만, 황실 모스크에까지 전파되며 모스크 양식은 다시 한 번 큰 변화를 경험한다.

개방적 외관

오르타퀘이 자미도 경이로운 근세 구조와 장식성으로 이스탄불을 장식한다. 요소는 구조와 건축적 역할에서 벗어나 다분히 장식으로 머물면서도 시각적으로 부각된다. 정방형 평면에 돔을 올려놓지만, 펜덴티브의 역할이 현저하게 위축된다. 대신 큰 아치 위에 직접 돔을 얹는 방법은 근대적 기술의 결과이다. 창의 면적도 커져서 내부 공간은 한결 밝아진다.

콘스탄티노플이 갖는 지정학적 위치는 세계 어느 분쟁 지역보다도 갈등의 소지가 많다. 이는 다시 말하면 수많은 주변 문화를 흡수할 수 있는 개연성을 갖고 있다는 뜻이기도 하다. 또한 국가가 개방적인 문화관의 입장을 취하면 흡수력은 더욱 강해지며 스스로 풍요로워진다.

베네치아, 제노바와 같은 무역 목적의 거류인 아르메니안과 불라기안 등의 피정복 과정에서 흘러든 것, 나아가서는 적대적인 민족들까지 오스만 튀르크 문화에 개입한다. 예를 들어 데오도시우스 2세 때 훈 족과 군소 종족과의 연대가 있었는데, 훈 치하의 외국 용병이 큰 군세를 이루었다. 훈과의 사업 거래는 물론 문화적 개입이 생기는 것은 자연스러운 일이었다.

오르타퀘이 자미 Ortakoy Cami Istanbul | Baroque
오르타퀘이 자미 내부 | 후기 오스만 튀르크의 바로크 건축 중에서 서양화의 징후가 가장 짙은 예이다.

오스만 튀르크 문화의 특질

튀르크의 이슬람 문화

튀르크는 7세기경 이슬람과 접촉을 시작한다. 페르시아의 아랍 정복으로 튀르크 인들이 살던 중앙아시아 변경으로부터 성전이 전파되며, 튀르크 인들은 점차 이슬람의 칼리프 지역으로 흡수된다. 9세기경에는 튀르크 군인들이 이슬람에 징용되며, 일부는 상부의 지위에 오르기도 한다. 그러나 중앙아시아의 아랄 해 동부 지역에 있는 튀르크 유목민이 이슬람을 받아들이게 되는 것은 10세기경이 되어서야 가능했다.

자유평면

튀르크는 이슬람과의 접촉에서 종교와 아랍 문자를 받아들이는데, 이는 향후 문화의 근저를 이루게 된다. 이슬람의 종교적 특징은 단순한 숭배 신앙이나 경전의 의미만 아니라 다른 이해가 필요하다.

쿠란은 인간과 신과의 관계는 물론 인간과 인간간의 관계를 푸는 논리이기도 하다. 그래서 이 종교 문화는 법과 국가이며, 사회와 문화이다. 그것은 인간의 생활 양식을 구체적으로 도덕률뿐 아니라 나아가서는 생존 방법까지를 지배하는 사회과학이다. 튀르크의 종교 문화는 사회복지 개념이 강하게 가미하는데, 이는 모스크 건축에 사회적 기능이 많이 포함되는 것에서 잘 나타난다.

모스크의 사회 기능

모스크는 단순한 성령의 공간이 아니라 구휼, 공중 식당, 학교, 묘소, 나아가서는 욕장을 포함하는 사회복지 기능을 모두 갖춘 콤플렉스 빌딩이다. 이러한 복합적인 기능으로 인해 모스크는 도시 생활의 중심이 되었다. 즉 모스크는 시민과 도시 공간에서 아주 구체적인 삶의 장소가 된다. 이러한 복합적 프로그램은 여타의 이슬람 국가들이 모스크를 기도 공간으로 여겼던 것과는 구별되는 것이다.

● 혼화된 민족문화

셀축 튀르크가 아나톨리아에 정착하며 형성되는 것은 두 가지 성격에 기초하는데, 하나는 이슬람 정통주의이며 다른 하나는 룸Rum 술탄 문화이다.

'Rum' 은 Roma나 Roman을 의미하는 것으로 동로마 제국, 그리스 또는 비잔틴의 뜻으로도 쓰였다. 아랍인들은 4세기 이후 동로마 지배 아래 있는 지역을 룸Rum 지역이라 하고, 터키인들도 이 말을 그대로 받아 술탄이 장악한 지역을 아나돌루 술탄 룸Anadolu Sultan Rum이라 부른다. 다시 말해 로마 문화에 대한 경이로움을 표현하지 않는 것이다. Run

이븐 바투다는 14세기에 오스칸 튀르크와 중동지방을 두루 여행하고 기행문을 남겼는데, 그의 눈을 빌리면 오스만 터키 시절의 룸 사람들의 모습이 선명하게 그려진다.

> 안탈리야는 아주 훌륭한 도시로 부지도 대단히 넓다. 이 지역은 정말 아름답고, 건물도 많으며, 구획도 가장 잘 정리된 도시다. 주민들은 같은 파派끼리 살면서 다른 파와는 격리되어 있다. 기독교 상인들은 미나Mina라는 구역에 살고 있으면서 담을 쳐놓고는 야간이나 금요일 예배 때는 문을 잠근다. 옛날 이곳 주민이었던 룸 인들은 다른 구역에 모여 사는데, 그들 역시 담을 쌓아놓고 있다. 그런가 하면 유태인들도 역사 다른 구역에서 담을 쳐놓고 따로 살고 있다. 국왕과 관헌들, 노복들은 주벽周壁으로 둘러싸인 구역에 살면서 위의 여러 파들과 구별한다. 기타 무슬림들은 시내에 살고 있는데, 대사원과 마드라사, 욕탕들뿐만 아니라 제대로 갖춰진 큰 시장도 갖고 있다.
>
> –『이븐 바투타 여행기』, 이븐 바투타

우리가 관저의 현관에 이르렀을 때는 약 20명의 시종들이 있었다. 모두가 미끈한 생김새에 비단옷을 입고 약간 홍조를 띤 희멀건한 피부색에 머리는 양쪽으로 가르마로 정리했다. 내가 교사에게 "이 청순한 이들은 다들 어디서 왔습니까?" 라고 묻자, 그는 "룸 청년들입니다"라고 대답했다. 우리는 술탄과 함께 계단을 올라갔다. 화려한 응접실 한가운데에 연못이 있고, 연못의 네 귀에는 구리 사자상이 조각되어 있었다. 사자들의 입에서는 물이 뿜어나오고, 응접실에는 주단을 깐 좌대座臺들이 빙 둘러 있는데…….

제일 높은 좌대는 술탄의 것이다. 우리가 술탄의 좌대 앞에 다가서자, 술탄은 손으로 자신의 좌대를 밀어제치고 우리와 함께 평좌대에 앉았다. 교사가 그의 오른쪽에 앉자 법관은 교사의 다음에, 그리고 나는 법관의 다음에 착석하였다. 독경사들은 맨 마지막 좌대에 앉았다. 술탄이 가는 곳마다 독경사들이 그림자처럼 따라다녔다.

이윽고 레몬즙과 함께 장미수가 홍건한 금은제 쟁반이 들어왔다. 쟁반에는 조그마한 과자가 담겨져 있고, 금은제 숟가락도 놓여 있었다. 이러한 쟁반과 함께 비슷한 물건을 담은 자기쟁반도 같이 들어왔는데, 거기에는 나무숟가락이 놓여 있었다. 독실한 신자라면 자기 쟁반과 나무 숟가락을 사용한다.

-같은 책

외국인의 수용

소아시아의 헬레니즘을 근거로 하는 에게 해 연안의 도시와 지역들에는 그리스인과 로마인들이 처음 정착했다. 그 밖의 지역들은 그리스 인, 슬라브 인, 아르메니아 인들이 섞여 살았다. 특히 보스포루스 연안에는 베네치아와 제네바 사람들이 마치 경제 특구와 같은 거류 구역을 만들고 흑해로부터의 무역 거점 지역으로 삼았다.

튀르크에서 이슬람은 가장 근본을 이루지만, 아랍의 요인과 페르시아의 요인도 공존한다. 동시에 튀르크의 정체성을 위해서는 페르시아의 요소를 제거하려는 노력이 엇갈린다. 종교가 정신 문화를 지배해온 것이 엄연한 사실이거니와, 공용문자를 아랍어로 사용했다. 터키의 아랍어 문화는 근대 직전까지 유지되다가 19세기 말 아타튀르크가 라틴 알파벳을 응용한 터키 문자 체계를 만든 후 아랍어는 배척

되었다. 그것이 아타튀르크의 반아랍의 신문화 개혁운동이며, 근대주의를 위한 포석이었다.

● 오스만 터키 문화의 다원성

1. 다른 민족을 받아들이다

제국에 통합된 나라들은 봉토를 부여받고 대부분 이슬람교로 개종하였다. 이는 이슬람의 유럽화 진행을 가속화시키는 이유가 된다. 막강한 군사력, 공고한 정치 조직, 사회적 질서와 안녕, 종교와 문화의 고양으로 오스만 제국은 16세기에 황금시기를 맞는다. 이제 오스만 튀르크의 판도는 에게 해, 지중해와 아드리아 해의 권역으로 확대된다.

예니체리Yeniceri는 슐레이만 시기에 가장 큰 규모로 확대되는데, 그리스인, 기독교인, 슬라브인, 알바니아인 등 전쟁 포로 중에서 발탁되어 이슬람으로 개종한 기독교도들이 주를 이룬다. 그들은 품격 있는 생활을 보장받고 전공에 따른 인센티브를 통해 용맹한 친위대로 키워진다. 예니첼리

데브쉬르메Devshirme는 주로 발칸 반도의 기독교 소년들을 징집하여 군사훈련과 튀르크화 교육을 통해 이슬람으로 개종시키는 양성기관이다. 훈련 후 그들은 예니체리에 배속된다. 일반적인 노예들도 오스만에 복속되면 재산을 소유할 수 있었고, 개인적인 권리도 주장할 수 있는 현실적 이유 때문에 이슬람에 빠져들었다.

2. 종교문화의 여유

오스만 제국에는 이슬람교 이외에도 그리스 정교, 아르메니아 정교, 유대교가 있었다. 물론 아르메니아 정교는 동부 아나톨리아를 중심으로 하며, 유대교는 도시 거주자들이 대부분이다. 그러나 종교의 영역은 분명한 지역으로 분할되는 것은 아니고 제국 전역에 걸쳐 뒤섞여 있다. 그것이 근대에 이르러서 동유럽이 종교적 이데올로기에 휘둘리는 데 비해, 터키는 종교분쟁의 비극에서 벗어나 있는 이유일 것이다. 오스만 제국은 정책적으로 다양한 민족 집단을 이주시켜 재정착시키는데, 여러 인종이 뒤섞여 사는 도시 지역이 많다. 다종교

오스만 제국에서는 일주일에 3번의 주일이 있다. 금요일에는 튀르크인들이, 토

요일에는 유대인들이, 일요일에는 기독교인들이 주일 예배를 가졌다. 발칸 지역에 있는 숙소에서 여러분은 튀르크인, 유대인, 기독교인들과 신사와 도적들은 모두 동시에 볼 수 있을 것이다.

— A. C. Wood ed., Mr. Harrie Cavendish

다인종, 밀레트

다인종이 뒤섞여 사는 데에는 자연히 같은 종파끼리 모여 사는 경향이 생기고, 밀레트Millet라는 제도가 경영된다. 밀레트란 비 무슬림muslim인 지도자에게 자치권을 부여하여 술탄에 복속케 하는 관리 제도이다. 이로써 비非이슬람 집단은 종교 활동을 포함한 교육, 문화 등의 분야에서 고유성을 유지하며 튀르크 사회에 자연스럽게 습속되어 갔다. 그러나 이러한 제도는 종교의 자유를 뜻하는 것이 아니라 개종의 일방향성을 뜻한다. 즉 기독교도나 유대인은 자유롭게 이슬람교도가 될 수 있지만, 무슬림이 이들 종교로 개종하는 것은 변절을 뜻한다. 또한 비이슬람교도는 개종하지 않는 한 정부 고위직에 오를 수 없다. 그러나 이러한 신앙 환경은 중세 서구에서 기독교와 유대교, 가톨릭과 개신교의 관계에 비해서는 훨씬 관용적인 것으로 보인다.

3. 제국의 국제 정치

이미 셀축 시대부터 그리스인을 통해 서양 문화를 흡수하고 있었다. 도시에서 이판吏判들은 튀르크인이지만, 그들의 기본 기질은 유목민이다. 여기에서 농업은 대부분 그리스인들이 맡으며, 상업은 베네치아인, 아르메니아인 그리고 유태인에 의해 특화되어 있었다. 16세기에는 아랍을 거쳐 커피가 들어오며 담배가 보편화된다.

이슬람 제국

헬레니즘과 기독교 문화에 있던 중앙과 동부 아나톨리아는 이슬람화를 가속화한다. 이 현상을 다른 시선으로 보면 그리스 정교회의 강압에서 이슬람이 그들을 해방시키는 것이다. 아나톨리아에서 그리스 정교회는 분열되며, 이슬람교로의 개종이 그리스인, 유태교, 아르메니아인들에게까지 번져나갔다. 특히 메블레비 교단은 다른 민족에게도 깊은 호소력을 가졌다. 인종 간의 혼화가 자연스럽게 이루어지며, 14세기에는 비잔틴 황제까지 튀르크의 사위를 맞는다.

메흐메트는 자신을 룸 카이세리Rum Kayseri 또는 두 대륙과 두 해양의 통치자라

그리스 정교회 Greek Orthodox Istanbul
아르메니아 성삼위聖三位 교회 Beyoğlu Üç Horan Ermeni Kilisesi Vakif | Istanbul

는 형용사를 덧붙여 부른다. 콘스탄티노플 점령 후 메흐메트 2세는 베네치아가 가졌던 무역 특권을 차지하고, 보다 많은 이탈리아 도시국가와 관계를 가졌다. 그리스인은 흑해에서 상업을 할 수 있게 되며, 아랍인, 비이슬람의 소수민족, 서유럽인들이 상업에 종사한다. 고대의 극동과의 중개무역 형태가 시리아와 홍해를 거쳐 되살아났다. 실크로드의 주경로이기도 한 제국의 판도에서 서양과 동양과의 넓은 교역은 외국문물의 흡수를 자연스럽게 한다.

유럽과의 교섭

1535년 초대 프랑스 대사가 부임하며, 1536년 프랑스와 통상조약을 맺는다. 이 통상조약은 일종의 영사특권을 포함하는 것으로 서유럽 국가들에 확대된다. 절대 우위적인 존재에 있다고 믿는 튀르크가 상호적이지 못한 치외법권을 유럽 국가에게 주는데, 그 후에 튀르크 외교에게 통한이 된다. 1583년 초대 영국대사가 부임하며 서유럽에 외교의 문이 열린다. 그러나 오스만 제국은 이들에게 상대적으로 대사를 파견하지 않는다. 오스만 제국의 입장에서 서구의 외교관은 술탄에 탄원하는 경로일 뿐 호혜적인 조건이 아닌 것이다. 그러나 이미 술탄을 경멸하기 시작하는 유럽에서 외교와 무역에 관해서는 유대인과 베네치아로부터의 정책적 조언을 얻을 수밖에 없었다.

오스만의 한계

16세기에 이미 쇠약해진 오스만 제국은 내부로부터 한계를 드러낸다. 술탄의 통치력은 현저히 약화되고, 상대적으로 근대화를 이룬 서방 문화에 제압되어 간다. 르네상스를 거쳐 유럽의 정치 문화가 근대화를 이루는 시기, 오스만 튀르크는 궁실의 내홍內訌과 부실한 경제로 제국의 판도를 잃어간다. 술탄의 무기력과 황실의 호사로움은 제국의 경제를 파탄에 빠뜨린다. 점차 식민지 경제가 끊기고 국제 경제의 경영능력이 없는 제국은 기울어간다. 이러한 상황에서 차츰 유입되는 서양문물은 황실을 매료시키며 서양화를 가속화시켰다. 문화 식민의 생태 법칙이 현실화

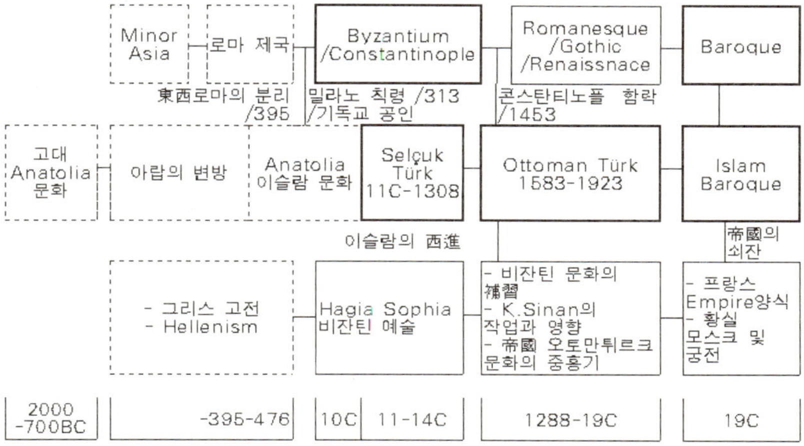

비잔티움 -셀축 -오스만 튀르크 제국의 역사판도

되는 것이다.

서양화

18세기까지만 해도 서양화는 완제품으로 받아들여지기보다는 기존의 이슬람 양식과 습윤濕潤되는 것이었다. 그러나 오스만 말기에서 궁전은 후기 르네상스의 건축과 실내장식을 고급문화로 차입하며, 황실의 생활 문화 자체가 서양화되어 갔다. 차츰 공공 건축과 민간 부문에서 서양화도 두드러진다. 무엇보다 터키에도 서양 문화가 우성으로 지배하는 문화 현상이 벌어지는 것이다. 이러한 타율적 근대화에서 서양화로의 급속한 문화의 전이와 바로크-로코코의 영향이 동시에 나타난다. 이것이 19세기 이후 터키의 근대화 직전 상황이다.

캐톨릭과 이슬람은 예배의 방향이 같다.

오스만 튀르크가 비잔틴 문화로부터 큰 인상을 받았으리라는 것은, 그 이전 셀축 문화의 고식적 편협함에 상대해 쉽게 수긍된다. 경이로운 서양 예술을 튀르크가 접하면서 이를 배척하기보다는 자신의 시야를 넓힌다. 오스만 튀르크는 비잔틴의 성당들을 모스크로 개조하며 그 공간적 이치를 체득하기 시작한다.

수많은 성당 건축이 모스크로 변조되는 일이 어렵지 않았으며, 새로운 모스크 건축도 비잔틴 양식을 텍스트로 하는 데 저항이 없었다. 두 종교 문화 사이에 공유할 수 있는 가치와 포기해야 할 것을 가리며, 융합할 수 있는 접점을 찾았다. 전체적인 국면으로 보아 비잔틴 요소가 우성이었을 것으로 판단된다. 그것은 건축의 기반을 이룰 공간과 기술에서 비잔틴 문화의 역할이 지배적이며, 장식과 요소와 같은 주변 표현이 아랍적인 것으로 보이기 때문이다.

● 아랍과 비잔틴 예술의 교접

16세기 투르크의 아랍 예술에는 제도법, 서예, 금수와 직물, 석재 및 목조각, 가죽 세공 등이 찬란하다. 세라믹 타일은 국책적 체계로 생산하고 있었으며, 이즈닉 İznik에서 생산되는 타일은 최고의 장식재로 취급된다.

이즈닉 타일

우리나라 청화백자와 비슷한 청색조의 이즈닉 자기는 중국으로부터 전래되는 것으로, 당초唐草와 기하幾何 문양으로 화려하다. 이 청화자기는 생활용기뿐만이 아니라 건축 세라믹으로서 광범위하게 사용되었다. 터키에 회화가 발달하지 않는 이

이슬람의 회화법 원근법이 없다
서양화가의 하렘 묘사 사실적 원근 구도

유는 종교적 이유 때문이다. 인간의 얼굴을 그리지 않으며 포교상 필요한 종교화라도 절대자의 얼굴은 베일 속에 있다. 일반적인 회화는 측축側軸투상도법의 풍경화이며, 기록화도 이 기법에 준한다.

회화 법

측축투상도법은 조선의 책 그림, 집 그림 등에서 자주 보이는데, 아랍의 기법도 원근법 개념이 없다. 오르한 파묵의 역사소설 『내 이름은 빨강』은 궁실 화가들의 이야기인데, 전통적인 화법과 서양 화법의 충돌을 극적으로 묘사하고 있다.

가사 규제

이스탄불의 주택은 기본적으로 목조인데, 이는 일종의 가사규제와 같은 것이다. 더 상위 개념의 건축인 모스크, 종교 학교, 조당廟堂, 카라반 숙소 등을 석조로 할 수 있었던 것에 상대한다. 목조주택은 긴 역사의 시간 속에서 끊임없이 대화재 사건으로 도시를 희생시킨다.

사원과 신학교가 신의 것이라면 궁전은 술탄의 것이다. 최고의 궁전은 보스포루스와 골든 혼이 갈리는 언덕 위에 건축된 토프카프Topkapı이다. 1453년 콘스탄티노플을 점령한 후 세운 궁전으로서, 70만 평의 영역에 정전과 부속 건물 및 대규모의 하렘이 포함되어 있다. 최고의 호사를 누리는 황실 생활에 비해 건축적 격식은 높아 보이지 않는다. 양식적 통일감의 결여, 공간 배치의 질서 또는 극적 효과도 찾기 힘들다. 다만 궁실 내부의 호사로운 장식 수준과 집기, 생활품의 공예적 수준이 유럽 궁전에 어깨를 겨눌 만하다. 그래서 진정한 오스만 터키의 건축은 궁전 건축보다 모스크에서 찾을 수 있는 것이다.

튀르크 모스크의 특성

도시에서 기념성

튀르크 모스크의 거창한 역사는 대부분의 종교 건축의 프로그램이 그러하듯, 제왕과 제국의 위용을 과시하기 위한 기념비적인 특성을 포함하기 때문이다. 신권과 왕권의 알력에서 하기아 소피아가 유스티아누스Justinianus 1세(527~565)에 의해 구축되는 것도 왕권신수王權神授를 상징하기 위한 수단이었다.

도시 공간의 위계

도시에서 모스크가 위치하는 곳이 곧 위계의 표현이다. 도시의 중심과 주변에 따라 건축의 스케일과 격조가 달라진다. 그것은 커뮤니티의 규모와 밀도뿐 아니라 황실이 주도하는 것과 지역이 만드는 프로그램 사이의 차이이다. 모스크의 배치는 도시 구조에서 주요한 시점이 되며, 랜드마크가 될 기본을 갖춘다.

● 모스크의 콤플렉스 기능

복합적 종교 기능

소규모의 모스크는 단순하게 기도 공간을 중심으로 하지만, 규모가 있는 황실 모스크는 기본적으로 복합적인 종교 건축이다. 황실 모스크는 여러 가지 교육, 복지, 시장 등의 사회 기능을 포함하며, 특수한 경우에는 묘소를 일단의 사이트에 구성한다. 이에 따라 규모가 큰 모스크는 도시의 여러 블록을 통합한 스케일로 만들어진다.

쉴레이마니에 콤플렉스는 약 7만 5400m²에 이르며, 화띠흐 콤플렉스의 경우 대지 면적은 9만 6100m²에 이르고 한 변이 310m로 도시의 길이를 장악한다. 이와 같은 복합 규모의 프로그램은 교회가 지역사회에 대해 적극적으로 전위에 있었다는 사실과 유사하다. 여기에는 빈민 급식소, 공중 욕장, 병원, 정신병원 등의 사회복지 시설이 함께 갖춰진다. 종교 학교는 독립되어 운영되기도 하지만, 모스크의 부속학교의 예도 많다. 학교는 단순한 신학만이 아니라 의약학, 이학 등을 널리 학습하였다. 비유적으로 말하여 대승적大乘的 종교의 문화이며, 사회 문화의 표현이라고 할 수 있다.

화띠흐Fatih Complex Istanbul | 18C. | Tahir Ağa | 신학교, 요양소 등과 함께 비교적 가장 넓은 대지에 콤플렉스로서 건축되었다.
쉴레이마니에 Suleymanye 콤플렉스 중 부속 기능 동 Istanbul | K.Sinan

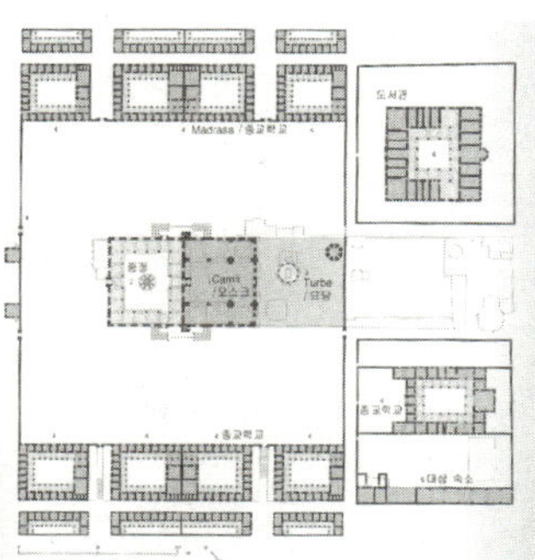

검소한 인물

대개의 교회와 사찰이 성인, 사제 또는 토후 가문土侯 家門의 묘소墓所 기능을 부수적으로 갖는다. 모스크의 후정에도 대개 존경받는 종교 지도자나 많은 술탄들이 자신의 묘당廟堂을 모스크 안에 짓게 하여 죽음 뒤의 종교적 안식을 꾀한다. 놀라운 것은 세계의 어느 절대군주의 묘소와 비교해도 술탄의 묘실 건축은 초라할 만큼 소박하다는 사실이다.

아틱 알리 파샤 자미 Atik Ali Paşa Cammi
Istanbul | Mihrab이 아주 간결한 표시로 구성된다.
뉴르오스마니예 자미 Nuruosmanyi Cami
Istanbul | 1744 | Mihrab이 교회의 후진처럼 구체화된다.

● 동향 배치

콤플렉스는 모스크를 중심으로 그리드 패턴에 의해 배치한다. 기독교회와 모스크가 (대체로 서양에서는) 모두 동향하는 배치는 상징적 성지의 위치가 유사하기 때문이다. 모스크의 기본 축은 미흐랍이 메카Mecca를 향해(터키에서는 대략 동쪽, 더 정확하게 카아바Kaaba를 향하도록 한다) 방향을 잡고 있어 기도하는 이가 자연히 메카를 향하게 된다. 이 축의 방향은 비잔틴 성당이 향하는 동쪽보다 조금 더 남동쪽으로 기울어진다. 비잔틴 성당을 모스크로 개조한 경우에 후진의 방향과 비슷하지만, 똑같지는 않다. 그래서 기존의 후진에 덧대어 새로운 미흐랍이 동남쪽 방향에 설치되는 것을 볼 수 있다.

메카와 예루살렘

하기아 소피아는 모스크로 변용되면서 후진Apse과 첨가된 미흐랍(Mihrab, 指聖所)을 같이 가지고 있다. 하기아 소피아의 경우 중앙 돔의 중심에서 후진의 축선과 미흐랍의 각도는 약 1.5도의 차이를 갖는다. 성당에서 후진의 장려한 공간이 동향에서 초점을 이루는 데 비해 모스크는 미흐랍이라는 아주 단순한 향向의 표지만을 갖는다.

이러한 오스만 튀르크의 지성소 형식은 후기에 들어 점차 교회의 후진을 모방하기 시작한다. 이는 성전의 시각적 초점으로서 후진이 차지하는 상징성이 기존의 모스크 양식에서는 취약하다고 느끼기 때문이다.

● 조형의 도형성

비잔틴의 비해 오스만의 모스크는 기하학적인 조형성이 훨씬 분명하다. 그것은 오스만이 보다 후대의 건축으로서 기하학적 정제를 더할 수 있었기도 하나, 수리적 규범성을 중요시 여기는 이유로 보인다. 자연히 대칭성이 더 엄격하다.

오스만 건축은 셀축 건축에 비해 요소가 더욱 다채로워짐으로써, 언어는 복잡해지지만 질서의 가치는 더욱 중요해진다. 비교적 평면적인 셀축 건축의 정면에서는 몸체보다도 미나레이 전체의 인상을 지배하는 데 비해 오스만은 미나레과 돔이 더 깊은 관계에서 조화된다.

무엇보다 공간 구조에서 가장 중요한 것은 거리와 크기의 관계이다. 공간은 대개 정방형으로 이루어지는데, 만약 축방향으로 공간을 늘리려면 정방형의 배수 또는 반배수로 한다. 공간은 엄격히 계산된 정방형과 내접하는 정원의 응용이며, 그 비례에서 주종의 관계를 분별한다. 기하학

● 모스크의 공간 구조

오스만 튀르크의 모스크 공간은 사회 공간이 외곽을 이루고, 순수한 모스크의 영역은 코트와 기도 공간으로 구분된다, 이러한 영역성의 구분은 이집트, 이란, 이라크 등에서 모호한 바에 비해 튀르크는 매우 구체적이다.

그리스 정교회의 십자형 평면의 영향으로 보이는 내부 공간의 평면 역시 아랍의 옆으로 긴 장방형 공간과는 구분되는 것이다. 이로써 공간은 훨씬 평면적 집중력과 수직적 상승력을 얻게 된다. 그러나 평면의 비례는 교회가 점차 깊이를 갖는 직방형을 취하는 데 비해, 튀르크의 모스크는 정방형의 정도를 넘지 않는다.

이슬람의 예배 형식은 매우 간소하다. 미사와 같은 장려한 의식이 따로 없고, 설교로 신도를 휘어잡는 목사牧師도 없다. 무슬림의 예배는 이맘이 이끄는 코란 독경과 예배와 공간

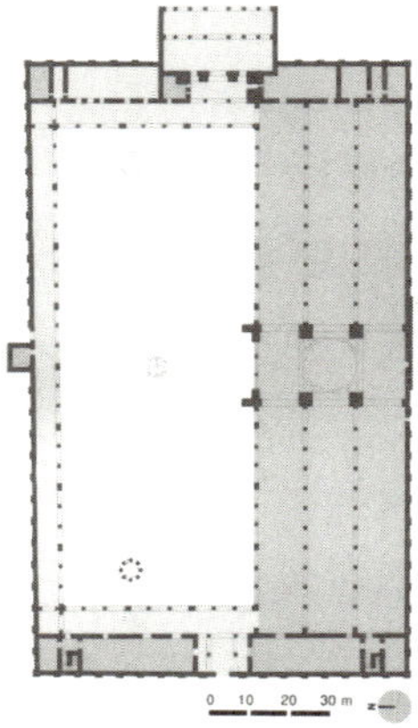

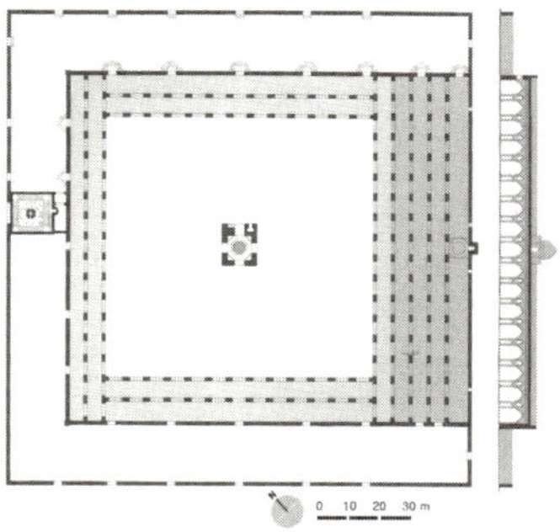

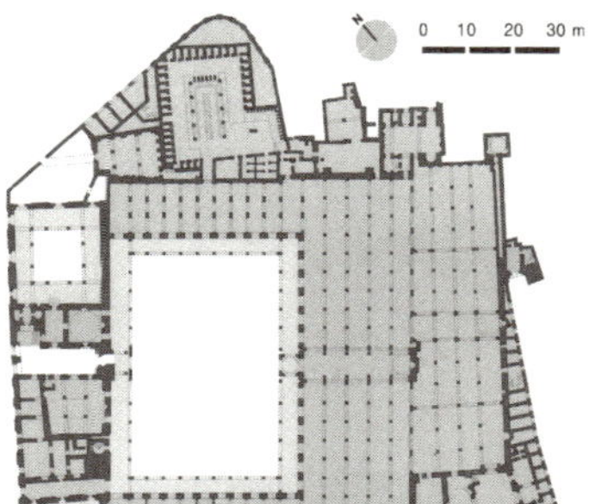

다마스쿠스 대 모스크 Great Mosque Umayyads, Damascus
다마스쿠스 대 모스크 회랑과 중정
이븐 툴룬 모스크 Ibn Tulun Mosque Cairo | 876-879 –Henri Stierin | ISLAM | Taschen | 1996
이븐 툴룬 모스크 카이로 회랑과 중정
알 아자하르 모스크 Al Azhar Mosque Cairo | 11 C. | 매우 장구한 시간을 두고 증축을 거듭한 이집트의 모스크 평면
Amr Ibn El Asi Mosque Cairo 기도 공간

기도의 절로 시작하여 끝난다. 따라서 회당 자체의 형식적 내용도 아주 간소하다. 부속실이 거의 없으며, 내부 공간의 형식도 대개 단일 공간으로 그친다. 남자와 여자는 예배 공간이 분명하게 구분된다. 셀축 시대에는 여자들을 위해 별도의 익랑翼廊을 할애하기도 하였으나, 대부분 내부의 외곽공간을 차지한다. 특징을 살펴보면 다음과 같다.

① 아랍의 모스크는 내·외부 공간의 경계가 따로 없다. 이에 비해 튀르크의 모스크는 기후적 이유도 작용하겠지만, 포탈 이후에 내부 공간을 분명히 한다. 이에 따라 코트 야드와 모스크의 기도 홀이 이원적으로 구성된다. 전정은 특별한 기능이 없지만 모스크의 전이 공간으로서 아주 중요하다. 전정은 회랑을 가지는데, 이는 바실리카의 아트리움과 마찬가지다. 기도 홀은 돔을 얹으며 공간의 절정을 이룬다. 공간 구조

② 공간의 질서는 전정-입구-돔-미흐랍에 이른 중심축성을 강하게 한다. 이 중심성은 대칭에 의한다. 이 역시 서양에서의 바실리카와 르네상스의 영향이다.

③ 정방형 평면 위에 돔을 얹기 위한 펜덴티브가 절대적으로 필요하다. 비잔틴으로부터 체득한 이 구법은 셀축의 스퀸치에서 발전된 구조법이다.

④ 코트 야드는 열주랑의 그늘과 마당의 작열하는 밝음이 대비되며 정적을 이룬다. 이 공간을 거쳐 어두운 기도 홀로 들어오는데, 돔의 드럼에서부터 채광은 르네상스의 방법과 같다. 자연히 단면상 공간의 높이 변화, 깊이의 구조를 가지면서 긴장과 이완의 관계가 강해진다. 수직적으로 돔을 향해 상승하는 공간의 기류를 느끼게 하고 제어된 빛이 종교적 상징을 더한다.

● 코트

코트는 기독교회의 아트리움을 차용한 것이고, 이를 둘러싸는 주랑의 구성도 마찬가지다. 이로써 상당히 적조寂寥한 공간을 만들 수 있었으며, 기도 공간으로의 전이성도 뛰어나다. 다만 모스크는 이 코트 안에 세정천를 마련하는데, 손과 발과 얼굴의 구멍 난 부위를 씻는 행위는 코란이 지시하는 예불의 준비이다.

주랑은 보통 연속 아치를 만들게 마련인데, 철저한 방형方形의 모듈로 진행된다.

대부분 주랑의 칸들이 돔을 구성하여 얹고 있는 것이 기독교회의 조형과 다르다. 이러한 주랑의 돔은 본 건물의 장대한 돔과 연속적인 장면을 이루며 규칙을 따른다.

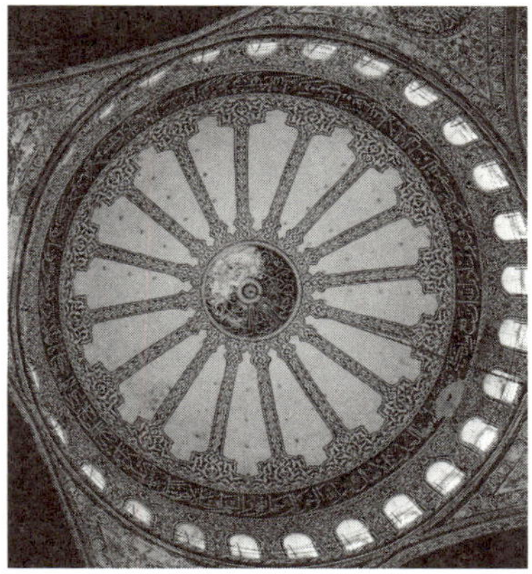

술탄 아흐멧 자미 Sultan Ahmet Cami 중앙 돔 천장 장식

● 내부공간의 위계

이미 초기 그리스도교 건축에서부터 구체화된 아트리움-나르텍스-네이브-압스의 공간 규범은 비잔틴 건축에서 확실해진다. 다만 보다 적극적으로 후진을 구성하며, 집례의 초점이 면(帳幕)에서 공간(後陣)으로 적극화된다.

이러한 공간적 규범은 오스만 튀르크 건축에서는 상당히 간략화되는데, 그것은 종교의 전례 차이 때문이다. 기독교는 사제가 지배하는 미사의 전례가 고도의 규범이 되는 데 비해 모스크에서는 훨씬 단순하며 통어적通語的이지 않다. 또한 이슬람에서는 집전을 주도하는 사제 자체가 존재하지 않는다. 다만 코란을 독송하고 시작과 끝을 지시하는 이맘만이 있을 뿐이다.

모스크는 바닥 좌식 예불이기 때문에 가구의 구성이 없어 공간은 단순한 오픈 플랜이 된다. 신도는 신발을 벗어야 하며, 대리석 바닥에 카펫을 배치하는 일은 건축에 관련된 부문이다. 술탄을 위해 특별히 술탄의 로지가 만들어질 수 있다. 여성의 공간이 후측위後側位에 별도로 구성된다.

● 상징과 장식

비잔틴 시대에 화려하게 꽃을 피운 모자이크는 성화 배척운동에서 한때 위기를 맞는다. 이슬람에서는 원천적으로 성인이나 종교적 이미지를 구상으로 그릴 수 없다. 이것은 아랍의 회화 예술이 극히 빈곤한 대신에 서예가 발달하는 이유가 되기도 한다.

추상적 상징

이에 종교 건축의 장식미술은 두 가지로 제한되는데, 하나는 꾸란의 구절을 적은

모스크 내부 구성

캘리그래피calligraphy이며, 다른 하나는 추상적 문양이다. 추상 기하 문양은 세라믹 타일의 발전과 함께 내부 조형을 순화시키는 데 중요한 역할을 한다. 특히 이즈닉 타일은 오스만 튀르크의 세라믹 장식미술의 원천이었다. 투르크 모스크는 아랍의 모스크 요소를 거의 다 받아들이는데, 장식의 소재는 철저히 추상적이어야 한다. 그래서 기하학과 4방 연속무늬, 식물 문양, 그리고 아랍의 문자를 모티브로 한다.

이슬람의 종교는 모스크에서 메흐메트의 이미지나 어떤 종교의 상징적 오브제objet도 허용하지 않는다. 따라서 사원 건축은 예배자에게 추상적인 장소로 남게 되는데, 그 상징의 대안이 곧 공간이다.

모스크의 내부를 구성하는 주요 요소는 다음과 같다.

미나레, 塔: 기도 시간을 알리기 위해 코란의 구절을 탁송하는 높은 탑은, 셀축 시대에는 쌍탑이나 단일 탑으로서 주로 주문主門과 함께 구도가 만들어졌다. 오스만 시대에는 모스크의 규모에 따라 4~6개소까지 세워지는데 보통 평면의 귀퉁이에서 윤곽을 그린다. 미나레 Minaret

샤드르반, 洗淨泉: 예배에 들기 전에 신도가 손, 귀, 발을 씻기 위한 샘, 셀축 시대와 아랍에서는 예배 공간에 배치되지만 오스만 시기에는 코트 중심이나 측면에 구성된다. 세정천의 조형은 독립적일 수도 있는데, 그 경우 코트 공간에서 중요한 시각적 요소가 된다. 샤드르반 Sadrvan

미흐랍, 指聖所: 기도자는 메카의 방향을 향하도록 하는 지침이 되는데, 터키에서는 동향이 된다. 니치nich의 형식으로 만들어지나 그 깊이와 크기는 소박하다. 이 부분만은 셀축과 오스만 시대에 큰 차이가 없다. 미흐랍Mihrab

민바, 頌讚臺: 코란을 탁송하는 높은 대는 대개 높은 설교대lofty pulpit 형식으로 구성된다. 내부에서 가장 장식적 요소 중의 하나다. 민바Minbar

술탄의 롯지lodge: 후기에 들어서는 궁중의 암투가 심상치 않게 되었고, 보안의 이유로 술탄의 기도공간을 따로 만들기도 하였다.

구조

오스만 튀르크의 구조는 기본적으로 비잔틴 구조를 보습한 것이다. 두 양식의 구조는 기본적으로 중량重量 구조이나, 오스만의 돔은 점차 독립 지주 방식으로 진보된다. 중앙 돔에서 확산되는 횡력橫力을 주변 공간이 어떻게 지탱하는가 하는 것이 비잔틴 건축의 요체였다. 보통 비잔틴 구조에서는 부축벽이 이 역할을 담당했다면, 오스만 튀르크 건축은 연속 아치와 그 위의 돔으로서 횡력을 전이시킨다.
돔과 펜덴티브의 구체構體는 K. 시난 시기에 이르러 구조와 조형에서 보다 발전된다. 기념적인 모스크를 구축하기 위한 황실의 독려로 거대한 스케일로 장경長徑 돔의 구축이 보편화된다. 사실상 비잔틴 시기에서 돔의 스케일은 하기아 소피아의 기념적인 스케일을 제외하고는 대부분 소규모이다. 당시 교회는 지역 단위로 작은 스케일 건축이 여러 개 세워지는 소형-다거점의 프로그램이 보편적이었다.
장경의 돔을 구축하기 위한 기술은 경량 구조의 개발과 직접 연유된다. 돔의 구조가 경량화되는 기술은 개연적으로 개방 면을 넓히고 내부 공간의 빛을 현저히 개

비잔틴과 오스만 튀르크 돔의 비교

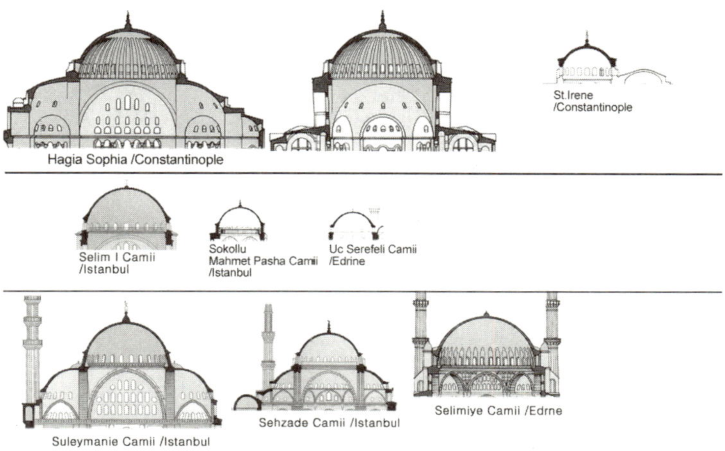

선시켰다. 돔과 신랑 사이의 공간이 증대되면 건물의 전체적인 프로포션을 높이게 한다. 돔을 지지하는 하부의 주 아치도 경량화되면서 그 아치의 면을 채우는 창호의 면적이 커졌다.

● 돔과 방형 평면의 전환

비잔틴의 건축은 대개 방형 위에 돔을 축조하며 펜덴티브가 내부 요소로 남는다. 이에 비해 오스만 튀르크의 건축은 돔 밑에 드럼을 가지며, 반 돔들이 외부에 노출되며 형태의 한 부분이 된다.

돔을 방형의 평면 위에 얹기 위해서는 적절한 전환 요소가 삽입되어야 한다. 그 유형은 그림과 같이 4각형, 6각형, 8각형의 베이스에 따라 구분되며, 그 위에 드럼과 돔의 구성 관계가 다양하다. 이와 같이 복잡한 평면과 돔의 구성 관계는 뛰어난 입체 기하학적 해석이 가능하다.

● 수직 구체

비잔틴의 수직 구체는 내력벽에 의존도가 큰 중량구법重量構法이었다. 이는 로마로부터 계승된 조적 구법의 방법이었다. 오스만 튀르크에 이르러서는 대규모 기도

경량화

돔과 베이스의 구성 관계 | Reha Gunay | SINAN, THE ARCHITECT AND H S WORKS | 1997 | Yapı–Endüstri Merkezi Yayınları

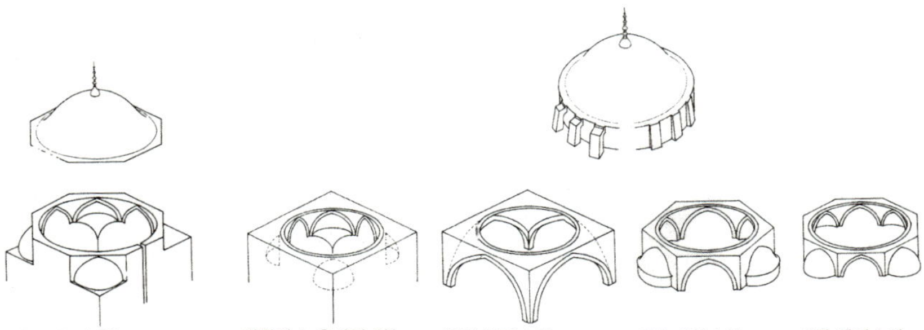

드럼을 갖지 않는 돔의 전형적 구법 트럼프가 내부와 외관의 요소가 된다

외관에 노출되지 않는 트럼프의 전형적 구법

방형 베이스와 펜덴티브

6각 베이스와 트럼프

8각 베이스와 트럼프

홀에서 돔은 독립 기둥 위에 얹혀진다. 피어는 아치를 통해 벽체와 필라스터와 버트레스 등으로 힘을 전이시킨다. 여전히 벽체는 내력벽으로서 상당한 두께를 유지하며, 니치형 미흐랍의 구성이 이유가 되기도 한다. 이와 같은 구법의 진보에 따라 오스만의 건축은 비잔틴의 것보다 훨씬 개방적이며 가벼운 내부 공간을 갖는다.

● 형태 요소

미나레

비잔틴 건축 이후, 돔과 수평적 몸체의 조형은 기독교회가 갖는 전형성이며 여기에 첨탑이 적극적 요소가 되는 것은 고딕 이후의 일이다. 전체의 형태를 이루는 아트리움과 기도 홀의 공간적 요인은 두 종교 문화가 동일하다. 다만 축조의 기술이 발달하면서 모스크는 경량의 조형이 가능해진다. 또한 구성상의 기하학적 명료성이 뛰어나며, 모듈과 치수의 수열적 배열이 조형의 리듬을 이룬다.

교회의 종탑은 외관을 지배하는 수직적 요소이다. 모스크의 미나레은 낮은 곡률曲率의 돔이 구성되는 전경에서 유일한 수직적 요소이며 그 시각적 장악력이 강하다. 미나레의 기능은 기도 시간을 알리는 미디어이며, 이맘이 탑 위에 올라 육성으로 주변을 향해 코란을 탄송하는 곳이다. 그러한 이유 때문에 어느 정도 높아야 하며, 미나레 내부에는 나선 계단이 설치되며, 그 상부에 오픈된 파빌리온이 구성되어야 한다. 모스크의 미나레은 원초적으로 교회 종탑에 비해 그 수직비가 슬랜더하며 후기로 갈수록 가냘픈 비례를 선호한다.

아치 / 비례 / 운율성

아치는 공간을 구성하는 기본 구법이기 때문에 건축 부문에서는 전체적으로 볼 수 있다. 물론 공간과 주간의 규모에 따라 크고 작고 높고 낮은 구성이 운율적이다. 회랑의 공간에서는 연속 아치의 리듬을 만들며, 내부 공간에서는 그 공간의 위계에 따라 아치의 표현이 달라진다. 즉 중앙 돔을 받는 가장 장대한 입장에서부터 반半돔으로 축조되는 주위의 공간이 다음 차례이고, 그 외곽 공간을 만드는 작은 소리의 위계가 엮어져 합창하는 것이다.

형태 전이

비잔틴의 구법이 기본적으로는 로마의 조적 구법을 원형으로 한다고 볼 때, 거기에는 상당한 목조 요소가 잔재해 있다. 기둥 위에서 아치를 받는 주두의 양식은 다분히 장식 성능으로서 역학적 관계가 얼버무려진다. 이에 비해 오스만은 훨씬 진보된 기하학적 해석력을 이유로 본다. 오스만 건축의 기둥도 대개는 원주인데, 그

하기아 소피아 Trabzon | 주두
슬레이마니예 자미 Suleymaye Cami
주두 | Istanbul | K.Sinan | 기둥과 아치의 기하학적 전이

위에 아치를 받는 부분은 방형方形으로 얹힌다. 여기에서 원형 기둥을 방형의 아치 밑둥으로 전이시키기 위해서는 주두의 전이적 형태가 개입되어야 한다.

● 튀르크 모스크 양식에서 비잔틴 건축의 영향

오스만 튀르크의 모스크가 갖는 독자성은 셀축의 정통적 의식 체계를 수용하나, 또한 비잔틴 건축의 공간적 에너지를 차용한 결과이다.
비잔틴 문화가 동방적 유전자를 가지고 있었다는 사실은 오스만 문화가 비잔틴 문화를 전해받는 데 좀더 용이했을 것이다. 이의 타협과 수용은 종정宗政의 의지로서 사회적 힘을 싣고 촉진되며, 여기에는 K. 시난의 혜안과 건축술이 있었기 때문이다. 이러한 건축적 풍요로움은 아나톨리아의 기후적 특성에 따라 완결된 내외부 공간을 필요로 하면서, 아랍의 다주식 hypostyle의 기도 홀 형식과는 구분되는 것이다. 특히 내부 공간에 열중하며 이를 종교적 상징성으로 완성시킨다. 이는 비잔틴 건축 이후 기독교회가 깊이가 깊은 장방형의 평면을 취한 것과도 비교된다. 그 역시 미사와 설교가 없는 이슬람의 전례典禮 때문일 것이다.
오스만 튀르크는 이미 그가 갖고 있던 셀축과 아랍적인 것에 비잔틴 문화를 결합시켜 이슬람 문화 속에서도 구분되는 독자적인 양식의 전이를 이룬다. 이러한 역사성은 우연한 것도 아니며 자연스러운 것만도 아니다. 이러한 전이의 현상에는 몇 가지 의지가 작용하고 있는데, 첫째는 정복과 피정복 사이에 간과되기 쉬운 타자에 대한 응시를 깊이 할 수 있었기 때문이다. 두 번째는 슐레이만을 포함한 걸출

토프카프 궁전 Topcapı Istanbul | Audience Hal | 집전실
토프카프 궁전 Topcapı 하렘 부분

한 술탄의 문예 진흥의 의지이며, 세 번째는 제국의 힘으로 국가가 스스로 문예의 패트런patron이 되었다는 사실이다.

문화는 어떤 영향 또는 생태환경의 변화로 인하여 어떤 하나에서 다른 양식으로 전이하거나 변이된다. 종種의 변화는 미학적 가치가 빛날 때 하나의 양식으로 자리하지만, 그렇지 못하면 역사 속으로 소멸하고 만다.

이는 비잔티움이 기여하며 오스만 튀르크가 흡수할 수 있는 양단의 조건이 이어지기 때문이다. 비잔티움은 이미 지리적 경계가 없는 문화이며, 어떤 민족과도 이어져 있는 코스모폴리탄적이다. 비잔틴 자체가 로만적인 것에 동방적인 지역 문화를 포섭하고 있었다. 이 포섭적 매질媒質은 오스만 튀르크로서도 제국의 면모를 유지하는 데 긴요했다.

그러나 튀르크도 19세기 즈음에서는 서구 문화를 수용하는 태도가 변질되는데, 이미 그때의 서구화는 자의성이 아니라 서구 문명이 제압해오는 것이다. 오스만 튀르크 초기 왕조가 보인 문화 수용의 적극적인 자신감에 비해 후기 술탄들의 졸렬한 자만심은 튀르크 말기 문화의 고식성을 불가피하게 한다. 근대의 서양은 튀르크가 자만에 빠진 채 알아보지 못하는 사이에 진보적인 문화의 문명을 일구고 있었다.

터키의 서양화 또는 근대화

1453년 비잔티움을 괴멸시키고
그 자리에 대신 들어선 오스만 튀르크는 400여 년 동안 제국의 위용을 펼쳤다. 16세기부터 오스만 제국과 서유럽 간의 세력 격차는 점차 벌어지고 이슬람과 기독교라는 종교 문화의 갈등 구조는 양극에 이른다.

지도자가 게으른 탓에 벌어진 이 불균형은 회복하기 어려운 지경에 이른다. 오스만 제국의 영광은 유럽 열강들에 의해 산산이 부서지며, 식민지와 다름없는 정치적 군사적 개입 아래 국가가 경영된다. 이러한 피압被壓의 경험은 19세기 말에서 20세기 초의 대부분의 식민지 국가나 우리나라의 사정과 비슷하다. 그리고 터키는 이제 서양을 향한 시선이 그윽하고 유럽의 국가가 되고자 한다.

유럽을 향한 시선

오스만 튀르크는 18세기 말에 이르러 각 분야에서 격차를 줄이기 위해 애쓰지만, 위기는 문화의 우성優性 법칙처럼 돌이키기 어렵다. 셀림 3세가 즉위하던 1789년은 프랑스 혁명이 일어난 해이다. 술탄은 황태자 시절부터 루이 16세와 개혁을 논의할 만큼 개방적이었다. 그는 프랑스 혁명 기간에도 개혁의 지원을 요청하고, 군사와 행정 개혁에 착수하였다. 1789~94년의 프랑스 혁명과 유럽 전체를 휘젓는 나폴레옹 전쟁(1805~15)으로 유럽 식민 세력 간의 경쟁은 더욱 심해진다. 1798년 나폴레옹의 이집트 점령은 이슬람이 얼마나 무기력한지를 명백히 보여주었다. 나폴레옹은 넬슨Horatio Nelson 제독이 이끄는 대영제국의 함대에 밀려 이집트에서 퇴각하는데, 이는 유럽 정세의 판도만이 아니라 중근동의 새로운 세력 구도를 만든다.

근동의 이러한 정세 변화는 1807년에 재연된다. 1806~12년 사이에 유럽은 러시아와 전쟁 상황에 있었다. 영국은 러시아의 동맹군으로 개입했는데, 1807년 덕어드Duckworth 제독이 지휘하는 영국 함대는 다르다넬스 해협을 통과하여 이스탄불을 위협하였다. 오스만 튀르크는 이 위기를 국제 외교에서 홍정으로 넘겼다.

나폴레옹은 러시아와 밀약을 맺고, 터키를 희생시키기로 한다. 뒷거래는 오스만 제국의 유럽 영토를 분할하는 매혹적인 것이었다. 즉 러시아가 발칸의 동부 지역을, 프랑스가 유럽 동부를, 오스트리아에게 보스니아와 세르비아를 할당하여 무마하는 것이었다. 러시아는 도나우 강을 넘어 오스만 제국의 영토로 들어오고, 1812년 부카레스트Bucharest 조약을 체결함으로써 현재의 몰도바 지역인 베사라비아Bessrabia가 러시아에 병합되었다. 외압의 강세에서 오스만은 제국의 몰락을 늦출 수가 없었다.

무너지는 제국

위협의 요소는 오스만 제국 안에서도 움트고 있었다. 밀레트Millet라는 비이슬람의 공동체는 자유로운 자신들만의 종교 세계를 갖고 자치적인 사회를 유지했다. 제국의 종교법에 크게 상충되지 않는 한 교육과 사회 생활을 인정한 것이다.

1804년 세르비아는 오스만 제국에 대항하여 제1차 민족봉기를 일으켰다. 제국은 이 봉기를 무력으로 진압하지만, 상당 부분 수용하기도 하였다. 그러나 불씨는 꺼지지 않고, 1815년 더욱더 강력한 제2차 봉기가 일어났다. 그 후 그리스인의 봉기가 유럽의 전폭적인 지지 아래 일어나고 주권 독립의 그리스 왕국이 수립된다. 찬란한 그리스 문화 위에 이슬람의 더께가 씌워지고, 이슬람에 대한 400년 묵은 원한이 그리스를 깨우는 것이다.

그리스의 묵은 원한

그리스는 터키 지배 아래 400년 동안 인구가 4분의 1이 줄어들 정도로 착취를 받았다. 그리스가 터키의 점령 아래에 있을 때, 파르테논이 폭파되는 사건은 문화에서도 가장 쓰린 기억 중의 하나다. 1687년 10월 26일 베네치아 군대가 쏜 포탄이 파르테논 신전에 저장되어 있던 터키군의 화약을 폭파시킴으로써 신전의 지붕이 날아가버렸다. 1822년 오스만 튀르크의 그리스 침탈을 그린 들라크루아의 그림 「키오스의 학살」(1984)에서 이에 대해 상세히 설명해준다. 원경과 중경을 파괴로 그리고, 여자와 유아, 노약자들을 학살하는 장면을 근경에 두어 더욱 자극적이다. 아직도 그리스가 터키에 갖는 감정은 한국과 일본과의 관계만큼이나 쓰디쓰다.

19세기 이후에도 발칸 주변의 기독교들이 오스만 제국으로부터 독립하여 떨어져 나간다. 오스만 튀르크에게 18세기의 서양화는 곧 사회개혁을 뜻한다. 그러나 서양화는 보편성으로서 사회 혁신에 이르지 못하고, 주로 궁중 문화를 중심으로 벌어지는 편식이었다. 1차 세계대전까지 서양화는 어쩔 수 없는 사실이 되고, 자신을 버린 대가로 뒤따르는 것이었다.

오스칸 튀르크는 이슬람 국가로서는 최초로 1876년 성문헌법과 의회 제도를 채택

들라크르와 키오스의 학살 | 1984

한다. 정체政體는 아직 절대 권력을 가진 술탄 아래의 입헌군주 체제였다. 그러나 400년의 봉건체제를 한 청년 장교가 해체한다. 물론 그 혁명은 사회개혁과 맥을 같이하는 것이라 쉬운 일은 아니었다. 술탄의 절대 봉건주의와 부동의 보수 사회를 타파하기 위한 케말 파샤Mustafa Kemal Ataturk의 힘겨운 투쟁 끝에 1923년 터키 공화국을 이룩한다. 1세기에 걸친 혁명과 개혁, 그리고 1차 세계대전에 잘못 개입한 패망국의 위기를 딛고 탄생한 것이 현재의 터키 공화국이다.

아타튀르크는 이슬람에 지배되던 종교와 정치를 분리하여 소위 세속주의世俗主義에 성공한다. 물질과 정신 생활은 물론 제도, 관습의 서양화, 평화적 대외 관계의 추구 등으로 관심을 유럽 쪽으로 돌렸다.

터키의 근대 문화는 선사 시대의 아나톨리아 문화, 히타이트, 소아시아로서 그레코-로만 비잔티움, 그리고 오스만 튀르크라는 지층들 위에 쌓여 있다. 예를 들어 앙카라의 중심인 울루스Ulus 광장 주변에는 고대 로마의 아우구스투스 신전이 있고, 그 위에 비잔틴 성곽이 자리하며, 15세기의 하지바이람 사원이 위치한다. 그 광장의 중심에 아타튀르크의 기마상이 있는데, 이 시대 개혁의 상징처럼 모더니즘의 공공 건축을 배경으로 아직도 행진하고 있다.

19세기 봉건의 말기, 서양식의 재현과 바로크 건축

오스만 튀르크의 서양에 대한 관심은 황실과 귀족의 계층만이 향유할 수 있었다. 곧 서양화는 귀족 계급이 신분을 구분하는 데 이용했다. 밑으로부터 개혁운동은 점차 정치와 경제와 군사 부문으로 확대되지만, 국가는 이미 파산 상태에 빠진다. 사회 문화의 변화에도 불구하고 종교의 전통은 보다 굳은 정서로 지켜지는 것이 보통이다. 그 종교 사회의 변화를 나타내는 것이 모스크 양식의 서양화이다. 19세기까지 많은 황실 모스크가 건축되는데, 모스크에도 오스만의 전통과 바로크의 표현, 바실리카 식 공간 구조가 개입된다.

튤립Tulip 시기

튤립 꽃은 원래 터키가 원산지였다. 그것이 유럽으로 들어가서 새로운 화훼 산업으로 발전하며 더 성숙된 몸매로 가꾸어진다. 터키 근대 예술에서는 1718~30년 사이를 튤립 시기라고 부른다. 그 오리진과 변종의 관계가 이 시대의 양식을 은유하는 것이다. 특히 모뉴멘탈한 건축이 변종 양식으로 이루어졌다. 이스탄불의 튤립 양식은 1730년 이후 골든 혼Golden Horn의 북쪽으로 확산된다.

오스만 바로크

신 이스탄불의 중심인 탁심Taxim에 상수도 네크워크가 완성된다. 헤키모오루

Hekimoğlu, 아리 파샤Ali Paşa, 모스크, 뉴르오스마니에Nuruosmaiye (1749~55), 랄르리Lalrli(1760~63) 등의 중규모 모스크가 건축되었다. 이 양식을 형식적으로 말하면 오스만 바로크로 구분된다. 한편 산업 건축, 도서관, 박물관, 신식 학교 등의 새로운 빌딩 타입이 보이기 시작한다.

궁실건축

바로크와 프랑스 풍의 조형은 황실의 호사로운 욕구를 타고 궁전 건축에서 더욱 집접적으로 이루어진다. 돌마바흐쉐Dolmabahçe, 베이레르베이Beylerbey, 슈라안Çrağan 궁전 등의 궁실 건축이 서유럽 풍으로 조형되었다. 술탄은 이미 유럽 풍의 생활 문화에 탐닉하고 이스탄불의 곳곳에 크고 작은 서양식 별궁들을 지었다. 이는 유럽의 낭만적 궁전을 모방하는 것인데, 유럽식 궁전을 짓기 위한 오스만 튀르크의 희망을 만족시켜줄 만큼 훈련된 건축가가 충분하지 못하였다. 서양의 건축가가 직접 찾아와 설계하거나, 유럽에서 훈련받은 터키 건축가들이 작업을 하였다. 그 대표적인 사람이 건축가 발얀Nikogos Balyan이다.

건축 가문 발얀 가는 모두 7명의 건축가를 배출하였다. 그 중 6명이 술탄 밑에서 봉직하며 이스탄불의 주요한 공공 건축과 도시 건축을 유럽화하는 일을 하였다. 원래 아르메니안인 바리칼파 발얀Balikalfa Balyan은 소년 시절에 터키 중부 도시인 카이세리Kayseri에서 이스탄불로 올라왔다. 그의 아들 키르코르Kirkor는 마흐무드 2세Mahmut II(1808~39)의 황실 건축가로 활동하며, 누스레티에 모스크Nusretiye Cami(1822~6)를 건축한다. Nikogos Balyan

처음 이 건축가 가문은 주로 유럽에서 들여온 문헌과 도판을 통해 유럽의 건축을 학습하였다. 키르코르의 아들 가라베드Garabed는 그의 아들 니코고스Nikogos와 사르키스Sarkis를 아예 빠리 에꼴드보자르로 유학 보낸다. 이러한 집안의 협동 체제로서 가문 건축가는 이스탄불의 서양화에 앞장선다.

튀르크의 모스크는 먼저 말한 대로 K. 시난이 만든 규범화로 터키의 특성을 유지할 수 있었으나, 궁실 건축은 터키의 텍스트가 분명하지 않다. 오히려 궁전 건축은 건축적인 격조보다 내부 공간의 호사함에 더 탐닉함으로써 서양화에 급속히 젖어 들어간 것으로 보인다. 조원造園 디자인도 그렇게 활발하지 않은 것 같다.

그러고 보면 오스만 후기에 들어 술탄은 거의 바깥출입을 않고 실내 생활로 하루를 보냈을지도 모른다. 물론 거기에는 하렘이 기다리고 있다. 오스만 말기의 술탄은 대부분 위약하고 제왕으로서 품위가 떨어진다. 병약하거나 정신병 징후를 가진 술탄도 있었다. 그것이 궁실의 환경과 관계없다고 말하기 어려울 것이다.

돌마바흐쉐 궁전 Dolmabahçe Sarayı | Istanbul | 1846–56 | Garabed and Nikogos Baylan

보스포루스 입구 해안에 바다 풍경을 옆에 끼고 돌마바흐쉐 궁전이 만들어졌다. 이 궁터는 17세기 초에 아흐무드 1세Ahmut I와 그의 아들 오스만 2세Osman II에 의해 해안에 개발되었던 것을 메흐무드 2세Mehmut II에 의해 황궁의 정원으로 '채워진다'. '돌마바흐쉐'란 'filled-in Garden'의 뜻이다.

공사는 재정적인 이유와 공을 들이는 시공으로 어렵다. 압둘 메시트 1세Abdul Mecit I 시기에 비로소 왕족의 거처 공간이 되었다. 궁전은 해안을 향해 완전히 열려 있다. 따라서 접근 쪽이 좁고, 동향인 해안을 따라 건축이 발달한다. 해변을 보며 284m에 이르는 길이에 285개의 방이 있다. 궁전의 중심부는 주 계단실에서 접속되는 왕좌王座의 실, 국무실, 황제의 거실로 구성된다.

궁전은 서양식으로 안과 밖을 장식하지만, 술탄이 버리고 싶지 않은 터키 전통이 있으니 바로 '하렘'이다. 궁전은 대규모의 하렘을 별도로 갖는데 디자인 역시 전통적인 생활양식을 버리지 못해 서양식과 전통식이 뒤섞여 있다. 앞서의 정궁이었던 토프카프Topkapı 궁실이 건축적으로는 빈약하였던 바에 비하여 돌마바흐쉐 궁전의 건축적 질량은 보다 완결된 양식미를 보인다.

1852~53년 가라베드 발얀Garabed Balyan이 설계한 돌마바흐쉐 모스크가 경외에 생길 때까지도 유럽식의 궁실 조형을 지키기 위하여 모스크를 두지 않았다. 이 유럽식의 황궁은 이탈리안 르네상스와 네오 바로크의 장식이 얼버무려진다. 1877년 최초의 터키 공화국회가 열렸고, 공화정부 창설 이후 이 궁전에서 한동안 아타튀르크가 거처하였다.

돌마바흐쉐 궁전 Dolmabahçe Sarayı | Istanbul | 1846–56 | Garabed and Nikoğos Baylan
돌마바흐쉐 궁전 Crystal Stairway 바로크 상세, 양식성에 집착이 강하다.
해안에서 돌마비흐쉐 궁전 의 술탄의 침전

● 돌마바흐쉐 모스크 Dolmabahçe Cami | Istanbul | 1853

압둘 메시티 1세Abdul Mecit I의 어머니 술탄 베즈미아렘Valide Sultan Bezmialem이 돌마바흐쉐 궁전 대문 밖에 황실 모스크를 세운다. 궁전의 완전한 서양식이 아니라 적당히 터키식과 혼합된 튀기 양식이다. 큰 아치와 단일 돔은 오스만 식의 모스크와 현저히 구분된다. 첨탑도 다분히 서양 교회의 영향이다. 혼합 양식

모스크의 몸체는 정방형 평면을 치켜세운 것으로 네 귀퉁이의 탑부를 구성하고, 그 안에 단일 돔을 얹었다. 보통 오스만 튀르크의 모스크가 크고 작은 여러 돔의 화성和聲으로 구축된 바에 비해 이러한 단일 돔도 서양적 영향이다. 각 면은 2개의 아치가 안팎으로 겹쳐진 이중 아치의 모습이다. 이러한 구성 역시 오스만 디자인의 세부가 독립적인 것과 다른 성질이다.

돔은 4개의 아치가 받치고 있으며, 아치 사이의 각부角部가 펜덴티브로 전환되는 고도의 기술성이 이를 해결한다. 큰 경간의 돔과 거대 아치의 개방성으로 내부는 대단히 밝은 환경이 유지된다. 콘크리트 공법과 유리 기술의 덕택으로 내부는 훨 근대적 기술

돌마바흐쉐 차미 Dolmabahçe Cami Istanbul | 큰 아치와 단일 돔, 탑, 서양 교회의 영향
돌마바흐쉐 차미 모스끄 실내, 벽면은 평탄하여지고 채광면이 커진다.
돌마바흐쉐 차미 모스끄 실내

씬 밝아졌지만 대신 전통적인 모스크의 은밀성을 잃었다.

● 츠라아안 별전別殿 Cırağan Sarayı, Hotel | Istanbul /1850/1874 | Nikogos and Sarkis Balyan

츠라아안 궁전은 종잡을 수 없는 양식이지만, 나름대로 낭만적이다. 19세기 황실의 거처로서 세련성과 호화로움을 욕구한 결과다. 보스포루스 해안을 따라서 건물은 36베이를 길이로 만들었다. 그래서 보스포루스에서 배를 타고 올라가다보면 한참 동안 이 건물의 동향면이 전개된다. 다시 말해 건축의 내부에서 보스포루스를 향한 전망을 가급적 길게 끄는 것이 의도이다.

건물의 전체는 3덩이로 아티큐레이트되어 있는데 부분마다 중심 홀을 가지는 공간이 반복된다. 즉 길이를 따라 (3+4+3)+3+(3+4+3)+3+(3+4+3)의 베이 구성이다. 일시에 건축된 모습이기에 외관의 통일감이 이루어졌으나, 신고전주의 또는 오스만 또는 무어식의 감각이 혼합된다. 특히 창호 주변, 벽기둥, 주두, 코니스에서 이러한 표현력이 잘 드러난다.

절충 양식

건축가 발얀은 무어 식의 건축을 연구하기 위해 북아프리카와 스페인에 다녀왔다. 그래서 실내와 가구에도 오스만 식, 무어 식, 유럽 식이 혼합되어 있다. 술탄 무라

초라아안 별전 궁전의 입구 부분, 현재 호텔로 쓰이고 있다.
초라아안 별전 Cirağan Sarayı, Hotel Istanbul | 1874 | Nikoğos and Sarkis Balyan | 보스포루스 해협에서 길게 드리워지는 장면

트 5세Murat V(1876)는 단 1년 동안 집정하지만, 약 30년 동안 이 궁전을 거처로 삼았다. 공화국 초기 시대인 1909~10년 의회당 건물로 사용되다가 1910년 화재로 소실된 후 방치되어 왔다. 1992년부터 호텔로 사용하는데, 현재는 이스탄불의 최고급 사교장이 되었다.

서양으로부터 종교 문화

터키의 근대사는 '제국의 쇠락'과 '서양화를 통한 근대화'가 겹쳐진다. 오스만 튀르크의 퇴락에는 황실의 자폐증과 자만증이라는 이중의 병세가 있었고, 그 사이 서부 유럽은 부국강병과 물산혁명을 일구고 있었다. 술탄은 엄습해오는 외압 앞에서 서양식 관제와 정치적 간섭을 용인할 수밖에 없었다. 기독교 세력도 또 다른 현실로 다가온다. 결국 극단적으로 기독교에게 무슬림의 교육을 맡길 수밖에 없고, 천년 동안 이교를 멸시하던 이슬람의 전통적 관념을 수정해야 했다.

오스만 시기에도 기독교는 상당히 관용적으로 허용되었지만, 그것은 여전히 술탄의 은혜 밑에 있는 마이너리티였다. 많은 기독교 유파가 대도시를 중심으로 분명한 실체를 확보해갔다. 특히 이스탄불과 같은 국제도시에서는 외교 정치와 함께

종교 유파의 다양성

외래 종교가 거점을 틀어잡는다. 그리스와의 관계는 서로 피침被侵의 역사를 가지고 있어 오랜 앙숙怏宿의 관계이다. 다만 경제적 이유에서 그리스인이 터키에 정주하고 있다. 이 인구는 터키로부터 정신적 압력을 받고 있는 것도 사실이며, 이스탄불에서는 한 지역에 뭉쳐 살며 커뮤니티를 굳건히 하고 있다.

그리스 정교회 | Greek Orthodox Church | Istanbul

그리스 정교회는 신 이스탄불 중심인 탁심 근처에 위치해 접근성이 좋다. 비교적 많은 그리스 정교회인들을 위한 커뮤니티 공간이 이스탄불 중심에 형성되었다. 정교회 자체가 갖는 종교적 무게 때문에 문화적 표현은 가라앉아 있다. 구릉의 대지는 어떤 기하학적 규범을 떠나 풍성한 수림 안에 본당과 사제관을 자유롭게 배치시킨다. 그러나 입구에서부터 시선은 본당을 향한 방향이 우선된다.

절충 양식

건축의 외관은 로마네스크와 고딕의 절충으로 양식적 규정하기 어렵다. 쌍탑 대칭 정면에서 반원 아치를 채우는 투각透刻의 트레서리가 정교하나 평탄면 위에 구성되는 로마네스크 식 간략함이다. 그리고 교회의 내부는 의식적인 특징 때문에 정

정교회당 양식

형화된 장식 규범이 강하게 작용한다. 내부는 정교회의 수식들이 많은데, 신랑에서 성단을 향한 성소는 장막帳幕으로 가려져 있다. 다시 말해 바실리카 식 성당의

그리스 정교회 Greek Orthodox Church Istanbul | 로마네스크와 고딕의 절충
그리스 정교회 Istanbul | 신랑에서 성단을 향한 시각, 성소는 장막으로 가려져 있다.

성단처럼 개방되어 있지 않고, 장막 뒤의 후진은 사제만의 공간이다.
그리스 정교회의 예배는 대단히 의전적이어서 신도들의 예배 행위는 극히 정적이고도 소극적이다. 그리스 정교회는 이 장막 앞의 공간적인 막연함을 해소하기 위해 내부 공간에 성화와 장식을 장려해 시선을 그곳에 두게 한 것으로 보인다.

● 성삼위일체 아르마니안 교회 | Beyoğlu Üç Horan Ermeni Kilisesi Vakıf | Istanbul

위치는 신 이스탄불의 중심이면서도 아르마니안 상인들의 주 활동 공간인 시장 안에 건축되었다. 따라서 도시와 건축의 맥락이 성립되지 않고, 부산스러운 시장 분위기 안에 섬처럼 갇혀 있다. 그러나 대문을 들어서면 작은 마당을 두어 본랑과의 공간적 이완을 만든다. 이렇게 입구에 들어서서 마당이 바로 있기 때문에 건물의 전모를 보기는 어렵다.

아르마니안의 커뮤니티

건축의 외관에서 어떤 양식적 정형성을 찾기란 쉽지 않다. 내부는 신랑을 덮는 큰 볼트로 구조를 이루고 천장과 벽면에 장식을 부과한다. 교회의 이름처럼 3, 삼각, 삼위일체의 상징 기호들이 건물 내외부에 만들어진다. 이 교회당은 터키 아르마니안들의 커뮤니티 공간으로서의 기능 때문에 부속 기능이 확대되었다.

성삼위일체 교회 외관, 촉박한 현관 앞의 공간으로 정면의 시각이 좁다
성삼위일체 교회 Beyoğlu Üç Horan Ermeni Kilisesi Vakıf Armenian 교회 | Istanbul

● 성 스테판 불가리안 교회 Church of St.Stephen of the Bulgares | Bulgar Kilises | Istanbul | 1898 | Housep Aznavour

성 스테판 불가리안 교회 Bulgar Kilises
Church of St.Stephen of the Bulgares | Istanbul | 1898 | Housep Aznavour | 밝은 색조 장려한 장식성, 러시아의 영향

이 불가리아 교회는 골든 혼 해변도로 옆에 위치하기 때문에 시야가 트여진 장소에 있다. 즉 주변으로부터 독립하여 교회는 오브제처럼 빛난다.

라틴 십자형 평면에 신랑은 바실리카 식의 공간 구조와 동부 유럽 고딕의 조형으로 구성되었다. 고딕에 양식적 기반을 두지만, 정면 1탑의 양식은 후기 절충주의이며 화사한 색조와 장식성이 터키 건축과 구분된다. 구조적으로는 트러스 지붕 구조에 외벽 구조이기 때문에 공간적 스케일은 제한된다. 근세의 기법으로 벽기둥, 아치 창 주위 장식, 튜렛 등이 장식되어 있다.

러시아 영향

백색의 외관에서 금색이 어우러지는 색조는 동유럽-러시아 조형의 전형성이다. 낭만적인 상세들은 석조가 아니라 캐스트 아이언cast iron으로 인해 정교성이 뛰어나다. 그러나 금속의 물성物性은 석조의 무게있는 정서를 포기하여야 했다. 이 건축은 오스만 튀르크의 건축가 후셉아즈 아부르Housep Aznavour(1853~1935)가 설계했다. 그는 오스트리아 빈으로부터 미술과 기술 자문을 거쳐 이 교회당을 구현하지만, 터키의 작가가 순수한 라틴 예술을 만든다는 게 의의롭다.

도시 구조의 개편

● 모스크의 세속화와 도시건축

도시 인구가 팽창하면서 도시 안에 모스크가 많이 필요하게 된다. 도시형 모스크가 만들어지며, 양식의 세속화가 뒤따른다. 도시의 모스크는 주변이 시각적으로

트인 전통적인 형식과는 구분되는 것이다.

트라브존의 이스켄데르파샤 İskenderpaşa 모스크와 같이 주변이 도시화되면서 모스크는 도시의 조직 속에 얽혀든다. 평면도와 같이 원래 독립되어 있던 건물이 도시화 과정에서 건물 안의 건물로 변하였다. 대지의 윤곽을 규정 짓는 담장 안에 모스크와 마당을 담게 되었다. 기존의 모스크는 셀축 시대의 공간 유형이며 마당 안에 묘소를 유지하고 있으나, 그 모두는 도시 건축의 파사드 안에 감추어진다.

독립된 형식으로 소규모의 모스크가 도시 개발과 함께 급히 지어진다. 이미 건축 양식은 세속화되며, 값싼 공법과 아마추어리즘의 장식으로 건축되었다. 상업 지역이나 업무 지역에서도 예배의 근접성을 위한 목적으로 도시적 맥락을 버리고서도 필요한 공간을 찾는다. 예를 들어 시장 속의 모스크는 형태적으로 도모할 수 있는 표현이 극히 제한된다. 시장 서민들의 일상 속에 있기 위해 건축이 아닌 방법으로도 만들어졌다. 마치 우리나라의 도시 교회들이 빌딩 안에 만들어지는 것과 같다.

● 도시 방재防災와 근대화

18세기 이스탄불은 서구 도시의 이점을 알지만, 기존 도시와 구조적으로 알력을 일으킨다. 정리되지 않은 도시 공간, 하부구조가 미비하며, 도시로의 이입 인구가

이스켄데르파샤 **İskenderpaşa** Trabzon | 1882–1973 | 가로 건축형 모스크
도시 가로로부터 마당을 두고 구 모스크는 공간의 부분이 된다.

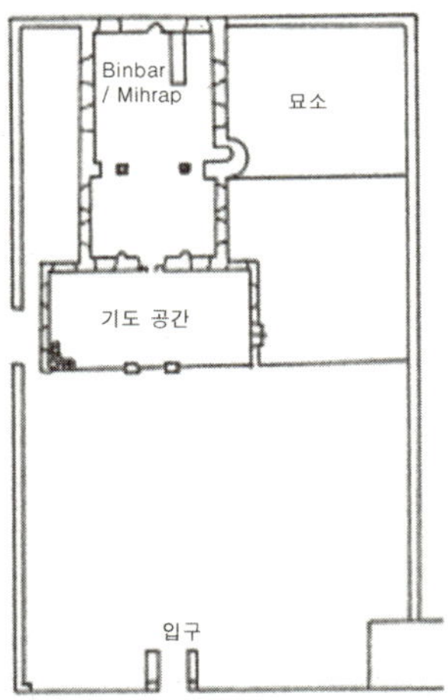

가중되며, 건강하지 않는 밀도 환경을 불가피하게 한다.

대도시를 끊임없이 괴롭히는 것은 대화재였다. 이스탄불은 과밀도와 좁은 도로, 전통적인 목구조의 방법으로 빈번한 도시 화재가 일어난다. 1701년, 1800년, 1890년 일어난 대규모 화재는 해변 지역의 개발을 촉진한다. 화재에 취약한 목조건축 양식에서 석조건축으로의 변화는 당연한 욕구이지만, 서민은 목조건축의 경제적이고도 쉬운 이점을 버리기 어려웠다. 『르 코르뷔지에의 동방 여행』에는 이스탄불의 도시 화재가 여러 군데에서 묘사되고 있다.

대화재

1660년 이스탄불 대화재 Memorie Turche, Museo Correr, Venezia | Istanbul–World City

이스탄불에서는 거의 매일 밤 화재가 발생했다. 바람이 세게 부는 날에 불이 나면 이스탄불은 거의 순식간에 잿더미가 될 수도 있다. 그것은 너무나 끔찍한 일이다. 유럽에서 온 사람들은 특히 기묘하게 생긴 횃불을 공포에 질린 눈으로 바라보았다. 이 횃불은 아주 오래 전부터 그래 왔다는 듯 불똥을 날렸다. 어두운 밤이 오면 터키인들은 그저 체념으로 무장한 채 잠이 들 수밖에 없다. 빛들이 사라지고 나면 이제 아무도 경계하지 않게 된다. 그리고 침묵이 찾아든다. 그 침묵의 '소리'를 들어보지 못한 사람은 아무도 상상할 수 없는 그런 침묵이…….

–『르 코르뷔지에의 동방 여행』, 르 코르뷔지에

불길이 거리를 조금씩 점령하며 다가옴에 따라 집은 하나둘 비워지기 시작했다. 영세 수공업자들도 계속 짐을 옮겼다. 어떤 사람은 커다란 거울을 들고 다른 사람은 속옷이 가득 든 서랍장을 짊어지고 집을 빠져나갔다. 가구 제조공인 듯한 사람이 작업대를 옮기고 있었고, 아들은 널빤지를 짊어진 채 그를 따랐다. 차도르를 입은 여인들은 우는 아이들을 데리고 자신도 울부짖으며 천천히 이동했다. 불길이 번진 집에서는 벌써 관에 담긴 시체가 나오기도 했다. 몸을 숙인 6명의 남자들이 관을 가지고 군중들 사이로 뛰어갔다. 대체 그 끔찍한 짐을 가지고 어디로 가려는 것인지.

거리를 메운 사람들은 호기심에 찬 눈으로 조용히 그 광경을 지켜보았다. 화마에 휩쓸려 도움을 기다리는 사람들에겐 측은한 표정을 지었지만, 직접 위로하거나 적극적으로 도와주려는 사람은 없었다.

– 같은 책

……광장에 넘쳐나는 임시 노점 카페와 나무들이 미친 듯 하늘로 날아오른 잿가루와 불똥이 달려드는 것을 막아주었다. 거리로 나온 상인들은 레모네이드나 시럽, 아이스크림 또는 과일을 팔았다. 그런 모습은 마치 연극 공연의 막간 같았다. 뭔가 거대하고 놀라운 연극이 공연되고 있지만 관객들은 이미 줄거리를 알고 있고, 그래서 점점 흥미를 잃어버리고 있었다. 그도 그럴 것이 이스탄불에선 100여 년 전부터 이런 화재가 수없이 발생해왔던 것이다. 수평선 위의 하늘은 점점 검은 빛이 더해지며 방금 전까지만 해도 에메랄드빛이었던 것이 짙은 군청색을 띠더니 마침내 초록과 섞여 청록색을 띠었다.

– 같은 책

1718년 시발리Cibali 대화재 이후, 1719년 궁전은 벽돌과 석조로 건축하고 높은 담장으로 둘러쳐진 정원을 만든다. 그러나 목조와 미봉책으로 주택이 개조되며 끊임없이 화재의 원인을 제공한다. 튤립 시기 이후 전통 양식은 서양식 궁실과 맨션 건축으로 교체되고, 이러한 개발 방법이 점차 골든 혼 북쪽과 보스포루스 연안을 채워갔다. 방재 공법

1720년대와 1730년대에 상수도 시스템이 탁심Taksim과 위스퀴다르Üsküdar에 설치되었다. 술탄의 모스크가 보스포루스 아야즈마Ayazma와 베이레르베이이Beylerbeyi에 건축되고, 셀림 3세Selim Ⅲ(1789~1807)는 토프카프 궁전을 떠나 보스포루스로 옮겨간다. 1863년 이스탄불에서 개최되는 제1회 국제 박람회는 튀르크가 물산과 장려에 눈뜨기 시작하는 기회였지만, 이스탄불의 시장과 어전 건축가들은 서구 양식에 몰두한다.

[근대 터키와 근대 건축]

터키의 아르누보는 20세기 초 공공 건축과 민간 부문에 걸쳐 주로 이스탄불에 소개되기 시작했다. 그러나 이러한 새 예술에 대한 흥미는 공화국 시대에 이르러 경색된 정치 · 사회적 이유로 퇴조된다.

20세기 초 도시의 근대화

발칸전쟁(1912)에서 2차 세계대전(1940)까지를 초기 공화국 시기로 볼 수 있는데, 사회는 어두운 위기감과 혼돈 속에서 지탱되었다. 공화국의 문화는 오스만 튀르크가 추구하던 무작정 서양 양식성에 반동하는데, 이는 국가주의로 나타난다.

국가주의 건축에서는 1차 국가주의國家主義 건축National Architecture으로 대두된다. 케말레틴 베이Kemalettine Bey, 벤다트 텍Vendat Tek 등이 대표적인 작가다. 1923년 초대 대통령 아타튀르크의 입헌 공화국을 세우고, 1938년 그가 별리할 때까지 근대 터키의 초석이 마련된다. 케말 파샤 사후 터키는 지도자를 잃고 당황하며 다시 흔들린다. 1940~50년대는 이미 합리주의 건축을 체화하지만, 한때 모더니즘에 반동으로 2차 국가주의 건축이 다시 부상한다.

1930~40년대에 앙카라는 국가 위기를 극복한다. 2차 세계대전 후 터키도 제3국

가와 마찬가지로 개발 시대로 돌입하고, 근대 터키 건축 역시 국제주의에 휘말린다. 이러한 상황에서 엘담Eldam 등의 신지역주의와 건축의 테크놀로지 보습, 신합리주의 등이 뒤섞인 양상으로 나타나 현재에 이른다.

● 이스탄불 도시재개발 프로젝트

1902년 이스탄불은 구시가의 주요 거점 세 곳의 재개발을 입안한다. 히포드롬Hippodrome 광장은 역사적 장소이다. 발리드 술탄Valide Sultan 광장은 구시가의 난맥적 구조 안에 묻혀 있었다. 베이야지트Beyazit 광장은 이스탄불의 상업과 문화를 아우르는 중심의 공간이었는데, 후에 이스탄불 대학 앞 광장이 된다.

이 이스탄불의 역사적인 장소를 유럽식 광장으로 개조하고 싶은 것이다. 물론 구시가의 공간적 구조와 새로운 광장을 세우려는 계획은 충돌할 수밖에 없고 전통은 매우 고통스러워질 것이다. 우리나라에서 개발 우선의 국가 경영이 전통적 도시 구조를 지워가는 것과 같다. 전통도시공간과 충돌

뒤에 소개하는 3개의 제안에서 공통적으로 보이듯이 새로운 질서는 옛 시가의 공간적 원형을 파괴하고 거대 구조의 기념비적인 공간을 만드는 것이다. 원래 이스탄불의 옛 시가는 여러 구릉을 끼고 형성되며, 가로의 구조도 기하학적 질서가 아니었다. 전통의 가로는 상당히 임의적이며 평면적 소점을 의식하지 않는, 비잔틴 도시의 공간적 성질을 이어받았기 때문이다.

이 도시 공간을 일거에 비우는 데에는 당연히 충돌과 파괴가 예상된다. 다행히 이 계획은 전폭적인 실천으로 몰아가지는 않았지만, 베이야지트 광장 등 일부 지역에서 이스탄불의 근대적 의지가 구현된다. 거대한 광장과 건축의 관계는 유럽식 기념 광장을 모방하기에 중심과 초점이 분명하다. 공간의 장식은 프랑스 조원 양식을 따른다.

서양식 재현再現과 묘사描寫

오스만 터키가 서구와 접속되는 과정은 그렇게 순조로운 것만은 아니었다. 수십년에 걸친 봉건체제와 이슬람 문화를 거두어들이는 데는 저항이 컸다. 독재적인 조급한 서양화

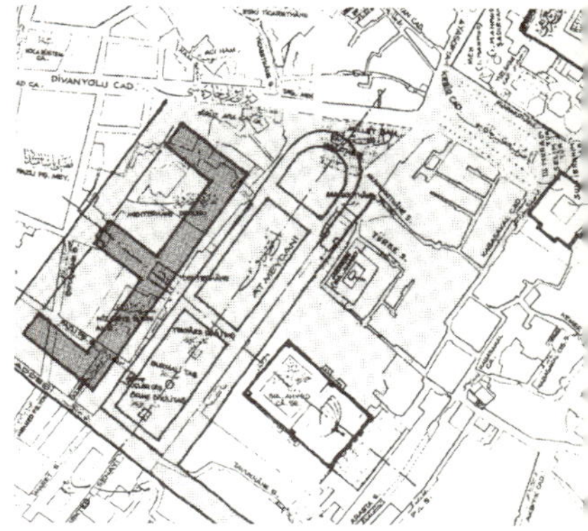

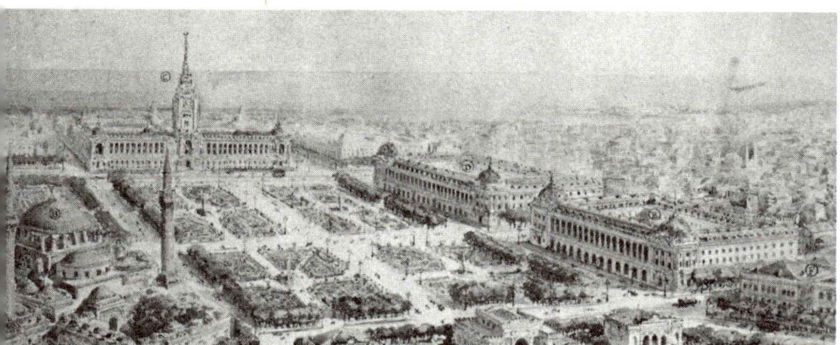

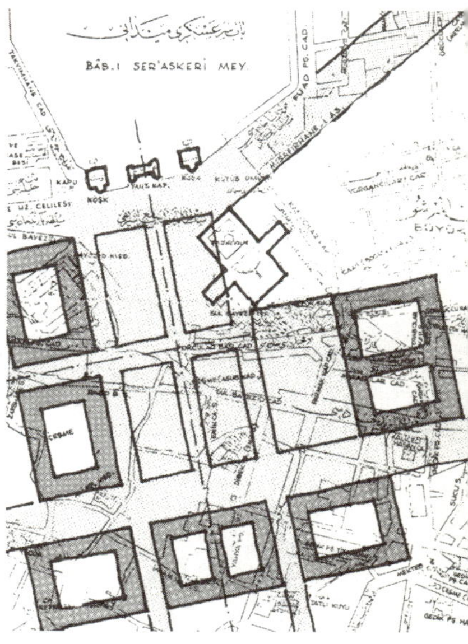

히포드롬Hippodrome을 위한 부바르드Bouvard의 제안 Istanbul | 1902
The Hippodrome 배치 구시가의 바탕을 지우고 그려진다.
발리드 술탄 광장 Valide Sultan Square을 위한 부바르드 Bouvard의 제안 | Istanbul | 1902 | superimposed on the urban fablic
발리드 술탄 광장 배치 구시가의 질서와 충돌이 불가피하다.
베이야지트 광장 Beyazit Square 을 위한 Bouvard의 제안 Istanbul | 1902 | superimposed on the urban fablic
베이야지트 광장 배치 구시가의 도시구조와 알력을 보인다.

황실이 근대 문화에 대해 진정한 이해를 힘들게 했다. 점차 서양문물의 위력과 매력에 기울어지는 황실은 이슬람의 것을 버리고 서양의 양식을 고급 문화로 받아들인다. 이입移入에 급급하며 벌이는 시대의지는 일본의 명치유신明治維新이 서양식을 받아들이는 것과 같고, 우리의 구한말이 그것을 답습하는 모습과 닮았다.

터키에서 영국과 독일은 정치 외교의 이니시어티브 만이 아니라 문화의 패권을 다툰다. 특히 19세기 이스탄불은 독일과 프랑스가 경제와 문화가 우위를 다투는 시기이며 장소였다. 대체로 터키는 예술적 방향에서 프랑스를 따르고, 기술적 방향에서는 독일을 따른다. 프랑스의 에꼴 데 보자르를 모델로 하는 미술학교가 1882년에 개교하였으며, 1884년에는 독일 교육체제의 토목학교가 설립되었다. 산업표준화는 독일 식에 따랐다. 미술학교School of Fine Art는 이스탄불 아르누보의 묘상苗床이었다. 이 학교가 현재의 조형 중심의 교육 체계를 갖고 있는 미마르 시난 대학교Mimar Sian University의 전신이다.

베이야지트 광장 Beyazit Square Istanbul | 현재 이스탄불 대학교 전면 광장, 그 주변으로는 바자르와 상업건물이 도시의 밀도를 높이고 있다.

● 국가주의 건축 National Architecture, 전통 또는 터키적인 것

알렉산더 레이본드 Alexander Raymond 작화
Yapi Kredi 문화센터 전시회 | Istanbul Jami de Brousse Portail

국가주의 건축 운동은 오스만의 유산과 서구의 모더니즘을 결합시키며, 근대적 구법에 전통적 요소를 얹어 표현한다. 이러한 역사적 절충성이 등가적인 것은 아니어서 어느 편이 더 우세하게 작용하는가는 과제에 따라 다르다. 다만 이러한 결합은 내용과 외관 사이의 물리적 결합인 경우가 많아 새로운 전통이나 터키적 모더니즘을 일구는 데는 한계가 있다. 내부 디자인은 아직 생활의 습속이 짙다. 그것을 터키에서는 국가주의 건축으로 분류한다.

물론 이러한 유형이 어떤 스타일로 고착되는 것은 아니다. 대개 건축가 베다트 텍Vedat Tek, 아리 타라트Ali Talat, 케말레틴 베이Kemaletine Bey 등이 국가주의 작가로 불린다. 그리고 여기에는 오또 리터Otto Ritter 등의 외국 작가의 작품도 포함된다. 그들은 전혀 생소한 터키의 문화를 다시 보습하고 그들의 근대적 설계 기법과 결합시킨다.

튀르크의 조형에는 유클리드 기하학과 비 유클리드의 기하학이 섞여 있다. 단위는 변용되며 크기와 위치를 변위하고 부분과 전체의 관계가 계열적이다. 돔, 볼트, 아치 등의 구법 요소와 처마, 창 등의 건축 요소가 국가주의 건축의 텍스트로 정리된다. 조형은 대칭, 리듬을 벗어나지 않으려고 하는데, 이것이 흐트러지면 형태의 완결성을 잃어버려 자기 완결적인 조형일 수밖에 없다.

● 베쉭타쉬 선착장 Beşiktaş İskelesi | Istanbul | 1913 | Ali Talat

건축가 알리 탈라트Ali Talat(1869~1922)는 베쉭타쉬를 비롯해 여러 개의 선착장을 보스포루스 연안에 설계하였다. 전체는 3부 형식처럼 기반과 몸체와 지붕을 확연히 구분한다. 거기에 입구, 포인티드 아치의 창문, 독립된 지붕과 처마, 색유

베쉭타쉬 선착장 Beşiktaş İskelesi İstanbul | 1913 | Ali Talat | 해안에서의 정면
베쉭타쉬 선착장 현재 대합실은 무도장이었다.

리 등의 터키적인 요소가 구체적이다.

지반층의 무거움, 상층의 가벼움, 그리고 모임 지붕으로 형태적 완결성을 기한다. 깊은 처마 밑에서 완강한 조형은 확장되거나 무엇을 더할 수 없는 조형인데, 주변에서 시각적으로 독립된 장소인 여객터미널이기 때문에 형태의 의도가 잘 나타난다. 전체적으로 대칭적 구조에 있으며, 양측단을 8각형 공간이 결말짓는다. 평면과 기능은 시대가 지나면서 많이 변화되었다. 큰 발코니를 가진 1층의 카페는 1950년대까지는 무도장이었다. 따라서 이 선착장은 단순한 여객 운송의 기능만이 아니라 터키 상류문화의 장소이기도 하였다. 측면을 차지하는 돌출 공간은 현재 사무소와 매표실인 원래 은행과 편의점이었다. 내부는 콘크리트 구조의 골조가 그대로 드러나고 회반죽으로 간소화되었다. 지금까지 건물이 변용되면서 상세의 장식 요소도 많이 멸실되었을 것이다.

● 하이다르 파샤 역 Haydarpaşa İstasyonu | İstanbul | 1909 | Otto Ritter and Helmuth Cuno

이즈미트İzmit와 하이다르파샤의 노선은 1873년에 설립되지만, 기차의 역사는 독일의 빌헤름Kaiser Wilhelm황제의 선물로 1909년에야 구현된다. 물론 술탄의

하이데르 파샤 역 Haydar Paşa Istasyonu Istanbul | 1909 | Otto Ritter and Helmuth Cuno
하이데르 파샤 역 정면

경제적 · 군사적 협력이 대가로 뒤따른다.

종착역

바그다드로부터 아나톨리아를 건너온 선로는 하이데르파샤 역이 종착역이 된다. 아마 그 선을 연장하면 실크로드와 연결될 것이다. 여기에서 다시 보스포루스 해협을 페리로 건너 이스탄불 유럽 쪽의 시르케시 역에서 기차의 유럽 여정은 다시 시작된다. 당초에는 하이데르 파샤 역에서 기차를 페리로 보스포루스를 건너 시르케시 역에 접합시킬 계획이었다.

역사는 독일 성관의 모습으로서 여러 양식과 장식이 혼합된 절충주의이다. 무거운 지반층 위에 2개 층이 띠를 이루고 그 상부에 현란한 지붕부가 얹혀있다. 독일 식 박공의 지붕과 고딕 식 원추 지붕의 코너 타워가 정성스럽다. 서양 쪽에 있는 시르케시 역이 터키 식의 절충인 데 비해, 아시안 이스탄불의 하이다르파샤 역이 독일 식인 것은 두 건축가의 태도가 다르기 때문이다. 시간적으로도 약 20년의 간격이 있다. 외관에 비해 내부는 훨씬 근대적이다. 백색 마감 속에 상세 요소가 단순하며, 외관의 무거움에 비해 훨씬 밝고 가볍다.

● 시르케시 역 Sirkeci Gari | Istanbul | 1889 | Jachmund

시르케시는 유럽에서 들어오는 오리엔트 특급의 종착역이다. 그 조형은 이슬람적

시르케시 역 Sirkeci Gari Istanbul | 1889 | Jachmund
시르케시 역 처마 밑 상세, 유럽 건축가가 보습한 터키적 요소

인 요소와 바로크적인 성질의 혼합으로 19세기 말에 서구 건축가에 의해 이루어진다.

술탄 압둘 하미드 2세Abdül Hamit II(1876~1929) 시기에 많은 외국의 건축가들이 이스탄불의 서구적 건축을 설계하기 위해서 초빙된다. 야흐문드Jachmund는 독일 정부로부터 이 설계를 의뢰받고 튀르크의 건축사를 깊이 연구한다. 그는 이스탄불 토목학교에서 교수직을 지내기도 하였다. 케마레틴 베이Kemaletine Bey와 같은 국가주의 건축가이며, 그의 제자이자 조수를 지냈다. 그의 디자인은 서양의 구법 안에 이슬람 요소로서 말굽 아치, 시계탑, 큰 장미창의 상세를 대칭적 구도에 담는다. 상세의 정교함에 의해 전체적인 인상이 유약함은 어쩔 수가 없다. 요소의 디자인은 폭 넓은 변용으로 시각적으로 산만하다. 다만 그 조형은 유럽의 어떤 낭만주의에서도 볼 수 없는 터키적 특징을 갖는다.

구 이스탄불의 바흐체카프Bahcekapı 구역은 중앙역인 시르케시 역과 연안항인 에미뇌Eminönü가 연장되는 위치에서 상업 중심으로 발달하였다. 역 앞의 페리항은 지금도 이스탄불의 연안 여객선 종합 터미널이다. 앞서 언급한 발리데 술탄 광장Valide Sultan Square 지역 중의 부분이다. 자연히 이 구역은 터키 근대 초기의 건축이 먼저 자리하게 된다. 보다 일찍이 오스만 튀르크 시기에도 중요한 유통의 거점이었으며, 현재 이집트 바자르를 포함한 대단위 시장이 근처에 있다.

독일 동양 은행 German Oriental Bank

| Germaya Han ı | Istanbul | Jachmund

독일은행 빌딩 German Oriental Bank Istanbul | Jachmund

구 이스탄불의 CBD 안에 있는 독일 동양 은행은 두 도로의 좁은 가각 사이에 끼어 있다. 예각인 삼각형 대지에서 가로 사이에 머리를 내밀며 랜드마크가 되면서, 이 각부角部에 현관을 두었다. 이 빌딩을 설계한 건축가는 시르케시 역을 설계한 적 있는 야흐문드이다.

이 건축에 앞서 터키 문화와의 절충을 시도하던 시르케시 역사와는 달리 이 빌딩에서는 전체적으로 신르네상스 풍의 도시 건축물을 표현한다. 전체는 단일의 메스이나, 수직적으로 4분된 흑회색의 석조는 독일의 성향처럼 무겁다. 저층부의 2개 층은 러스트케이션이고 그 상층부의 베이 구조와 구분된다. 다시 말해 저층부는 재료를 더 무겁고 투박하게 하며, 상부로 올라갈수록 가볍고 매끈하게 디자인하였다.

가각부에 얹힌 르네상스 풍의 드럼과 돔이 이 사무소의 기호인데, 옥탑 위 한 층 높이의 탑을 강조할 만큼 가각부에서 시선이 중요하게 취급된다. 그러면서 사무소 빌딩의 합리성보다는 양식적 묘사에 치중하고 있다. 현재의 건물은 1992년에 개축되었다. 이 은행이 독일과 유럽의 자본을 터키에 이어주는 창구인 만큼 20세기 초만 해도 잘 차려입은 신사들이 거리를 채웠을 것이다. 은행 가까운 거리에는 중앙우체국이 있다.

중앙우체국 Büyuk Postahane | Istanbul | 1909 | Vedat Tek

황실 건축에 이어 행정 서비스의 쇄신과 함께 공공 건축에서도 서양식을 채용하는 일이 빈번해졌다. 이스탄불 중앙우체국은 구 이스탄불의 중심인 바흐체카프 Bahcekapı에 위치하며 터키의 근대적 통신을 취급한다. 저층부는 주로 우편 홀이기 때문에 층고가 훌쩍 높고, 그 상부의 12개 층이 업무 공간이다.

건축가 베다트Vedat Tek(1873~1942)는 파리에서 회화와 토목, 건축을 공부하

이스탄불 중앙우체국 Central Post Office Istanbul | 1909 | Vedat Te< | 구 이스탄불의 상업 중심지에 위치하며 터키의 전통과 서양의 구법이 결합된다.
이스탄불 중앙우체국 Istanbul | 우편홀 유리 천장

고 돌아와 건축가로서 활동하면서 이스탄불 미술학교에서 교수를 지냈다. 터키어로 '텍Tek' 은 '유일한, 고독한' 이란 뜻이다. 그는 케말레틴 베이Kemalettine Bey와 함께 국가주의 건축 운동을 이끌었다. 이 우체국은 그의 초기 작품이자 대표작이다.

Vedat tek

거대한 몸체는 대칭적 구성인데, 큰 규모 때문에 전체 모습이 한눈에 들어오지 않는다. 코린티안 주두와 필라스터를 재현하여 서양식에 따르고, 포인티드 아치, 처마 선, 각부 탑과 돔이 튀르크적인 요소이다. 내외부에 구사되는 전통의 이즈닉 타일은 건축가 자신의 패턴 디자인으로 만들어졌는데, 그의 보자르 체험이 가능케 하였을 것이다. 15m 높이의 유리 천장을 가진 우편 홀은 그 시대에 은행 공간의 전형적인 방법이었다.

공공 청사임에도 중앙우체국에는 모스크가 연립되어 있다. 우체국 앞은 비교적 여유 있는 가로 광장을 가지고 있으며, 그 정면에서 바키프 빌딩이 보인다.

● 바키프 빌딩 4 Vakif Hanı | Istanbul | 1912–26 | Kemalettine Bey

이 건축도 국가주의 건축가 케말레틴 베이의 대표작이다. 7층 규모의 큰 사무소 빌딩으로서 구시가 CBD의 중앙우체국이 있는 구역에 있으며, 주변은 시장으로 연속된다.

철골 구조를 구법으로, 석조 파사드에서 수평과 수직의 요소가 직조織造되는데, 아치, 코니스, 처마 장식이 터키적이다. 특히 다양한 창문 형식이 정면을 꽉 채우고,

바키프 빌딩 Vakif Hani Istanbul | 1912-26 | Kemalettine Bey | 전면은 수직선 중에서 각층의 구성 요소가 변화되어 올라간다.
독일 상가 빌딩 German Han 옛 러시아 대사관 | Istanbul | 1838

각 부에 비례해서 각 요소의 배열이 정치精緻되어 있다. 건물 아래에서부터 베이마다 하나의 큰 창문을 배치하다가 상층부에 이르기까지 점차적으로 축소되어 역동성을 보여준다. 이는 수직적 비례를 시각적으로 부추기는 구성으로서 비슷한 시기에 설계된 건축물이 이러한 조형을 따른다. 건물은 전면을 광장에 두고 측면을 시장길에 두어 두면을 노출하는데, 코너의 엘리멘트가 몸체에서 구분된다. 각부의 옥상에서 독립된 양파형 돔에도 장식이 풍부하다.

아방가르드, 아르누보

이스탄불의 아르누보 시기는 1912년~29년 터키 공화국 건국 시대로, 발칸전쟁(1912)으로 사회적으로는 불안정한 시기였다. 발칸 전쟁의 패배로 오스만 제국의 기상은 크게 꺾였지만, 근대적 이념은 "우리의 패배는 튀르크 근대주의의 마지막 승리를 의미한다"라는 역설을 앞세운다. -Ahmed Emin, The Development of Modern Turky as Measured by its Press, [SABA]신문, New York, 1904 | 터키사 강의 재인용

이 시기는 앞서 정리된 국가주의 건축National Architecture과는 구분되며 보다

이스탄불 고등학교 Istanbul | Alexandre Vallaury, Raimondo D' Aranco

순수한 유럽 아르누보와 가깝다. 독일과 프랑스의 영향이 드러나지만, 실제에서 프랑스의 유연한 조성調性보다는 독일 아르누보의 강직한 맛을 선호한다. 아마 유럽 정세에서 독일 쪽으로 기울어진 정치와 산업 구조의 영향일 것이다.

레이몬도 다랑코 Raimondo D' Aranco

이탈리아의 건축가인 레이몬도 다랑코Raimondo D' Aranco(1857~1932)는 1893~1909년에 이스탄불에 살면서 몇몇 공공 건축을 설계하였다. 그의 초기 작업은 1896~1908년에 수석 황실 건축가로서 하이데르파샤의 마르마라Marmara 대학교, 이스탄불 고등학교 등을 만드는데, 주로 오스만과 서구를 절충하는 일에 관심을 두었다. 그러나 그는 1900년 이후 아르누보로 관심을 옮긴다. 메르치폰루 모스크Merzifonlu, Karakoy, 세밀 베이 야르스Cemil Bey Yalisi(Kireçurnu, 현재 식당), Italian Embassy 여름별장(Tarabya), Egypt Embassy(Bebek), Cumhurbaskanliği Yaz(Ik Konutu), 터키 수상 별장(Yeniköy) 등이 그의 작품이다.

브루노 타우트 Bruno Taut

1916년 브루노 타우트Bruno Taut가 '우정의 집' 국제설계경기에 참여하며 터키에 들어온다. 그는 1936년 아타튀르크에 정치적 망명을 허용 받고 생의 마지막 2년을 이스탄불에서 지낼 정도로 이 역사 도시에 빠져든다. 그는 터키 교육부 건축국에서 일하며, 건축 교수로서 교육과 개인적인 작업을 계속하였다.

타우트는 근대주의의 중심 인물로 기술되고 있으나, 이스탄불에서 그는 전통과 토착적 성질을 강조하는 2차 국가주의 건축의 리더였다. 타우트는 1933년 일본에 잠시 거류하는데, 그의 주택은 터키와 일본의 문화를 '섞어 조형' 한다. 그는 이스탄불의 보스포루스가 내려다보이는 베쉭타쉬Beşiktaş 웨르타쾌이Örtaköy 언덕에 자택을 짓고 살았다. 건축의 몸체에서 거실 부위는 8각형 평면에 6면에 큰 창을 달아 경관을 흠뻑 받아들인다. 타우트는 터키 에디르네Edirne에 묻힌 유일한 유럽 건축가이다.

● 쉐이흐 자프리 콤플렉스 Şeyh Zafir Türbrsi Kitaplığı Çeuşmesi | Istanbul | 1903 | Raimondo D' Aranco

건축은 중앙의 묘당廟堂과 도서실로 구성되며 음수정飮水亭이 별동으로 된 복합 기능이다. 술탄 압둘 하미트 2세Abdül Hamit II는 레이몬도 다랑코를 황실 건축가로 맞으며, 쉐이흐 무하메드 자피르Şeyh Muhammet Zafir를 기념하는 이 건축의 설계를 맡긴다. 이 일은 다랑코가 시작한 최초의 종교적 프로젝트였으며, 그가 이슬람 문화를 더 깊이 이해하는 경로가 된다. 이 건축이 취하는 아르누보의 조형에도 불구하고 여러 부분에서 전통적 형식을 빌리는 것은 K. 시난의 1542년 바르바로사 묘당Barbarossa Turbe, Hayrettin Paşa이 모델이 됐음을 알 수 있다.

독일 아르누보

묘당은 8.5×8.5m의 오스만 식의 정방형 평면이며, 그 중앙에 양파 모양의 돔을 얹고 있다. 여기에서 4각이 원형으로 전환시키는데, 네 귀퉁이에 3각 면을 삽입하는 스퀸치를 사용한다. 외관은 대칭과 기하학적 얼개 속에 세부 장식이 채워지는데, 화가 클림트의 기하학적 장식성을 연상시킨다. 이 건축이 기념적인 형태에 집착한 것은 그 기능보다도 종교적 의미를 가지고 있기 때문이다.

쉐이흐 자히르 콤플렉스 Şeyh Zafir Complex Istanbul 1903 | Raimondo D' Aranco
쉐이흐 자히르 콤플렉스 상세, 독일식 아르누보의 영향을 본다.

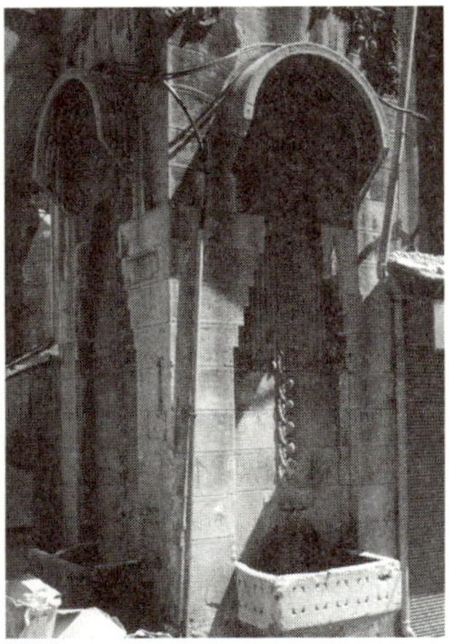

라레리 음수대 Laleli Fountain | Istanbul | Raimondo D' Aranco | 가각에서 입체는 모뉴먼트처럼 된다.

입면에서 반원형의 케노피 위에 수직적 창을 삽입하는 것은 라레리 음수대Laleli Fountain(Istanbul)에서 다시 볼 수 있다. 묘당의 세부 장식은 올리브 가지의 모양을 모티브로 한다. 창의 주변을 삼각면으로 구성하는 선은 상부의 튜렛까지 치켜 올라간다. 그리고 돔은 4개의 튜렛 위에 얹힌 것처럼 보인다. 도서관은 반 돔의 지붕을 코너 튜렛에 얹혀 있다. 우리는 여기에서도 그 건축의 내외부에서 다분히 C. R. 멕킨토시, FL. 라이트의 조형을 연상할 것이다.

● 라레리 음수대 Laleli Ceşme | Istanbul | Raimondo D' Aranco

오스만 튀르크 시대부터 공공 음수대는 중요한 시민 서비스 시설이었다. 공공이 건설하거나 지방 유지가 시민을 위해 공여供與하는 시설이다. 주택마다 상수도 시설을 따로 갖추기 어려웠기 때문에 도시 곳곳의 공동 식수대는 일상생활에도 꽤 유용하였을 것이다. 오스만 시대에는 공공 음수대를 건축의 모습으로 지었으나, 근대의 음수대는 라레리 음수대처럼 보다 작은 규모로 도시의 오브제가 되었다. 여기에서도 빈의 아르누보처럼 장식과 기하학적 구조가 얽히며 하나의 모뉴먼트처럼 서 있다.

이 음수대는 가각에 위치하며 두 면을 서비스한다. 상부는 바로크처럼 장려한 장식을 갖지만 하부는 기하학적으로 정리된다. 반원형 케노피를 눈섶처럼 걸고 음수장치를 위해 얕은 니치의 공간을 만들었다. 그곳은 다시 삼각 구도의 장식으로 기하학적 질서를 찾아서 상부의 유연함에서 하부의 정연함이 연속된다.

● 프로라 한 Flora Han | Istanbul

프로라 한Flora Han, '꽃의 사무소' 라는 독특한 이름에서 아르 누보는 수사적이다. 장미의 장식이 온몸을 감싸는데, 이 모티브는 프리즈, 창문 주변, 발코니, 그리

아르누보

고 건물의 최상부에 집중된다. 특히 곡선의 발코니는 아르누보의 전형적인 주철 기법이다. 이러한 장식 수법은 오스트리아 빈Wien의 아르누보에서 흔히 보던 디자인이다.

터키 근대 초기의 조형이 프랑스의 아르누보보다는 다분히 독일어권의 아르누보와 깊이 연관되는 것은 당시의 국제정치적 관계 때문만이 아니라 오스만 튀르크 건축의 관성으로 보인다. 이 건축 역시 구 이스탄블 CBD 안에 번화한 가각街角을 차지하고 있으며, 지반층은 상점이고 상층부는 사무소 빌딩으로 사용된다.

꽃의 빌딩 Flor Han Istanbul | 구체를 따라 형성되는 장식
꽃의 빌딩 Istanbul | 두 가로 사이에 정면에 장식을 집중한다.

카몬도 계단 Kamondo Stairs | Istanbul

도시의 하부구조 시설에서도 근대 디자인은 새로운 도시 기능을 보여준다. 신시가지 부분은 도심부에서 해안까지 상당한 경사가 있어서 대부분의 가로가 오르내리 구조에 걸려 있다. 카만도 계단은 보이보다 가로Voyvoda Caddesi와 카몬도 골목Kamondo Sokaği 사이의 공공도로 부분 중에서 곡선의 디자인으로 여유로워 보인다.

카몬도Avram Kamondo는 유태인 은행가로서, 18세기 말에 이스탄불에 들어와서 재산을 많이 모았다. 그는 오스만 제국 시대에 최초로 자산을 인정받은 외국인이다. 그는 이 지역을 중심으로 사업을 확장하고 지역 발전을 위해 애를 많이 썼다. 베니스의 상인 샤이록이 그렇듯, 세계 방방곡곡의 도시마다 돈 버는 수완이 출중한 유태인이 많았다. 아마 카몬도는 자신과 근린의 공공적 이타심을 잘 조절할 수 있었던 모양이다. 이스탄불은 이 가로를 '카몬도 길' 로 이름하고, 이 계단은 그의 기념비적인 장소가 된다.

카몬도 계단 Kamondo Stairs Istanbul | 3번 굽이쳐 내리는 8자형 공간

율동의 공간

계단의 공간은 동적 속성 때문에 리듬을 타는 공간적 율동처럼 보인다. 타원형으로 여러 번 모아졌다가 흩어지는 계단은 8자 모양을 계속 만들어간다. 스케일과 지각적 풍성함은 다르지만, 이탈리아 로마의 스페인 계단과 비슷하다. 이 공공 계단은 1985년에 재축되면서 상세가 다소 간소화되었으나 율동감은 여전하다.

● 유무르착 영화관 Yumurçak Cinemasι | Istanbul

유무르착 영화관은 신 이스탄불 지역 베쉭타쉬 Beşiktaş에 있으며, 주변에 발달한 상업 건물과 나란히 정면을 두고 있다. 이 영화관에서는 아르데코 또는 표현주의적 경향을 함께 볼 수 있다. 아마 영화라는 새로운 문화 수단을 담기 위해 작가는 모던과 표현성으로 건축 조형의 개념을 잡은 모양이다.

정면 디자인

극장은 정면을 의식하는데 마치 초기의 라디오 디자인과 같다. 건축은 좀더 격앙된 표현을 위해 3층 구조에 상부를 돌출시켰고, 다시 지붕은 단층段層으로 경사지어 내려갔다. 전면은 수평창을 꿰뚫는 수직선들이 조직되었고, 상부의 벽기둥 정점에는 작은 튜렛들을 얹었다. 그 결과 전체적으로는 대칭의 구도이지만, 왼쪽의

유무르착 영화관 Yumurçak Sinemasι Istanbul | 가로에 면하는 파사드, 아르데코와 모던 디자인의 혼합

유무르착 영화관 실내

앙카라 철도역 Ankara | 공공건축의 제국주의 양식 면모
앙카라 철도역 내부 홀

원형창이 오른쪽에서는 반복되지 않는 등 부분에서는 상황에 따른다.

● 앙카라 Ankara 철도역

터키의 철로 교통은 매우 낙후되어 있다. 근세 초기에 건설된 이스탄불과 앙카라를 연결하는 노선이 유일하게 기능하고 있다. 앙카라 이동과 이남은 모두 장거리 버스가 대중교통 수단을 담당한다.

파시즘 유형

철도 시스템 자체가 독일의 기술에 의존하였듯이 건축적 면모도 다분히 초기 독일 모더니즘을 닮았다. 역사 건축은 대칭의 정면에서 높은 주랑을 전면에 두어 고전적인 조형을 이룬다. 내부는 간결한 합리적인 요소만이 남겨지며 밝고 투명해 보인다. 제국주의 또는 파시즘 건축과 상당히 근접하여 있으나, 그것이 공화국 시대의 건축적 정서이기도 하다.

● 쉠시 빌딩 Şemsi Building | Istanbul | Ercument Tarcan

신 이스탄불의 이스티크랄 가로İstiklal Caddesi는 서양식 도시 건축의 컨텍스트로 대체되어 가는데, 비교적 진보적인 합리주의 문화가 몇몇 있다. 쉠시 빌딩은 대칭적 구도에 국제주의의 요소들이 콤포넌트를 이룬다.

쉠시 빌딩 Şemsi Building Istanbul | Ercument Tarcan

전체 6개 층의 건물은 가로에 면하는 지반층의 개방성, 2~4층은 구성적 의도, 5~6층은 수평 구성 등으로 단순한 윤곽이지만 면의 구성 방법은 여러 가지다. 어떤 일관된 합리성이 보이지는 않는다. 즉 구체의 속성과 외관의 요소가 따로 논다. 이러한 구체의 원 자질을 안에 두고 겉에서 벌어지는 구성적 의도는 터키 근대 건축의 이중성이다. 수직-수평

터키 공화국 시대 이후 근대

터키 공화국의 건국(1920)과 2차 세계대전(1940) 즈음의 터키 정세는 매우 불안정하였다. 이 불안과 혼돈의 사회는 지도자의 카리스마에 의존하며, 문화적으로도 국가주의가 지배하게 된다. 제1차 국가주의 건축National Architecture에 이어 한동안 합리주의 건축이 받아들여지기도 했으나, 20세기 중반에 제2국가주의 건축이 다시 대두된다. 국가주의 건축

1911년 13년 전쟁은 서구 열강들 사이의 충돌이었지만, 터키는 여기에 잘못 발을 들여놓으며 혹독한 사건들을 경험한다. 외부로부터의 외교 · 경제적 압박, 내부의 정치적 무능력은 회복 불능의 병색이 근대 터키를 덮쳤다. 1918년 오스만 제국의 아랍 지역은 이미 연합국 수중에 들어가 있었으며, 아나톨리아 본토마저 위협받는다. 1919년 영원한 앙숙이었던 그리스 군이 이즈미르에 상륙할 때 터키 국민의 치욕감은 연합국에게 수도를 침식당하는 일보다 더 고통스러운 것이다. 그리스는 한동안 터키의 식민지였으며, 그 사이에 그리스가 받은 모멸감도 상당했다. 이제 입장이 뒤바뀌는 것이다. 그해 청년 장교 케말 무스타파가 구국 조직을 가동한다.

1920년은 술탄과 연합국 대표가 터키 제국의 재산 처분을 마지막으로, 그리고 압도적으로 불평등한 홍정하고 있을 때였다. 1920년 4월 23일 케말은 대국민회의를 소집하고, 앙카라에 임시정부를 세웠다. 사실상의 군사혁명이다. 결국 1922년에 오스만 튀르크의 왕조사가 종언되고, 1923년 10년 29일 터키공화국 수립된다. 그해 12월에 케말 파샤는 초대 대통령으로 추대된다. 터키 공화국

터키의 근대화는 오스만 튀르크의 술탄 체제에서 공화국 체제로의 전환하는 시점에서 두 문화를 경계境界한다. 이는 단순한 정치 체제의 변이가 아니라 종교적 혁

아타튀르크 Kayseri | Atatürtk Memorial

명의 뜻이 더 강하다. 정치에 이은 사회 개혁을 모두 일컬어 이슬람의 '세속화'라고 한다. 터키 사회를 침잠시키는 이유는 봉건정치만이 아니라 이슬람 문화의 전근대성에 있다는 시민의식을 깨우는 문화혁명이다. 이슬람의 세속주의는 국교 이슬람으로부터 벗어난다는 의미에서 종교혁명이다. 케말의 세속주의는 수구적 중동 이슬람과 서구의 근대화를 대비시키면서 국민적 타협을 이루는 일이다. 물론 수구 세력과의 알력이 격렬하지만, 케말 파샤의 판단에는 이를 극복하는 데 터키의 운명이 걸려 있다.

케말의 정치이념

1931년 케말은 공화인민당의 ① 공화주의, ② 민족주의, ③ 국민주의, ④ 국가주의, ⑤ 세속주의, ⑥ 개혁주의라는 6가지 강령을 공표한다. 모두가 위기 사회에 유효한 개념이지만, 국민 계몽과 통제를 필요로 한다. 어느 정도 자유민주를 미뤄야 하기도 했다. 공화국의 초석을 놓은 무스타파 케말이 1938년 별리한다. 그의 유해는 앙카라 인종학 박물관에 안치되었다가 1953년 준공된 아타튀르크 마우솔레움으로 옮겨졌다. 아타튀르크란 곧 터키Türk의 아버지Ata라는 의미로서 그는 현재에도 국부적 존재이다.

터키의 근대 건축 과정도 이슬람 양식으로부터 일탈하여 아방가르드를 보습하고, 점진적인 모더니즘의 성취에 이른다. 물론 이 사이에는 터키의 토착성과 서양성, 튀르크 이슬람과 모더니즘의 긴 입맞춤 다음에 벌어지는 일이다.

신문화 생활

젊은 여자들은 히잡을 벗어던지고, 전통의 밀빵Ekmak 대신 바게트를 먹기 시작한다. 일부다처가 법으로 금지되며, 할례도 의무가 아니게 된다. 터키 근대화 과정에서 제일 인상적인 것은 남자들이 전통의 둥근 모자를 벗는 일이다. 붉은색에 차양이 없고 원통 모양에 술이 달린 이 모자는 터키 무슬림의 상징이다. 이 모자를 벗기는 데 아주 격렬한 저항이 일어나는데, 우리나라 구한말의 단발령만큼이나 그러하였을 것이다. 아타튀르크는 서양식 중절모를 쓰고 다니며 그가 얼마나 더 멋있는가를 과시하였다.

아타투르크 광장 Ankara | 배경에 보이는 건물이 초기 모더니즘의 수메르 은행 Sumer Bank

● 현대 도시, 이스탄불과 앙카라

이스탄불은 그 막중한 역사와 전통의 관성을 가지지만, 터키 국토의 서쪽에 위치하며 서구와의 물류가 활발하였다. 비교적 근대 도시산업화에 조건이 좋은 곳은 항구도시로서, 무역 경제에 힘입어 도시세를 신장伸張시킬 수 있고, 문물 정보가 빠른 위치이기 때문이다.

행정수도 앙카라

1920년 이스탄불에서 오스만 의회가 열릴 때, 케말은 앙카라에서 비상국회를 연다. 국민 정부는 1923년 수도를 이스탄불에서 앙카라로 옮겼고, 근대 도시 앙카라의 도시 연령은 80년 정도가 된다. 그래서 앙카라는 행정수도로서 짧은 시간 동안에 구조를 이룬 도시라 할 수 있다. 앙카라에 수도를 옮기기 직전 인구는 3만 명이 되지 않았다. 2000년 현재의 도시 인구는 320여만 명이었다. 따라서 도시의 분위기는 새롭지만 서먹한 부분이 많고, 숙성의 맛이 없다. 도시의 밀도도 낮아 빈땅이 많고 활력도 적다. 앙카라는 터키 아나톨리아라는 거대한 몸통에서 중심부에 위치하며, 이스탄불과는 200km 동쪽에 있고, 유통의 하부구조가 부족하기에 고립적인 한계를 극복하기 어렵다.

앙카라 건축은 대부분 20세기 이후에 만들어졌으며, 도심에는 초기 합리주의 건축이 여럿 있다. 1940년대 정치적 혁명 시기에 해당하는 이들 건축은 현재에도 관공서로 쓰이거나 민간에 불하되었으며, 몇몇은 박물관으로 개조되기도 하였다. 모던 이후 앙카라의 시계는 대단히 느리다. 새 실험의 기운이 보이지 않으며, 민간 베이스의 경제력도 도시를 일으키기에 충분하지 않다.

● 아타튀르크 기념묘당 Atatürk Mausoleum | Ankara | 1944–53 | Emin Onat, Arhan Arda

건축은 국제 공모에 의해 에민 오나트Emin Onat와 아르한 아르다Arhan Arda의 합작을 당선으로 실시되었다. 아타튀르크의 묘당廟堂은 앙카라의 다섯 언덕 중의 하나인 아닛 테페Anittepe(옛 라사트 Rasattepe) 언덕 위에 위치하며, 거기에서는 앙카라 시내를 널리 조망할 수 있다. 아마 터키의 심장인 앙카라를 내려다 보는 국부國父의 은유일 것이다.

기념 묘당은 도시 구조에서 벗어나 독립된 장소성이지만, 국부의 기념성이 워낙 강하여 찾는 이가 많다. 입구에서 먼저 홍보관을 볼 수 있는데, 기념관에 관한 개략적 정보와 건설 기록을 담고 있다. 특히 인상적인 것은 이 기념관을 짓기 위해 전국 각지에서 공출된 대리석, 사암, 석회암의 산지별 샘플이다. 다시말해 터키의 여러 고장에서 생산되는 석재들을 골고루 모아 건축하는 것이다. 폭 30m, 길이 260m에 이르는 긴 진입로를 따라가다가 직교축으로 큰 마당 승리의 광장Victory Square에 들어선다. 이 직방형의 완전한 회랑을 두른 공간에 들어서서 장축 정면에 묘당이 있다.

신고전 주의

바닥의 석재가 만드는 눈부신 반사로 말미암아 주랑 안의 그림자가 깊은 공간을 더욱 대비시킨다. 조형은 열주가 정면을 구성하는 신고전주의의 양식으로서 기념성의 표현이 단순하고도 명료하다. 그러나 이러한 고전적 조형은 터키적이라기보다는 이미 여러 나라에서 국가주의의 언어로 익히 들어본

아타튀르크 기념묘당 입구
아타튀르크 기념묘당 Atatürk Mausoleum Ankara | 장축의 코트를 두고 좌우의 회랑 공간으로서 기념적인 배치와 고전주의 조형
아타튀르크 기념묘당 The Hall of Glory

아타튀르크 문화센터 Atatürk Kultur Merkezi
Ankara
아타튀르크 문화센터 내부 홀

바 있다.

마우셀레움은 중앙의 무덤과 도서관, 박물관이 좌우 대칭을 이룬다. 거창한 중정을 둘러싸고 있는 회랑은 열주들이 힘차다. 이렇게 단순 명쾌하면서도 억양이 강한 조형은 근대 기념건축의 전형성이다. 기념관과 도서관, 좌우 2개의 파빌리온은 아타튀르크 생전에 기증받은 선물, 유품, 관련 서적을 전시한 박물관이며 자료실이다. 중앙의 영광의 홀The Hall of Glory은 대단위 홀의 참배 공간이다. 실제 국부國父의 관은 지하에 있어 참배를 받는다. 중심의 묘당 건너편에는 아타튀르크가 공화국을 세우며 함께 했던 혁명의 동지와 후계자들의 동상이 건너다 보고 있다.

● 아타튀르크 문화센터 Atatürk Kültür Merkezi | Ankara

아타튀르크 문화센터는 대지가 지나칠 만큼 크다. 초기 계획상 추가할 시설이 많았던 이유가 있었는지 모르지만, 실행된 프로그램이 빈약하다. 커다란 초기 기획에 비해 지속적인 문화 투자가 따르지 못하는 것이다. 아직 외부의 조경도 충분하지가 않다.

지각적으로 건축을 왜소하게 만드는 것은 대지의 규모에 비해 위약한 건축의 스케일에 관한 문제다. 그래서 상당히 기념적인 조형을 하고 있음에도 불구하고 인상은 약해질 수밖에 없다. 건물의 형태는 토지에 낮게 착지하며 경사각으로 잠긴다. 이 장방형 피라미드 안에 공간이 있는데, 기본적인 기념 전시 공간 이외에는 방치되어 있다. 전시는 전체적으로 아타튀르크의 계몽적 활동상을 사실적으로 그리고 있다.

현대건축

개발 시대인 1960년대에는 이미 유럽에서도 제3세대 건축, 제3세계 건축, 지역주의가 고조되고 있던 분위기이며, 세계대전 이후의 그늘과 어두움이 겹치는 시기다. 이 시기에 터키는 엘담Seadad Hakkı Eldam등을 중심으로 하는 제2 국가주의가 재귀한다. 엘담은 독일 건축의 교육으로 성장하여 터키 정부의 건축 자문과 토목학교 교수로서, 1930~40년대에 앙카라를 중심으로 활동하였다. 제1차 국가주의 건축 운동이 오스만 건축에 직접 연유되는 것에 비해 2차 국가주의 문화는 차이가 있다. 전자가 형태적 재현에 몰두하는 것에 비해 후자는 전통의 공간, 형식, 요소 등에 걸쳐 보다 포괄적인 접근을 보인다.

2차 국가주의

국제주의

국제주의는 20세기 초반에서 2차 세계대전 전후에 유럽에서 전 세계로 확산된다. 지역적 개별성을 넘어 세계가 보편의 양식을 함께 취하는 것이다. 따라서 건축은 무조적無調的이고, 지역적인 감정을 벗어나야 한다. 국제주의가 도시를 쇄신할 것이라는 기대는 터키에서도 고유의 정서를 넘어 들어온다. 이스탄불의 2세대 건축가들이 문화 공간과 민간의 상업 건축에서 이 스타일을 취한다.

● 아타튀르크 문화센터 Atatürk Kültür Merkezi | Istanbul | 1956–77 | Hayati Tabanlioğlu

신 이스탄불의 탁심Tasim은 근대 초기에 이스탄불을 서비스하기 위한 탁심 물탱크(1732)가 있던 장소에서 그 이름을 따온 것이다. 이 장소는 원래 1969년까지만 해도 기독교인들의 공동묘지였는데, 이스탄불 최초의 공공 공원으로 개발되었으며 지금은 이스탄불의 중심 중에서도 중심이다.

탁심 광장의 동쪽 끝에 자리하는 문화센터는 프로그램이 활발하지 못하여 개관 시간이 한정되어 있다. 양 측면은 트레버틴으로 덮여 있고, 그 전면은 유리-철의 커튼월로 되어 있다. 다만 석양의 방위에서 루버가 표면의 리듬을 만들어 외부 형태의 간결함과 마찬가지로 내부 공간도 가볍고 맑은 공간을 갖는다. 커튼월

아타튀르크 문화센터는 원래 오페라 하우스로 계획되었으나, 주로 음악회와 일반 예술 공연 기능으로 쓰인다. 3층의 공간에 1317명을 수용할 수 있다. 평면은 전체적으로 직방형이나 무대 뒤의 공간이 벌어져 +자형이 된다. 건축가 하야티Hayati Tabanlioğlu는 구 아타튀르크 국제공항(현재 국내선 청사)을 설계한 바 있다.

아타튀르크 문화회관 Atatürk Kültür Merkzi Istanbul | 1956–77 | Hayati Tabanlioğlu | 광장 쪽을 향한 정면, 커튼 월
아타튀르크 문화회관 로비

이스탄불 시청사 Istanbul City Hall | Istanbul | 1953 | Nevzat Erol

시청사는 청사 단지처럼 대지 위에 일단을 이루고 있다. 도시의 블럭을 건축으로 채우는 유럽의 도시 건축이 아니라 분동分棟의 여러 채가 여유 있는 오픈스페이스와 함께 구성되어 있다. 배치도 도시적 맥락을 떠나 있지만, 형태도 구시가의 시간과는 대비되는 국제주의이다.

건축군은 전체적으로 L자 모양으로 구성되며 아타튀르크 대로를 향해 열린 배치이다. 여유가 많은 대지에서 느슨한 배치의 결과, 청사는 시민의 접근이 편안하고 자연스럽다. 저층의 의회당 부분에 직각으로 이어지는 사무동이 구성적이다. 2층 높이의 의회당 블록은 다목적 홀과 전시 공간, 시장실, 의회실이 구성된다. 의회실은 하이퍼 보릭 크로스 볼트를 지붕에 얹고 있는데, 이는 전통적인 모스크의 크로스 볼트를 연상할 수 있다. 8층의 사무동은 최상층에 싱글 볼트를 얹었다. 건축은 콘크리트 프레임에 조적을 채워 그릿드 패턴이 잘 보인다. 백색 기조에서 부분적으로 색조 타일이 단조로움을 덜어준다. 청사 단지에는 연못, 옥외 휴식 공간을 마련해 도시 사람들을 흡입한다.

격자형 구성

건축의 구법은 보편적인 콘크리트 라멘 RC구조이지만, 각 동마다 몸체와 수식적 표정을 갖는다. 이는 터키의 근대 건축이 갖는 재료와 기술공학의 뒷받침이 간소한 조건에서 디자인이 발휘된 것이다.

힐튼 호텔 Hilton Hotel | Istanbul | S.O.M.

이스탄불 힐튼 호텔은 대규모의 대지 안에 오픈 스페이스의 여유가 큰 콤플렉스이

이스탄불 시청사 Istanbul | 1953 | Nevzat Erol
힐튼Hilton 호텔 Istanbul | S.O.M.

다. 따라서 도시의 구조와는 격리되어 있으며 방어적이다. 건물은 본관이 주체이며 소규모의 주변 시설이 보조하고 있고, 본관의 조형은 자기 완결적이다. 내부의 유니트 구조가 격자의 외관에 그대로 표현된다. 이는 S.O.M.의 전형적인 디자인으로서, 이스탄불의 역사적 컨텍스트와는 대립되는 조형이다. 수평으로 긴 볼륨에 뛰어난 비례감과 간결한 구성은 이스탄불이 가지고 있는 모더니즘의 대표 건물이다.

국제주의

● 보스포루스 대교 Bosphorus Bridge | Istanbul | 1730-3 | 1986-8 | W.C. Brown

보스포루스 양안의 동서 이스탄불을 잇는 구상은 페르시아 전쟁부터 오스만 튀르크 시기까지 여러 번 시도되었지만, 1970년대에 이르러서야 구현된다. 이 보스포루스를 건너는 자동차 교량은 2개가 있는데, 모두 영국 엔지니어 W. C. 브라운에 의해 설계되었다.

이 거대한 다리 구조물이 양안兩岸의 자연환경을 파괴한다는 반론도 거세었지만, 동-서 이스탄불의 균형 발전과 아나톨리아로부터의 교통을 유럽 이스탄불에 잇는 효율은 괄목할 만한 것이다. 첫 번째 교량은 1970~73년에 베쉭타쉬Beşiktaş, 오르타쾨이Ortaköy와 위스퀴다르Üsküdar의 베이레르베이이Beylerbeyi를 잇는다.

해협을 가로지르는 다리는 2개의 지주로만 지탱되는 고난도의 기술이다. 이렇게 2개의 피어로 해결하는 것은 보스포루스를 지나는 해운에 지장을 주지 않기 위한 것이지만, 해협의 풍광을 구조물이 해치지 않기 위한 최소한의 노력이다. 높이가 165m인 2개의 피어에서 서스펜션 된 철골 현수 구조는 1074m 길이의 6차선 폭을 수면 64m 위에 걸어놓았다.

현수구조

보스포루스Bosphorus 다리 #1 Istanbul | 1970-73 | W.C.Brown | 현수구조

두 번째 다리는 1986~88년에 먼저 것과 똑같은 구법으로 만들어졌으며, 10m 정도 더 긴 길이에 8차선이다. 이 다리의 개통식에서 "총리가 탄 차가 다리 위를 지나가자 메카로 성지 순례를 떠나기 위해 순례자를 태운 100여 대의 버스가 그 뒤를 따

랐다." - Roderic H.Davison, 터키사 강의

낭만적 근대주의

1960년대까지는 일방적인 국제주의 답습으로부터 벗어나는 경향이 형성된다. 이는 터키의 낭만적 성질과 모더니즘이 타협하는 모습이다. 이러한 태도는 근대 초기의 국가주의 건축보다는 개방적이나, 건축의 질량에서는 현저히 토착적 정서를 간직하는 일이다. 그것은 어떤 구체적인 요소의 혼용이나 양식적 차용이 아니라, 터키 고유의 정서를 살리며 국제적인 것과의 차이를 두기 위한 노력이다.

● 섬유 종합시장 Textile Market | Istanbul | 1959 | Tekeli, Sisa & Hepgüler

80~100m² 단위 크기의 1100개 점포를 수용하는 대단위 상가 프로그램으로서 800m 길이의 건물 몸체가 대로를 따라 평행한다. 건축가는 1954년부터 공장 시설의 설계 경험이 풍부하였다. 그러한 작가의 선험이 프로그램에 익숙하였을 것이며, 기능적 해결과 다양한 공간의 개입을 엮어낸다.

대단위 시장

대지는 역사적 유적이 즐비한 주변을 가지고 있는데, 한쪽은 이스탄불 주간선 대

도시 공간의 조직

섬유 시장 Textile Market Istanbul | 1959 | Tekeli Sisa & Hepgüler | 외부 발코니의 리듬
섬유 시장 중정과 상업기능의 연속

로이고 그 이면은 알갱이가 잘고 오래된 주거 지역에 연결된다. 이러한 양면성의 조건에서 대단위 콤플렉스는 스케일의 조절을 의도적으로 이끌어간다. 건물들은 대지의 경사라는 성질을 받아들이며 테라스와 통로를 조직한다. 각 기능 공간 사이에는 다양한 버퍼 영역이 개입되고, 보행자 경로와 코트를 둘러가며 연결된다. 그러면서 모든 블록은 술레이마니에Suleymaniye 모스크와 쉐브세프Şebsef Hatun 모스크를 향해 경관을 갖는다.

건물은 노출 콘크리트와 트레버틴 장식 벽으로 구성되며, 프리케스트 그릴로 석양에 대응한다. 비교적 재료의 구사는 단순하지만 캔틸레버, 계단, 그릴, 모자이크, 벽부조 등의 요소들이 건축의 낭만적 성격을 북돋는다. 입지에 있어서나 공간적 매력에도 불구하고 터키 섬유 산업의 퇴조는 이 복합 상가를 자꾸 퇴락시키고 있다.

사회보장센터 Social Security Agency Complex Istanbul | 1962–64 | Sedad Hakkı Eldem

사회보장센터 Istanbul–외관상세

● 사회보장 센터 Social Security Agency Complex | Istanbul | 1962–64 | Sedad Hakkı Eldem

이 건축은 비잔티움 시기의 역사적 장소에서 만들어진 이스탄불 토착 디자인의 대표적인 사례이다. 프로그램은 사무소, 진료소, 상점 등의 사회 기능이 복합된 것이다. 급한 언덕을 등받이로 하는 건축은 자연히 대지와 접속 관계가 복잡하다.

상층으로 올라갈수록 머리를 내미는 모양은 전통가옥의 목구조 양식에서 연유된 것이다. 즉 깊은 슬래브의 처마 밑으로 연속되는 수직 비례의 창들은 엘뎀Eldem이 전통의 주거양식에서 찾은 것이다. 터키의 전통 건축은 목구조를

테르퀴만 사무소 Tercuman Office Istanbul | 1974 | Cilingiro?lu & Tunca | 정방형 평면, 구심적 구조에서 켄틸레버 조형
테르퀴만 사무소 천창으로부터 빛이 충만하는 중앙 홀

기반으로 하기에 축조하기보다는 짜 만드는 텍토닉tectonic한 성질에 있다. 이 건축에서는 그러한 맞춤 구법을 P.C.로 대신한다.

터키적 조형

노출 콘크리트와 타일의 마감은 근대 재료이지만, 그 상세의 정서가 터키적이다. 그만큼 양식적 이해에서 근대적 수법이라는 것에 한계를 갖는다. 공공 건축이지만 도시 건축에 대한 이해의 부족을 드러내며, 독립적인 건축은 가로에 대해 서비스 의식을 나타내지 못하고 폐쇄적이다. 1960년대 S. H. 엘뎀으로서도 형태 조형에 몰두하면서, 가로 공간과의 접속 관계를 확실히 하지 못하는 것이다.

● 테르퀴만 사무소 Tercüman Office | Istanbul | 1974 | Çilingiroğlu & Tunca | 현재 Pilsa

테르퀴만 사무소 빌딩은 신문사로 디자인되어 일상적인 업무용 빌딩과는 구조가 다르다. 건축가는 주변의 의도를 모두 버리고, '형태=공간=구조' 를 하나로 통합

켄틸레버

시켰다. 각 면의 상부는 박스의 볼륨을 힘차게 프로젝트 시키고 수평적 창호가 내미는 켄틸레버의 성질을 강조한다. 평지붕의 볼륨은 서비스 코어가 담긴 코어들에 의해 지지되며 중력을 거스른다. 구조는 4개의 코어를 피어로 하고, 거기에서 뻗어나가는 켄틸레버는 3개 모듈로 된 거더에 지지된다.

내부 중정

입방체의 구성으로 이루는 평면 중심에 아트리움 공간이 설정되는데, 이는 전통 건축의 중앙 홀sofa을 선입견으로 볼 수도 있다. 즉 큰 방형을 가르는 +자와 네 귀퉁이의 결합으로 중심 공간을 만들고, 천창으로부터 빛이 공간을 만들게 했다.

이러한 대담한 구법으로부터 조형의 노력에도 불구하고 이 특수 구조는 테르쿼만 신문사의 윤전기를 얹어놓지 못하는 하중과 진동의 문제에 봉착한다. 결국 신문사로서 기능을 포기하고 학교로 사용되다가 일반 기업에 양도되었다.

이스탄불 라크람 빌딩 istanbul Reklam Istanbul | 1965-69 | Çillingiroğlu and Tunca | 수직성을 기반으로 하되 부분적인 프로젝션으로 그 의도를 확실히 한다.

● 이스탄불 락크람 빌딩 istanbul Reklam Building | Istanbul | 1965–9 | Çilingiroğlu and Tunca

이스탄불 구시가에서 비교적 한적한 상업 지역, 역사적인 건물이 주변에 즐비한 곳에서 중층 규모의 빌딩들이 컨텍스트를 이루고 있다. 가지런한 대지의 규모에서 이 가로변의 건축은 5층 정도이다. 가각에 위치하는 이스탄불 락크람 빌딩은 수직성을 강조하는 데 수직적 요소들을 내밀어 강조점을 더 확실히 한다. 2층부 이상에서 수직적 돌출로 3개의 덩이로 나누어지는데, 최상층에서는 다시 지반층의 볼륨으로 회복된다.

기본적으로 노출 콘크리트는 이 시기에 촉망받는 표현적 재료였으며, 이 건축도 비교적 정련된 구법을 구사한다. 전체는 베이 윈도우 형식으로 철골 구조에 프리케스트 콘크리트 유니트가 혼합된 성질이다. 건축의 외관을 구성하려는 의도가 확연하지만, 문제는 그것이 내부 공간으로부터 필연적인 결과가 아니라는 것이다. 구체와 상관없이 겉을 만드는 것은 돌출된 볼륨들에 시각적 역할을 주어 전면을 텍토닉한 것처럼 보이게 한다.

노출 콘크리트

터키 근대건축의 한계와 극복

● 고유 문화와 서양성 또는 근대성

터키는 현대에 이르러서도 이슬람 문화를 기반으로 하는 국가 문화임에는 틀림없지만, 아랍의 이슬람과는 차이를 두고자 한다. 교파로서는 수니파이지만, 문화적으로 페르시안 수니와는 구분된다. 아랍의 이슬람이 긴 중세의 수면 속에 있었던 바에 비해 터키는 오스만 제국의 영광을 4세기 동안 유지하였다. 그리고 이슬람 사회에서는 가장 극서極西의 위치에 있다.

서양-근대

서구화를 근대적 수단으로 삼는 대부분의 국가와 마찬가지로 터키 역시 근대적 문명과 서양 문화를 한 통으로 이입한다. 전기, 공업 물산, 생활 문물, 그리고 패션과 식음문화의 유럽제로 들여온다. 튀르크 이슬람 문화의 낙후성에 근대적 세련성이라는 것을 대비시킴으로써 서구문화의 우월성을 받아들인다. 이는 20세기 초까지 거의 일방적인 것이었으며, 사회의 지배계층에서 시작되었다.

문화의 지배와 종속

19세기 사회는 '있으면서도 더 가지려는 자' 의 욕망과 '없으면서 어떻게든 살아남으려는 자' 의 본능으로 구조화된다. 봉건 영주와 농노, 자본가와 무산자, 식민과 피식민의 갈등 구조가 그러하다. 토착 종교를 파괴하는 선교宣教 문화가 그러하였으며, 외국어에 교육을 맡기고 문화 지배의 종속 관계가 고착되었다. 예술과 건축도 이러한 우성-열성의 관계에서 피폐되어 갔다.

회회 요법

터키의 근대 문학가인 오르한 파묵의 소설 『내 이름은 빨강』은 궁중화가들이 주인공인데, 전통적인 이슬람의 회화법인 평행투상도법 그림을 선택 없이 받아들여 왔다. 그들에게도 서양화의 원근법과 투시도적인 사실적 묘사가 충격으로 보인다. 서양의 문화를 받아들이는 것이 이슬람 율법과 충돌할 소지 때문이기도 하지만, 터키의 전통 예술이 서양화에 의해 휘둘려질 것을 염려하는 국수주의 예술과 충돌하고, 궁정화가 사회에 연쇄살인 사건이 발생한다. 다음은 그 장면 중에서 화가들의 대화이다.

> "베네치아 화가들이 그린 초상화를 본 후 난 두려움 속에서 깨닫게 되었지. 이제 그림 속의 눈들은 하나같이 비슷비슷하게 생긴 동그랗고 단순한 구멍이 아니라 빛을 거울처럼 반사하기도 하고 우물처럼 빨아들이기도 하는 우리의 눈과 똑같다는 것을 말이야. 입술은 얼굴 한가운데 있는 찢어진 부분이 아니라 수축했다

이완하는, 우리의 모든 기쁨과 슬픔과 영혼을 나타내는 그 무엇이고, 각기 다른 붉은색을 띤 의미의 매듭이야. 코는 우리의 얼굴을 둘로 나누는 건조한 벽이 아니라 저마다 다른 형태를 지닌 생물이자 호기심 많은 기구지."

–『내 이름은 빨강』, 오르한 파묵

내 말은 마치 그를 비난이라도 하듯 점점 격렬해졌다. 그는 내 눈을 들여다보며 말했다.

"자네 생각에는 우리가 그런 짓을 한 것 같나?"

"결단코 아닙니다."

나는 미소를 띠며 대답했다.

"하지만 엘레강스는 마지막 그림을 보고 그렇게 생각했습니다. 그는 원근법을 이용해 그림을 그리는 것, 베네치아 화가들의 화풍을 모방하는 것은 악마의 유혹에 빠지는 거라고 말했답니다. 마지막 그림에서 우리가 서양인들이 사용하는 기법으로 그린 인간의 얼굴은 마치 진짜 같았답니다. 그래서 그 그림을 본 사람들이 교회의 우상 앞에서 그렇게 하듯, 엎드려 경배하고 싶어질 정도라고요. 엘레강스의 말에 의하면 원근법은 그림을 신의 시선으로부터 거리를 쏘다니는 개의 시선으로 격하시켰고, 베네치아인들의 기법을 모방하는 것은 우리에게 익숙한 화풍을 이교도의 화풍과 뒤섞어 우리의 순수성을 훼손하는 행위라는 겁니다. 그는 우리가 한 일이 우리를 서양인들의 노예로 전락시키려는 악마의 꾐에 빠진 것이라고 했습니다."

–같은 책

"자네의 터치를 보면 최상의 선을 긋기 위해 연필을 움직이는 것이 아니라 마치 연필이 저절로 길을 찾아가는 것 같아. 자네의 연필이 그리는 것은 마냥 곧기만 하지도, 그렇다고 시시하지도 않아. 군중이 모여 있는 장면을 그릴 때 자네는 사람들 속에서 오가는 눈길, 페이지의 정렬, 글의 의미에서 나오는 긴장감을 결코 끝나지 않는 우아한 속삭임으로 변하게 하네. 나는 그 속삭임을 듣기 위해 자네의 그림을 반복해서 보게 되네. 그림을 마치 글처럼 다시 읽으려고 시도하고 표현해야 할까. 그렇게 하는 과정에서 그 의미의 층위가 계속해서 다양해지고 넓어져서 보는 이로 하여금 서양화가들의 원근법보다 더 멀리까지 볼 수 있게 하는 어떤 심오함이 느껴지지."

– 같은 책

마흐무트Mahmut II 프랑스 화가 J.H. Vernet | Istanbul–World City

새 역사 연구

역사 교육의 시야도 축을 틀어놓는다. 1905년 터키 역사학회Turk Tarih Encumeni가 설립되며 1935년 터키 역사위원회Turk Tarih Kurumu로 이름을 바꿔 현재에 이른다. 이전의 터키의 역사 교육은 오스만 왕조사를 중심으로 기술하고 있었는데, 이제 학교에서도 터키의 전체 역사와 유럽사를 가르치기 시작한다. 물론 공화국 초기의 역사 교육이 국수적이고 국민 계몽적이었다는 것도 분명하다.

프랑스 화가 베르네J. H. Vernet가 그린 마흐무트 2세Mahmut II의 초상화는 이 시대 문화를 대신 말해준다. 이 초상화를 조금 시니컬한 눈으로 보면 희화戲畵가 되어버린다. 한껏 차려입은 복장은 오스만과 서양식이 혼합되어 있다. 술탄은 모자를 쓰고 있는데, 비록 황실용이지만 무슬림의 상징을 뜻한다. 아타튀르크가 국민들의 머리에서 이 둥근 모자를 벗겨내려고 한참 곤란을 겪던 관습이기도 하였다. 은빛 실크 위에 황금색 자수, 망토를 쓰고 앉은 부자유스러움, 아마 화가가 지시한 포즈를 취했을 술탄의 시선이 복잡하다. 술탄은 왼쪽에 앉아 오른쪽을, 또는 동쪽에 앉아 서쪽을 향한다. 손을 들어 지시하는 방향과 자신의 시선 방향이 다른데, 그 손끝의 지시는 허공일 뿐이다. 이것이 근세 터키의 이상이었다.

아타튀르크의 정치 · 사회개혁은 이슬람의 세속주의을 기반으로 하면서 국가주의를 기본 틀로 한다. 그의 국가주의는 19세기 이래의 사회주의와는 차이가 있다. 개개인의 사적 재능과 노력을 기초로 두고 있음은 물론 국토와 민족의 요구를 해결하기 위하여 정부가 민족 경제의 책임을 진다는 이념이다.

국가경제 체제는 다소 애매하다. 분명히 계획경제는 아니면서 정부에 의해 자본의 대부분이 공급되는, 통제된 자본주의와 유사하다. 한시적으로 이 구조는 유효하였으나, 이 관성은 자본의 유동성을 훼방한다. 여하튼 1930년부터 케말은 국민적인 지지를 얻어 서구화와 광범위한 사회개혁을 실천할 수 있었다.

1933년부터 모스크의 기도 시간을 알리는 에잔Ezan을 터키어로 낭송, 1933년 도량형의 서양식 개혁, 1933년 이스탄불 모스크가 터키어 번역본 코란으로 기도, 1935년 한때 동양 음악의 방송이 금지된 일도 있었다. 여성의 지위 향상이 활발해지고, 1932년 미스 유럽에 터키 여성이 선발된다. 1934년 여성의 선거권이 주어졌다. 전통적인 아랍식 복식服飾을 바꾸는 데 큰 저항을 받았으나, 자신이 모델을 자처하며 국민의 복장 개조를 촉구하였다. 아타투르크는 8월 28일 인에보루에서의 대중연설에서도 이 문제에 대해서 언급하였다.

> "여러분, 터키 공화국을 수립한 터키 국민은 문화 국민입니다. 역사적으로나 현실에 있어서나 우리 국민은 문화 국민인 것입니다. 문화 국민으로서 자부하고 있는 터키 공화국 국민은, 생각과 마음으로나 그리고 가정생활과 그 생활방식에 있어서 문화 국민임을 입증해 보여야 합니다. 간단히 말해서, 터키의 진정한 문화 국민은 자신들의 외형에 있어서도 문화적, 진보적 국민임을 실제적으로 증명해야 합니다. 여러분에게 나는 이 말을 분명히 설명해야 합니다. 그래야 국민 전체와 다른 나라들도 내가 의도하는 바를 쉽게 이해할 수 있을 것입니다. 질문의 형식을 벌어서 설명하기를 바랍니다.
> 우리의 복장이 고유한 것으로 생각합니까? (아니요!)
> 그러면 이것이 국제화 되었습니까? (아니요!)
> 나도 여러분들의 의견에 동의합니다. 복장을 괴상스럽게 혼합적으로 착용하는 것은 고유한 것도 아니며 국제적인 것도 아닙니다. 여러분, 우리 전통적 복장을 찾아 일상복으로 입으려 할 필요는 없습니다. 세련되고 국제화된 복장이 우리 국민에게 더 적합하고 어울려는 것 같으니 이것을 착용합시다. 발에는 부츠나 구두, 다리에는 바지, 셔츠와 넥타이, 자켓과 조끼 그리고 물론 완전해지기 위해서 머리에 차양이 달린 모자를 씁시다. 분명하게 말하자면 이 모자는 충절모입니다."
>
> —『오스만 제국 근대사』, B. 루이스

새 복장 문화

여성의 의복 문제는 더 미묘한 문제였다. 1925년 8월 30일, 카스타모누 지역의 연설에서 무스타파 케말은 페즈뿐 아니라 베일에 대해 비난하였다.

> "여러 곳에서 자신들의 얼굴을 가리기 위해 헝겊 조각이나 수건 혹은 이와 비슷한 것을 머리에 덮어 쓴 여성들을 보아왔습니다. 남자가 지나갈 때 그들은 등을 돌리거나 땅에 앉아 몸을 숙입니다. 이 행동의 의미는 무엇이며, 이것에서 무엇을 느낍니까? 여러분, 문명국가에서 어머니들과 딸들이 이상스럽고 야만스러운 태도를 취합니까? 바로 이러한 한 장면이 우리 민족을 조롱거리로 만드는 것입니다. 즉시 수정되어야 합니다."
>
> 그러나 '질서 유지법'과 '독립 특별재판소'의 지원을 받고 있는 대개혁가조차도 베일 사용에 반대하는 법안을 감히 제정할 수 없었다. 대도시의 식자층에서 이미 시작된 여성들의 베일 제거는 그 밖의 지역에서 서서히 이루어지고 있을 뿐이었다. 1935년이 되서야 국민당 회의에서 베일 사용금지안이 발의되었으나 그 당시에는 결의될 수 없었다.
>
> – 같은 책

이슬람 국가에서는 금요일이 안식일인데, 이를 유럽의 달력과 맞추기 위해 일요일을 휴일로 개편한다. 개인마다 성씨姓氏를 갖는 일이 추진되었다. 케말 스스로 그의 성명姓名에서 아랍어인 '무스타파'를 떼어내고, 국회가 부여한 아타튀르크로 불리운다.

근대 터키 문자

1932년 케말의 제안으로 터키언어학회Türk Diki Akademisi가 설립되고 터키언어의 개혁에 착수하였다. 이 변화는 너무 급진적이어서 초기에는 아타튀르크의 연설문을 학생들이 알아듣기 위하여 주해서를 받아야 했다. 터키도 아랍 문자가 공용문자였다. 이 개혁에서 터키는 아랍 문자를 버리고 유럽 알파벳을 택한다.

근대 터키의 문자 체제는 기본적으로 알파벳의 자형과 독음을 그대로 따고, 고유의 의미체제는 유지한다. 다시 말해 종래 아랍 문자로 쓰던 터키어의 뜻을 서양의 알파벳으로 독음을 기술하는 것이다. 다만 터키의 고유한 성가聲價를 유지하기 위해 ç ş ö ü ı 체 쉐 외 위 등을 프랑스어와 독일어에서 차용한다. 장음長音을 위한 문자로 ğ가 추가되고, 'ı' 는 우리말의 '으' 로서 알파벳에는 없는 성가이다. 장단음을 문자 자체로 표시할 수 있는 알파벳 체제의 진보 버전이라고 할 수 있다. 또한 근대 터키어는 구미의 외래어를 받아들이는데 그 폭이 넓다. 영화관→시네마시(sinemasi), 버스터미널→오토가르(otogar), 대로大路→불바르(boulvar), 식당→레스코라느(restaranı) 등이 그러하다. 지금도 터키 언어의 서양화는 계속되고 있다.

아타투르크가 문화 혁명을 통해 터키가 거두고자 한 서양적 가치는 아직도 미완성이며, 겨우 EU의 준회원 자격이 된다. 역사 시기 동안 동-서 문화의 경계에서 활약하던 위상적인 가치가 약화되는 것이다. 사실상 국체의 실력으로 보면 동구 출신 EU의 어느 나라보다도 출중하지만, EU의 내향성이 터키의 이슬람 전적을 꺼리는 것이다. 오스만의 영광이 현대에 걸림돌이 되는 것이다.

● 고유 문화와 현대 건축

오스만 튀르크의 건축은 기본적으로 4세기부터의 비잔틴 건축을 태반胎盤으로 한다. 그로써 14세기에서 20세기 초까지 오스만 튀르크는 아랍 이슬람과는 구분되는 독특한 문화를 구축할 수 있었다. 19세기 노쇠한 오스만 제국의 봉건 문화가 서양화에 지배될 때 정체성이 혼돈된다. 서양식은 낭만적인 것부터 들어왔으며 구조적으로 귀족과 황실이 주도하였다. 즉 사회적 쇄신을 표현하기 위해 새로운 양식

비서구의 근대화

아타튀르크 동상 Istanbul, Üsküdar | 신문자 교육을 지도하는 상징
아타튀르크의 초상 터키의 곳곳은 이 국부 숭망崇望이 보편화되어 있다.

이 성능을 발휘한다.

근대 터키의 제1차 국가주의가 터키의 정체성에 대해 반문하며 서양의 구법과 튀르크의 정서를 결합시키려고 시도한다. 오스만 튀르크에서 공화정으로의 전환되는 사회 과정에서, 건축도 구습과 쇄신이라는 두 문화를 경계한다. 그리고 합리주의 건축과 국제주의를 쇄신 시대의 상징처럼 받아들인다 (이는 한국의 1950년대 재건의 상징처럼 어눌한 기술성으로라도 커튼월을 만들던 기억과 비슷하다).

터키에는 세계대전이 끝난 1950년대 이후 제2차 국가주의 문화가 등장한다. 그것은 앞서의 제1차 국가주의가 전통의 형태 차용을 방법으로 하는 것과는 구분된다. 건축은 합리적인 이해를 분명히 하지만, 건축 나름대로 지역적인 정서를 유지하려는 생각이다(1960년대 우리나라가 전통의 리바이벌로 한옥에서 요소를 꾸며 사용하던 경우와 1970년대 이후 보다 통합적인 의미에서 전통을 찾던 경우를 구분하는 것과 같다).

이러한 사정의 대부분은 우리나라의 경우를 포함하여, 비서구 문화, 뒤늦게 출발한 근대화의 국가에서 공통적이다. 이는 건축뿐만이 아니라 예술 장르 전체가 그렇다. 터키의 현대 미술이 도모하는 실험성은 양극화되어 있다. 아주 실험적이거나 아주 보수적이고, 대중의 미술 문화는 허리 부분이 약하다.

기술성

터키의 근대 건축의 조건이 그렇게 윤택한 것은 아니어서 뒤늦은 공업화와 기술지원의 한계를 갖는다. 대부분의 건축이 RC의 보통 기술과 콘크리트 피질의 외형을 크게 벗어나지 못한다. 금속 커튼월은 도시의 이미지의 주요 수단이나 그 정치도精緻度가 깊어 보이지는 않는다. 자연히 조형은 피상적이며 형태가 디자인을 지배한다. 구법과 재료의 형편이 풍요롭지 못할 때, 건축은 자꾸만 디자이너의 형태 묘미에 집착하게 된다. 그리고 기교의 개발에서 이슬람 전통성이 덧붙여진다.

요소주의

터키 모더니즘에서 역사 코드를 잇는 작업은 터키적이어야 하지 않겠느냐는 막연한 개념에서부터 구체적인 요소주의要素主義까지 폭이 넓다. 역사의 우물이 깊은 만큼 전통 건축의 조형에서 자산으로 삼을 수 있는 요소는 타자인 우리가 보아도 풍부하다. ① 공간적으로는 정방형에서 sofa라는 중심 공간과 그 역할, 주랑의 겹공간, ② 형태적으로는 깊은 처마, 모임 지붕, 기반층-몸체-지붕의 구분, 정방형 위의 돔, ③ 기하학적 질서와 수열적 비례, 기하학과 유기성의 회귀, ④ 요소로서는

이스탄불의 3가지 시간의 레이어 **현재, 앞쪽의 유리 건물** 그 가까이가 신시가지 | 골든 혼을 넘어 구시가
오르타쾨이 모스크 Ortaköy Mosque와 보스포루스 대교 Istanbul | 이스탄불에서 이렇게 시간이 겹치는 풍경은 흔하다.
아크메르케즈 Akmerkez Istanbul, Etier | 현대 자본의 집적에도 불구하고 건축의 현대성은 성격이 없다.

창호와 트레서리, 아라베스크 투조透彫, 이즈닉 타일의 연속 패턴 등으로 풍부하다.

● 국가주의와 세계주의 문화

동-서 문화의 양안兩岸에서 키워진 복합된 문화의 유전성 때문에 터키가 근대화 과정에서 겪는 갈등은 어느 지역 문화보다도 심하다. 1920년 봉건에서 공화정으로 전이하는 과정, 사회의 불안정을 누르는 것은 아타튀르크의 카리스마와 국가주의였다. 그러나 이 지배의 효율성은 근대 이후 거듭되는 군사 쿠데타와 혼미를 거듭하는 관성으로 작용한다. 자연히 군부에 익숙한 사회에서 군사 문화는 터키 사회에 짙게 배어 있다. 군사문화

이스탄불에는 군사軍史를 주제로 하는 박물관이 세 곳 있는데, 육군박물관, 해군박물관, 공군박물관이 따로 있다. 그중 육군박물관은 국립중앙박물관을 능가하는 근대적 규모와 운영 능력을 보인다. 해군박물관도 오스만 시절부터의 해군력을 과시한다. 이에 비해 공군박물관은 빈약한데 아마 육해공군의 세력도에 따라 박물관의 형편도 차이를 갖는 모양이다.

관료주의 역시 타파해야 할 심각한 과제다. 20세기 말까지도 공공시설이 관료주 관료주의

의에 젖어 있는 것은 폐쇄적이고 통제적인 문화에 익숙해 있다. 공평하지 못한 기회로 인한 빈부격차는 국가 문제이며, 정부의 한정된 재원을 최소한에 사회복지에 분배에 급급하게 한다. 자연히 사회 기간시설과 공공 건축에 대한 투자가 미루어진다.

터키가 국가주의에서 세계주의에 이르는 길은 선택이 아니고 필연이다. 연 수백 퍼센트의 인플레이션과 잠겨 있는 경제를 회복시킬 일이 화급한 사정이지만, 건축의 문화 개념은 투자만으로 되지 않는다. 소위 문화의 인프라 스트럭처, 대중적 기반, 그리고 건축 교육의 개선을 종합적으로 해결해야 할 어려운 문제이다. 물론 현대의 터키가 지향하는 경제 개발의 효과가 드러나기 시작하면서 문화가 화색을 찾지만, 시간이 바쁘다.

우익 사회

터키 사회에 좌익 이념이 없는 것은 아니다. 대학을 중심으로 부르주아 정권과 제국주의 타파 운동이 있다. 그러나 이들의 활동은 번번이 극우 단체와 충돌하며, 오히려 좌익의 준동은 사회 불안의 이유에서 군부의 개입을 부추긴다.

육군박물관 Istanbul
해군박물관 Istanbul
공군박물관 Istanbul

교육 환경

터키도 초기의 근대 건축은 유럽 건축가에 의존할 수밖에 없었다(이는 우리나라도 근대 초기 대부분의 작업이 일본 건축가와 몇몇의 서양 건축가에 의존했던 기억과 같다). 다만 터키의 외래 건축가들은 서구식 구법에 튀르크 정서를 결합시키려고 노력한다. 독일의 야흐문드Jachmund는 터키의 국가주의 건축을 이끌었고, 부르노 타우트도 터키 문화에서 생을 마쳤다.

뒤늦게나마 오스만의 건축가들이 서양 건축을 학습하되는데, 그 지리적 이점 때문

중고등학교 새 학기 시작은 아타튀르크 동상 앞에서 기념식을 갖는 것으로 시작된다. Canakkale

에 동아시아의 국가들보다는 쉬웠을 것이다. 이는 우리에게 있어서 식민지 지배 아래 일방적으로 들어왔다가 퇴각하는 일본 근대와 밑도 끝도 없는 근대 초기 서양 건축가와는 다르다.

조형 교육

근대 초기부터 터키의 건축 교육은 두 갈래로 수용되는데, 디자인은 프랑스의 보자르로부터 익히지만 기술은 독일 교육 체제를 모델로 한다. 아직도 터키의 대학에서 건축 교육은 대부분이 공학적 구조에 있다. 다분히 독일 교육 체계의 영향이 크며, 근대화가 계속되는 동안 서양화의 보습 과정에서 엔지니어링을 익히던 관성이다(이러한 교육제도는 일제 때의 한국인의 전문 교육 제한, 기술자 양성 중심의 교육 등의 환경과 비슷하다).

시난 대학교

현재 유일하게 이스탄불의 시난 대학교Mimar Koca Sinan University가 조형으로 지향하는 교육 내용을 가르치고 있다.

● 문화에 있어서 교접과 전이라는 것

아무리 보아도 터키의 근대 건축 과정은 한국의 사정과 매우 닮았다. 비록 터키는 식민지 시대를 겪지 않았지만, 서구의 외압이 내압으로 작용해 개방한다. 서양 건축이 황실에서부터 받아들여지는 것도 그렇고, 외교와 선교 과정에서 흡수되는 모습도 비슷하다. 서구가 모더니즘의 불을 지피고 있을 때, 우리와 터키는 양식樣式 건축에 매료되어 있었다. 터키의 진정한 사회개혁의 과정은 이슬람 세속주의라는 혹독한 갈등을 겪고, 우리나라는 이데올로기의 부침 과정에서 대가를 치른다. 두 나라 모두 불안한 사회 정황에서 국수주의와 국가주의에 빠져드는 모습도 닮았다.

터키의 근대성

터키와 한국은 20세기의 역사에서 비슷한 기억을 갖고 있다. 서양화-근대화, 국가 문화-군사 문화, 그리고 지역주의-세계주의의 과제에서 공유하는 바가 많다. 갈등과 비전이 교차하면서 서양의 타자적 이해에 시대를 맡겨야 했다. 일반적으로 생물의 성교에서는 그 체위에 따라 유전자가 달라지지 않는다. 그러나 문화의 교접에서는 체위와 애정 위사에 따라 유전자의 성질이 달라진다. 그것은 전희前戱에서 시작되어 인자를 섞을 때까지 작용한다. 터키의 근대 건축이 그렇게 성공적인 모습을 보이지 않는 데는 그 교접의 세 가지 경로에 이유가 있다.

코카 시난대학교 Mimar Koca Sinan University 마르마라 해변가

① 서양화와 근대화의 가치 개념이 혼돈되었다. 이입하는 작동 메커니즘이 일방적이었다. 낭만주의 양식의 수용을 근대화와 착각하였다.

② 건축의 근대화가 사회 시스템으로서 구조화에 이르지 못하였다. 공공의 예술 지원과 대중의 기반이 약하다. 재료, 기술과 공학적 뒷받침이 충분하지 못하였다. 사회 경제의 유동성 부족은 열린 건축의 기회를 위축시킨다. 대학교육 제도와 프로그램에 문제가 있다.

③ 튀르크적인 것, 토착적인 것에서 근대적 전이의 지표를 확실히 하지 못하였다. 보다 진보적이고 차이를 의식할 작업군을 형성하지 못하였다. 전통적 모색은 주로 국가주의 문화로 기울어졌다.

터키 모더니즘

이러한 사정의 대부분은 우리나라를 포함하여, 비서구 문화–후발 근대화의 국가에서 공통된 사정이다. 터키 모더니즘에 결정적으로 결여되어 있는 것은 양식적 기저를 이룰 문화이다. 그것은 위에 열거된 한계들의 종합적 사연이기도 하다. 물론 문화가 고립되어서는 형질形質이 퇴락하며, 문화 간의 교합에는 잡종 강세의 생태가 분명하다. 다만 거기에는 건강을 유지할 수 있는 지속적인 사회적 보양이 뒤따라야 한다.

| 참고문헌 |

로마 | 기독교 역사

Crane Brinton 외 공저, 지동식 외 공역 | 서양문명의 제 문제 | 상권 | 법문사 | 1979

Maurice Griffe, | LES CHRONOLOGIES DE, ASIA MINOR MESOPOTAMIA | T.S.H. | 1999

E.M.번즈, R.러너, S.미첨 저, 박상익 역 | 서양문명의 역사-1 | 소나무 출판 | 1998

에드워드 기번 저, 中野好之, 김영진 역 | 로마제국 쇠망사 9,10,11권 | 대광서림 | 1999

벵크 헤그룬트 저, 박희석 역 | 神學史 | 성광문화사 | 1989

Maurice Griffe, | LES CHRONOLOGIES DE, ASIA MINOR MESOPOTAMIA | 1999 | T.S.H.

김성 | 성서 고고학 이야기 | 동방미디어 | 2002

로마 | 비잔틴 건축 예술

Cyril Mango | BYZANTINE ARCHITECTURE | Electa | 1986

Rowland J.Mainstone | HAGIA SOPHIA | Thames and Hudson | 1988

터키사

Roderic H.Davison | 터키사 강의 | 이희철 역 | 펴내기 | 1991

이희수 | 터키사 | 대한교과서주식회사 | 1996

DÜNYA KENTI | İSTANBUL | Türk Ekonomi Bankası, Tarih Vakfı | 1997

버나드 루이스 | 무엇이 잘못되었나 | 서정민 역 | 나무와 숲 | 2002

B.Lewis | 오스만 제국 근대사 | 김대성 역 | 펴내기 | 1994

터키 건축.예술

Ekrem Akurgal | ANCIENT CIVILIZATIONS AND RUINS OF TURKEY | N.E.T. |

1993

Henri Stierlin | TURKEY, FROM THE SELCUKS TO THE OTTOMANS | Taschen | 1998

Godfrey Goodwin | A HISTORY OF OTTOMAN ARCHITECTURE | Thames and Hudson | 1992

Martin Frishman, Hasan-Uddin Kahn 편 | THE MOSQUE | Thames and Hudson | 1994

Marianne Barrucand, Achim Bednorz | ARCHITECTURE MAURE | Taschen | 1992

Reha Günay | SINAN, THE ARCHITECT AND HIS WORKS | Yapi -Endüstri Merkezi Yayınları | 1997

Dunya kenti | İSTANBUL | Turk Ekonomi Bankası, Tarih Vakfı | 1997

Christa Beck, Christine Forsting | ISTANBUL | Ellipsis Konemann | 1997

Istanbul-WORLD CITY | Habitat II, Exhibition organized by The History Foundation of Turkey | 1996

Anna G. Edmonds | TURKEY'S RELIGLOUS SITES | Damiko | 1998

문학

Christian Jacq | 람세스-1_2_3 | 김영란 역 | 문학동네 | 1998

시오노 나나미 | 콘스탄티노플 함락 | 한길사 | 1998

오르한 파묵 | 새로운 인생 | 이난아 역 | 민음사 | 2005

오르한 파묵 | 내 이름은 빨강-1_2 | 이나한 역 | 민음사 | 2004

오르한 파묵 | 하얀 성 | 최종수 역 | 문학동네 | 2005

야사르 케말 | 독사를 죽였어야 했는데 | 오은경 역 | 문학과 지성사 | 2005

르 꼬르뷔지에 | 동방여행 | 다빈치 | 2005

| 도시별 건축 색인 |

| 찾아 보기 |